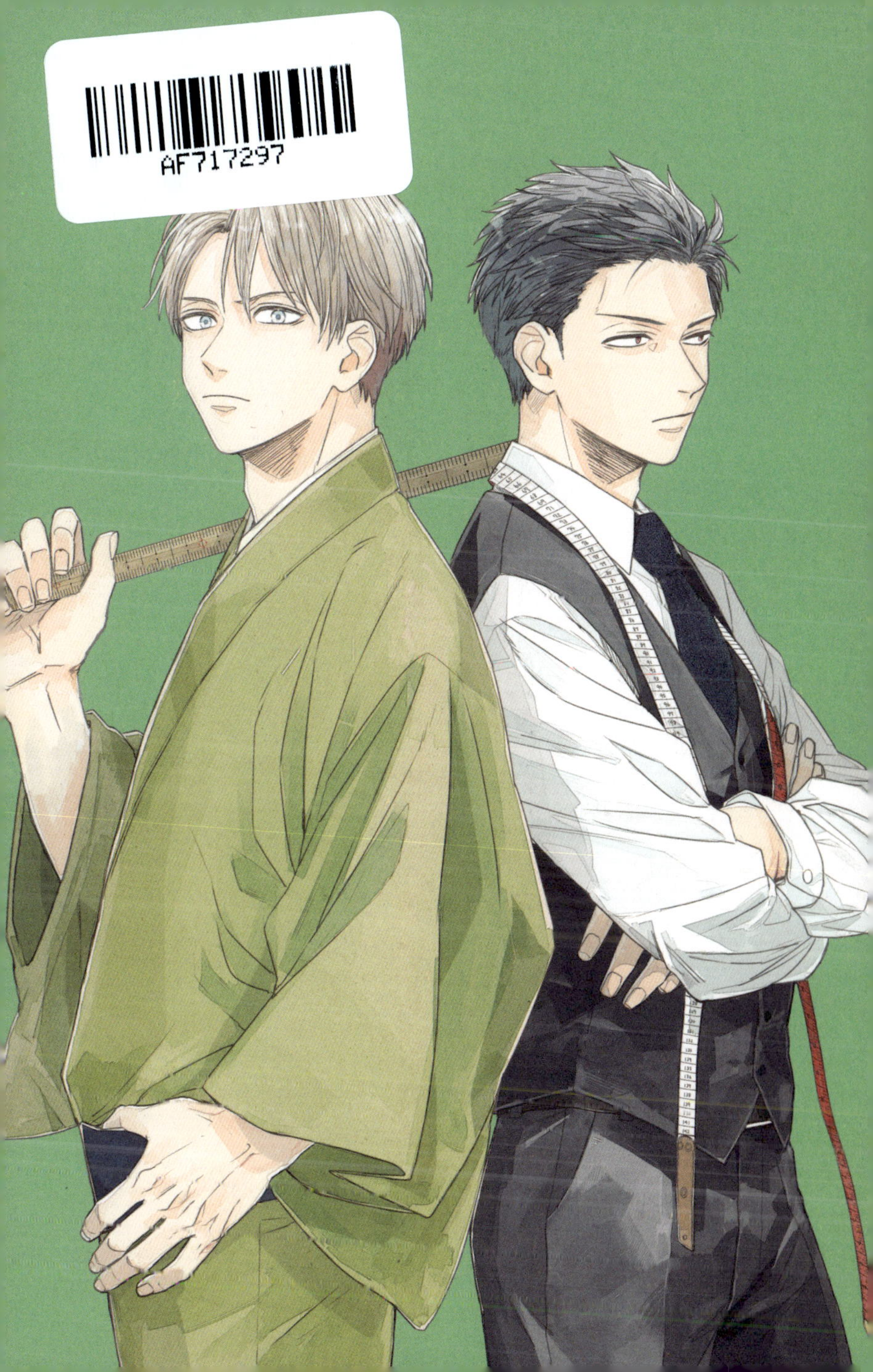

Zwei Schneider wie Nadel und Faden

Kapitel 1

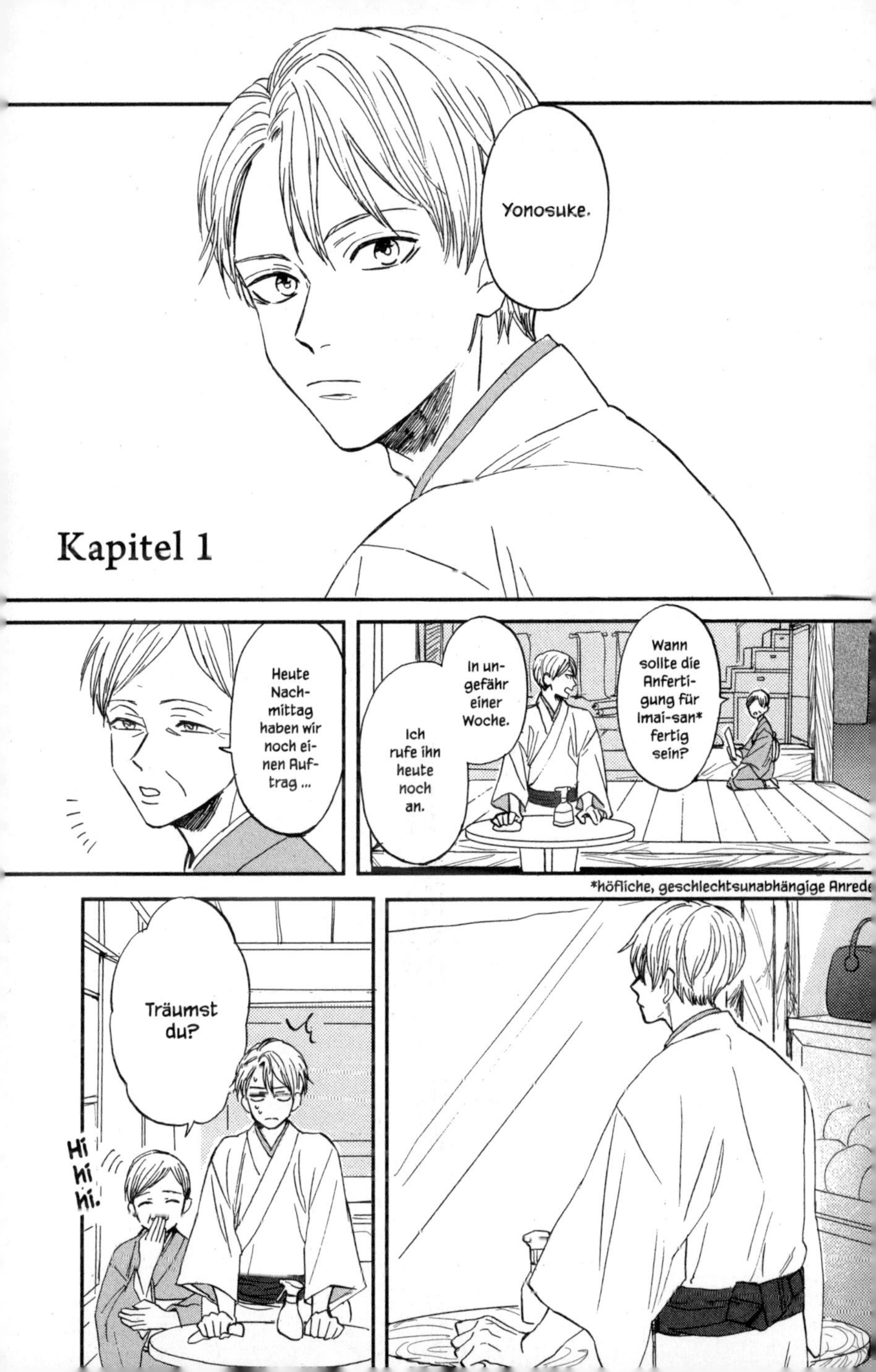

*höfliche, geschlechtsunabhängige Anrede

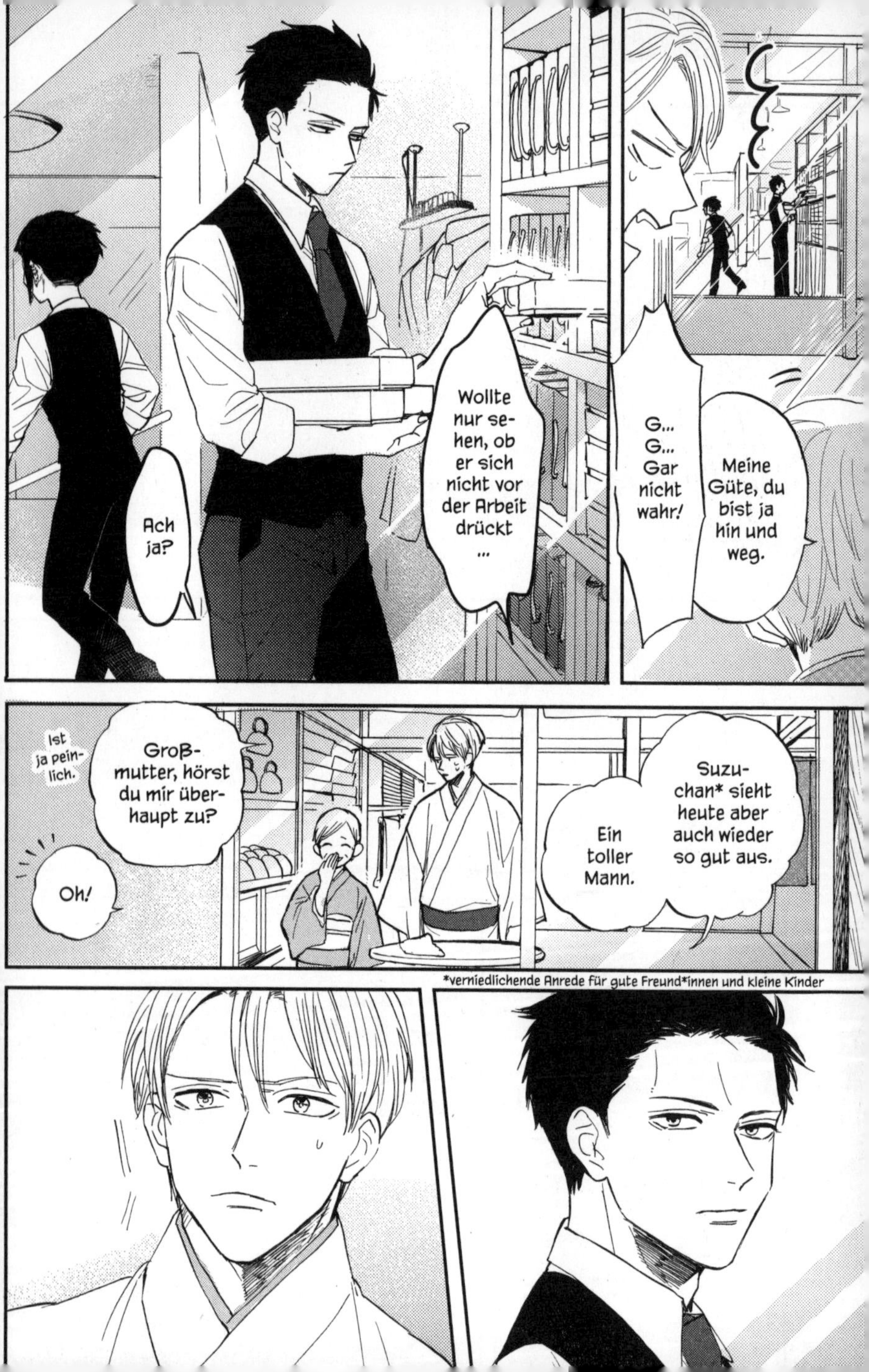

*verniedlichende Anrede für gute Freund*innen und kleine Kinder

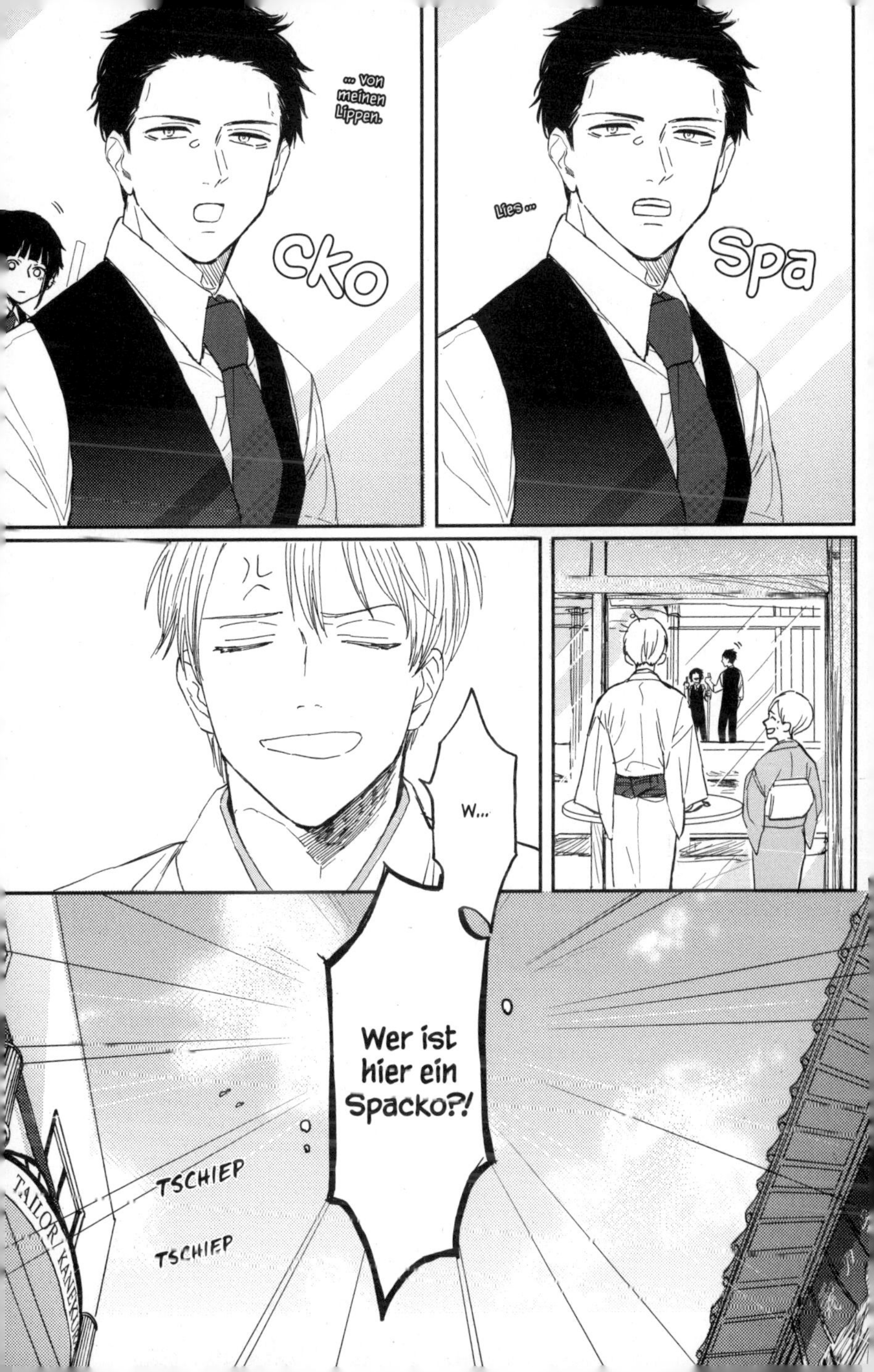
Lies ...
Spa
... von meinen Lippen.
Cko
W...
Wer ist hier ein Spacko?!
TSCHIEP
TSCHIEP
TAILOR KANEKO

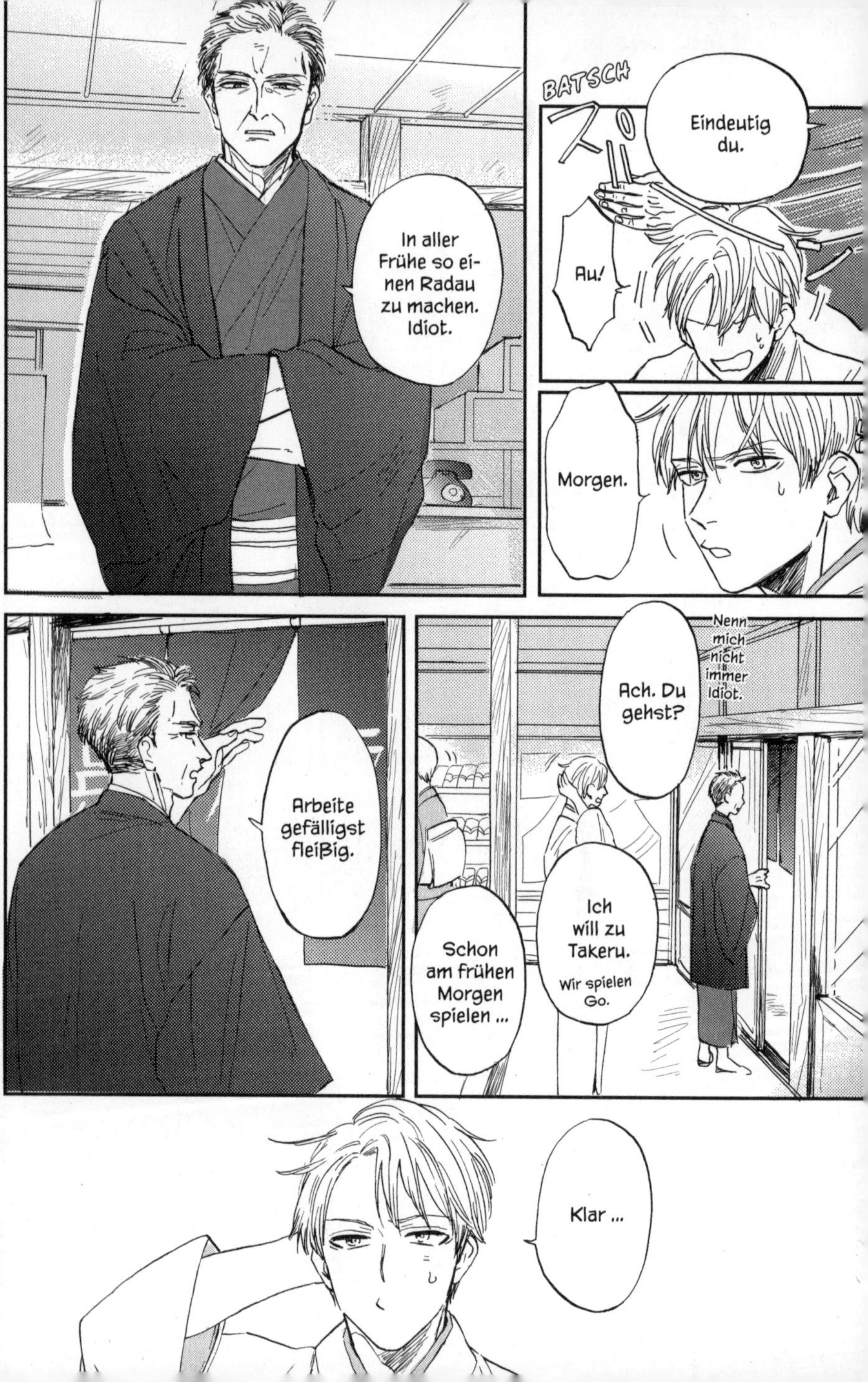
BATSCH
Eindeutig du.
Au!
In aller Frühe so einen Radau zu machen. Idiot.
Morgen.
Nenn mich nicht immer Idiot.
Ach. Du gehst?
Arbeite gefälligst fleißig.
Ich will zu Takeru.
Wir spielen Go.
Schon am frühen Morgen spielen ...
Klar ...

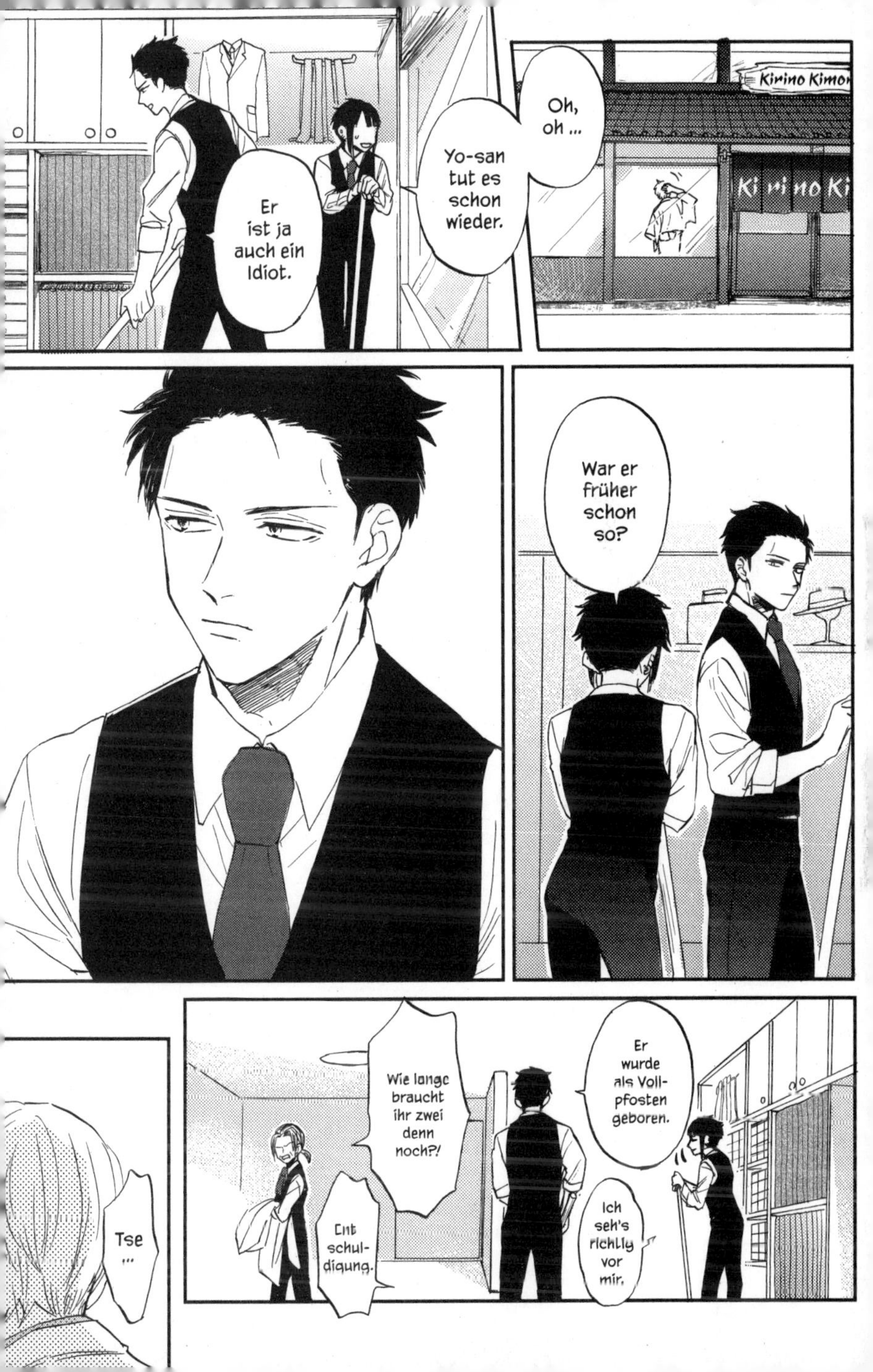
Oh, oh ...
Yo-san tut es schon wieder.
Er ist ja auch ein Idiot.
War er früher schon so?
Er wurde als Voll-pfosten geboren.
Ich seh's richtig vor mir.
Wie lange braucht ihr zwei denn noch?!
Ent-schul-digung.
Tse ...

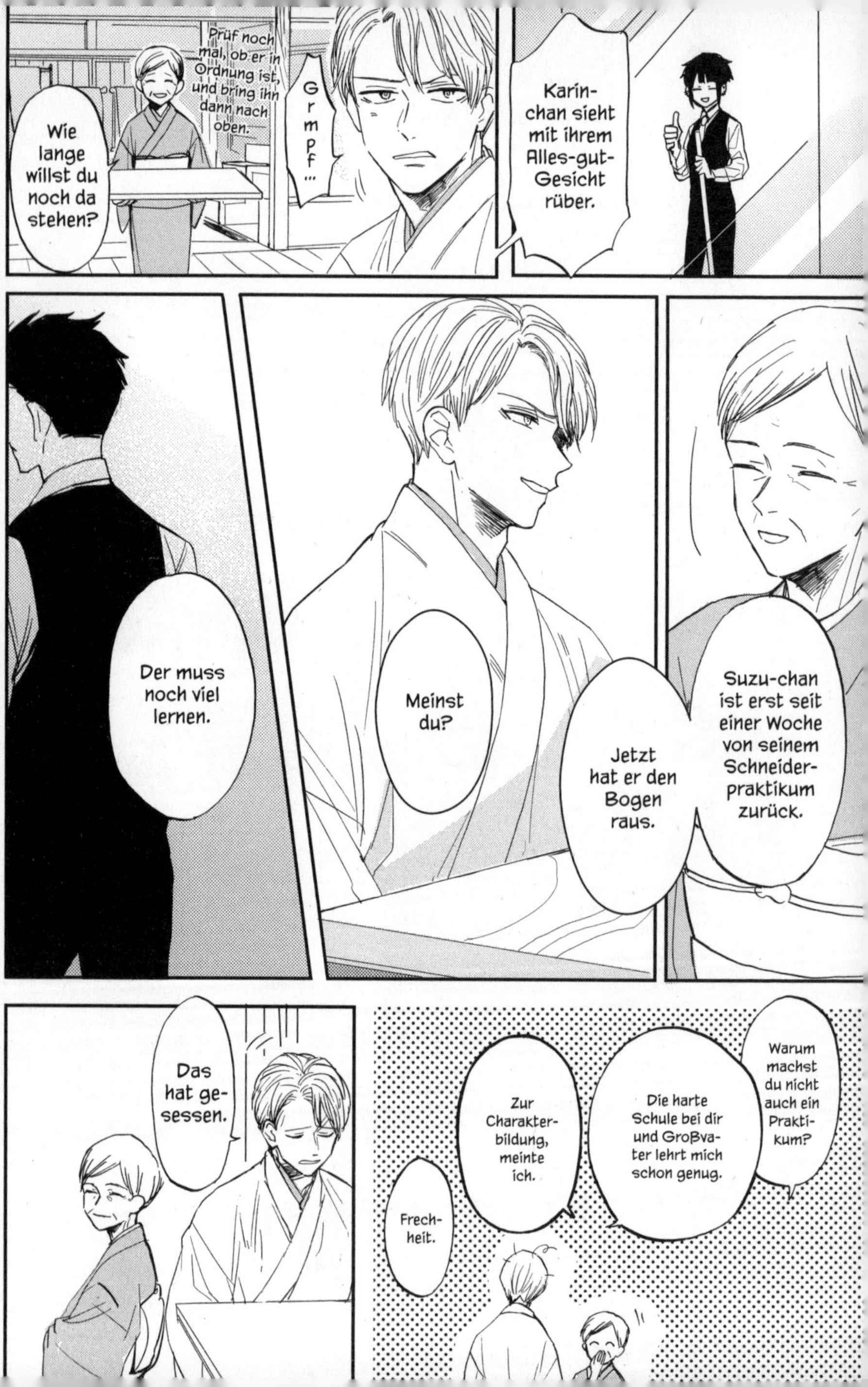
Karin-chan sieht mit ihrem Alles-gut-Gesicht rüber.
Grmpf ...
Prüf noch mal, ob er in Ordnung ist, und bring ihn dann nach oben.
Wie lange willst du noch da stehen?
Suzu-chan ist erst seit einer Woche von seinem Schneider-praktikum zurück.
Jetzt hat er den Bogen raus.
Meinst du?
Der muss noch viel lernen.
Warum machst du nicht auch ein Prakti-kum?
Die harte Schule bei dir und Großva-ter lehrt mich schon genug.
Zur Charakter-bildung, meinte ich.
Frech-heit.
Das hat ge-sessen.

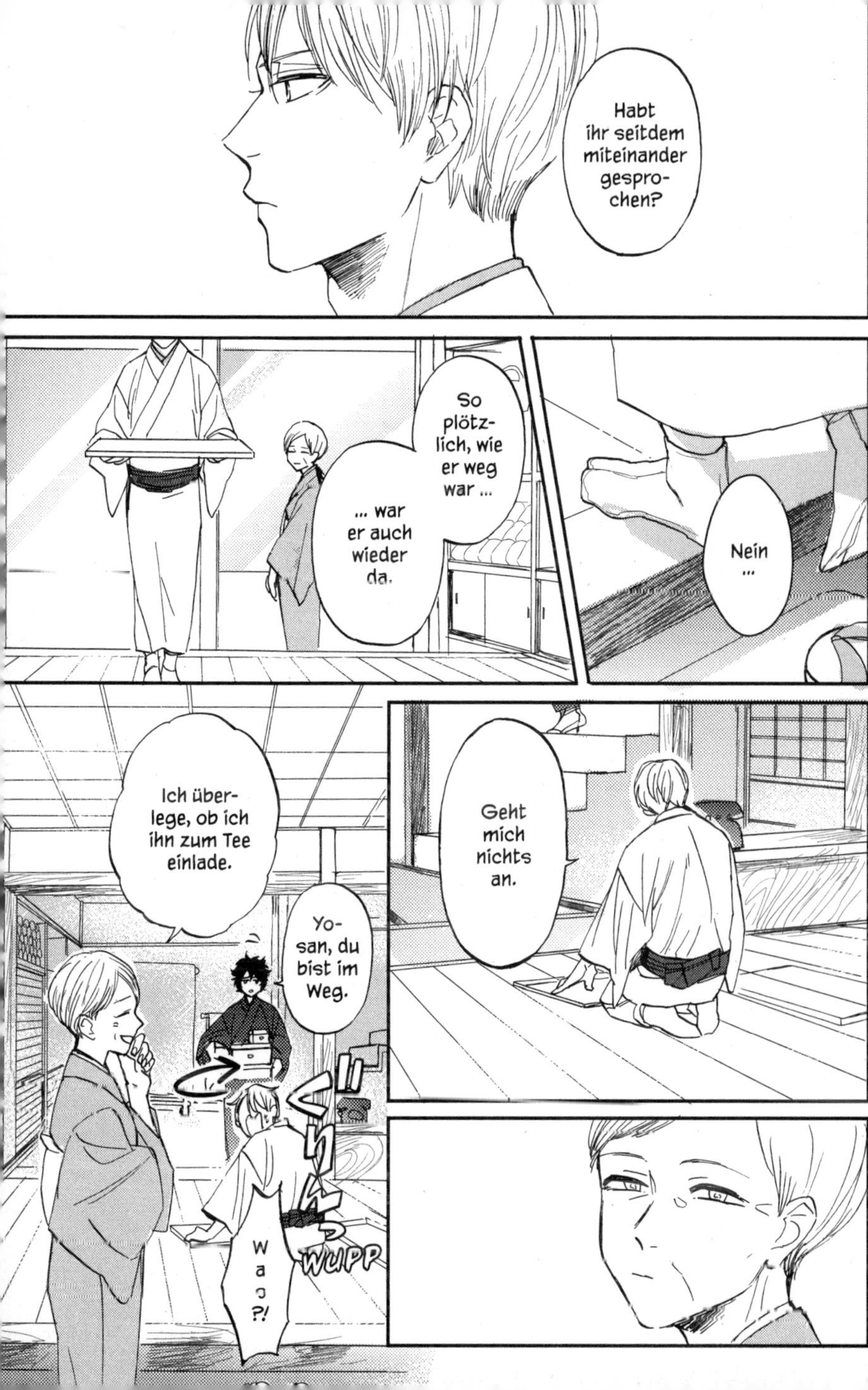

Habt ihr seitdem miteinander gesprochen?
Nein ...
So plötzlich, wie er weg war ...
... war er auch wieder da.
Geht mich nichts an.
Ich überlege, ob ich ihn zum Tee einlade.
Yo-san, du bist im Weg.
WUPP
Waa?!

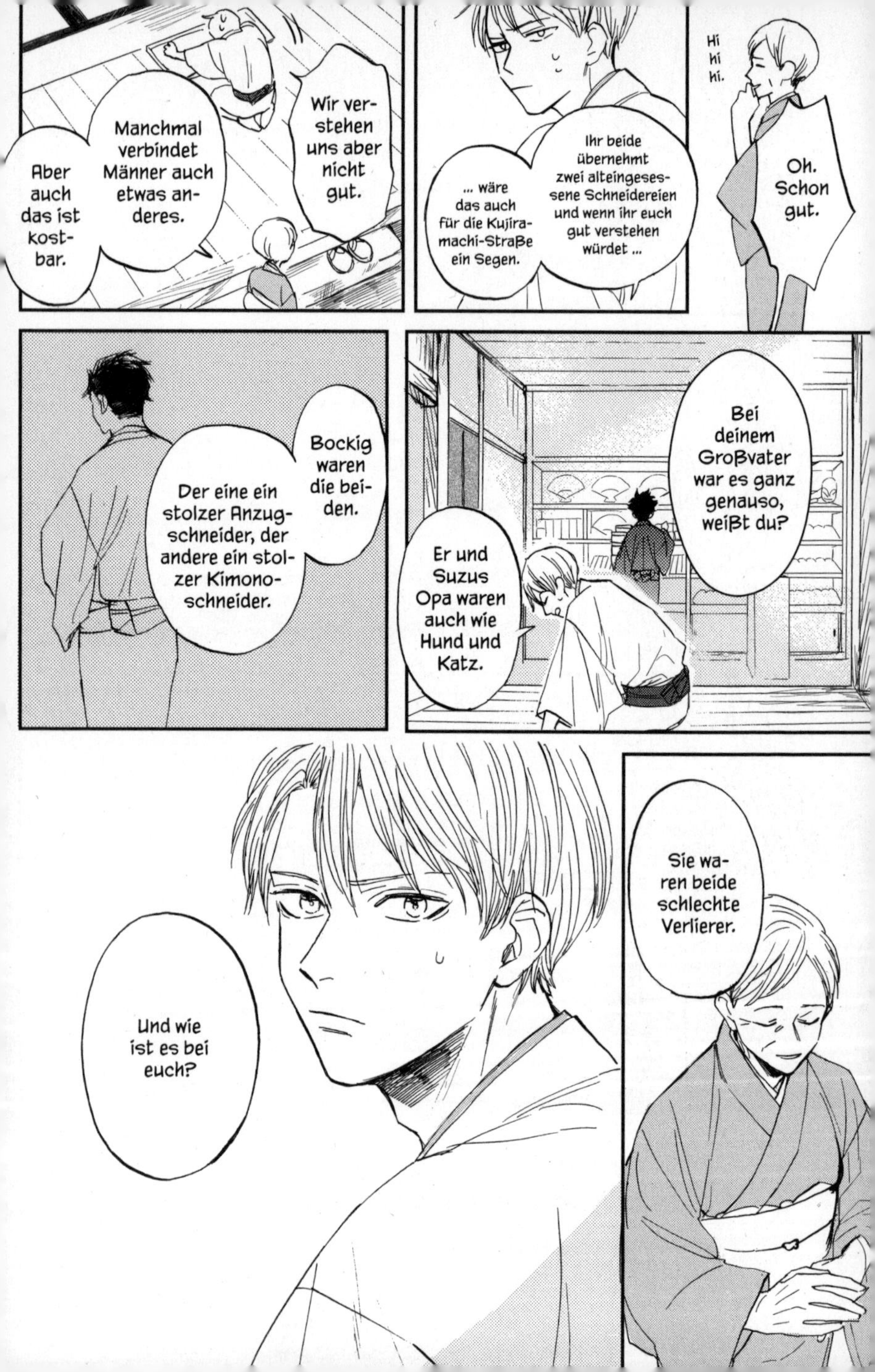
Hi hi hi.
Oh. Schon gut.
Ihr beide übernehmt zwei alteingesessene Schneidereien und wenn ihr euch gut verstehen würdet ...
... wäre das auch für die Kujiramachi-Straße ein Segen.
Wir verstehen uns aber nicht gut.
Manchmal verbindet Männer auch etwas anderes.
Aber auch das ist kostbar.
Bei deinem Großvater war es ganz genauso, weißt du?
Er und Suzus Opa waren auch wie Hund und Katz.
Bockig waren die beiden.
Der eine ein stolzer Anzugschneider, der andere ein stolzer Kimonoschneider.
Sie waren beide schlechte Verlierer.
Und wie ist es bei euch?

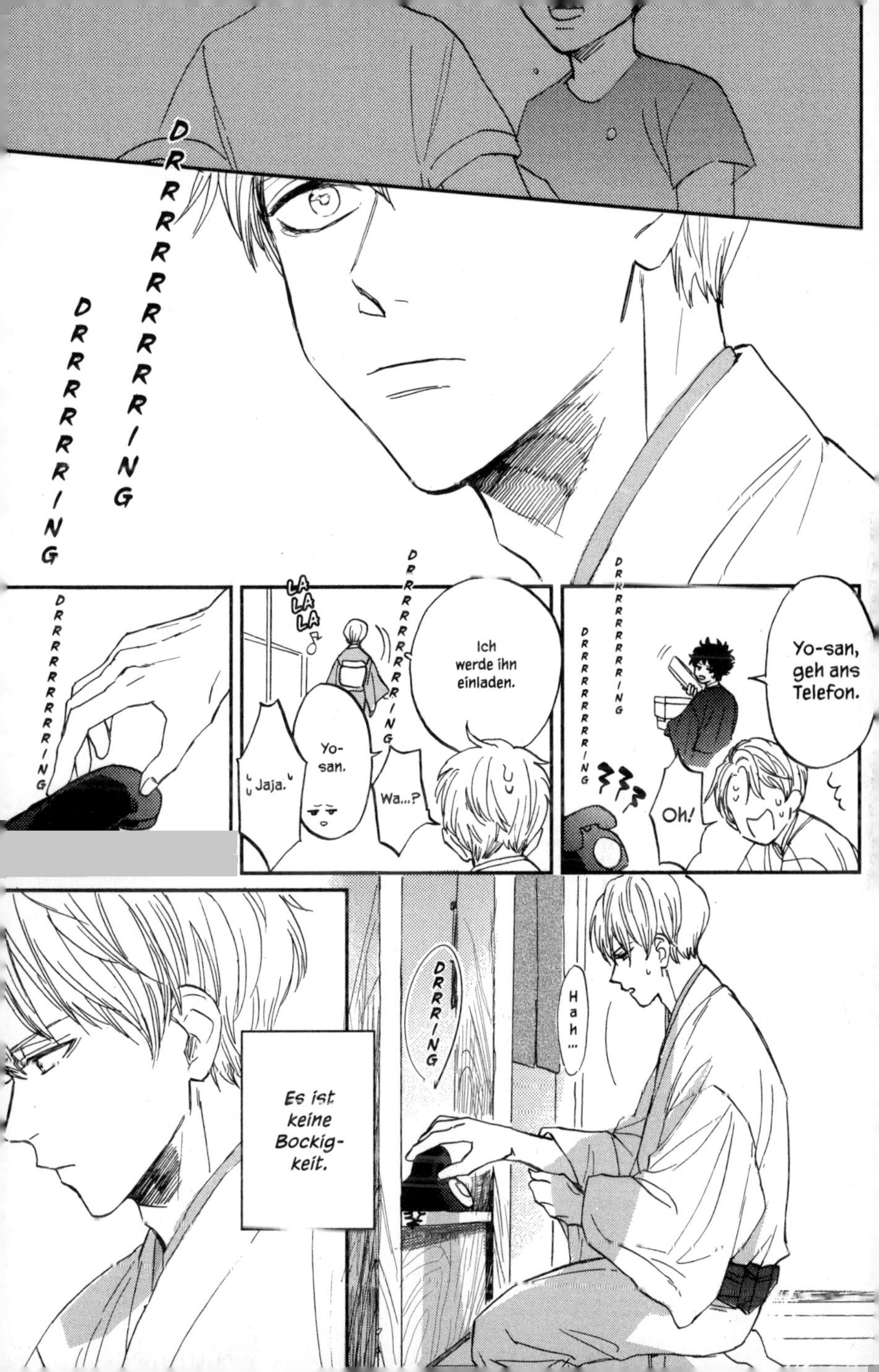

DRRRRRRRRRRING
DRRRRRRRING
DRRRRRRRRRRING
DRRRRRRRRRING
Yo-san, geh ans Telefon.
Oh!
DRRRRRRRRRING
LA LA LA
Ich werde ihn einladen.
Wa...?
Yo-san.
Jaja.
DRRRRRRRRRRING
Hah ...
DRRRING
Es ist keine Bockigkeit.

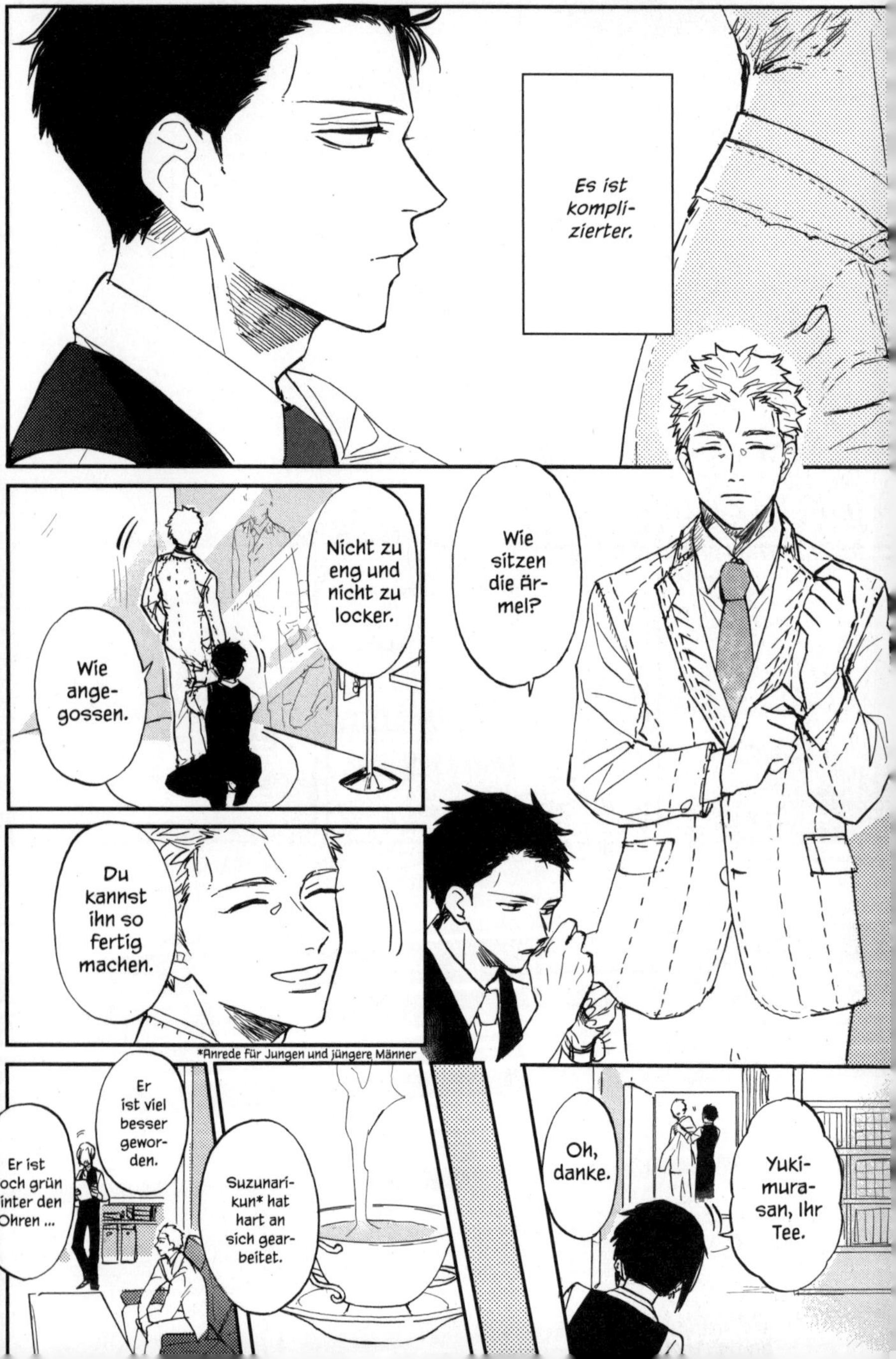
Es ist kompli-zierter.
Wie sitzen die Ärmel?
Nicht zu eng und nicht zu locker.
Wie ange-gossen.
Du kannst ihn so fertig machen.
*Anrede für Jungen und jüngere Männer
Yuki-mura-san, Ihr Tee.
Oh, danke.
Suzunari-kun* hat hart an sich gear-beitet.
Er ist viel besser gewor-den.
Er ist noch grün hinter den Ohren ...

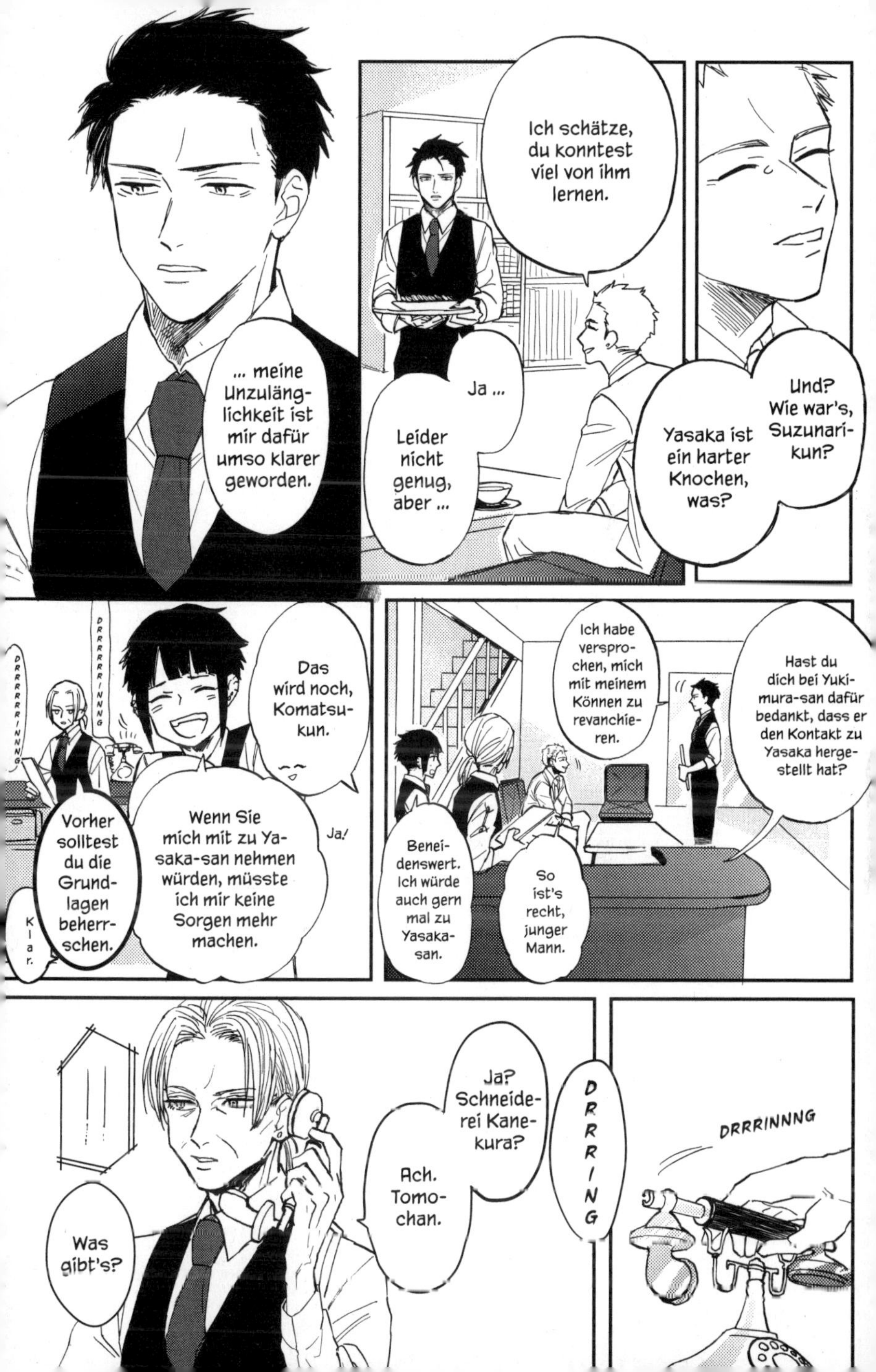
Und? Wie war's, Suzunari-kun?
Yasaka ist ein harter Knochen, was?
Ich schätze, du konntest viel von ihm lernen.
Ja ...
Leider nicht genug, aber ...
... meine Unzulänglichkeit ist mir dafür umso klarer geworden.
Hast du dich bei Yukimura-san dafür bedankt, dass er den Kontakt zu Yasaka hergestellt hat?
Ich habe versprochen, mich mit meinem Können zu revanchieren.
So ist's recht, junger Mann.
Beneidenswert. Ich würde auch gern mal zu Yasaka-san.
DRRRRRRINNNG
Das wird noch, Komatsu-kun.
Ja!
Wenn Sie mich mit zu Yasaka-san nehmen würden, müsste ich mir keine Sorgen mehr machen.
DRRRRRRRINNNG
Vorher solltest du die Grundlagen beherrschen.
Klar.
DRRRINNNG
DRRRING
Ja? Schneiderei Kanekura?
Ach. Tomochan.
Was gibt's?

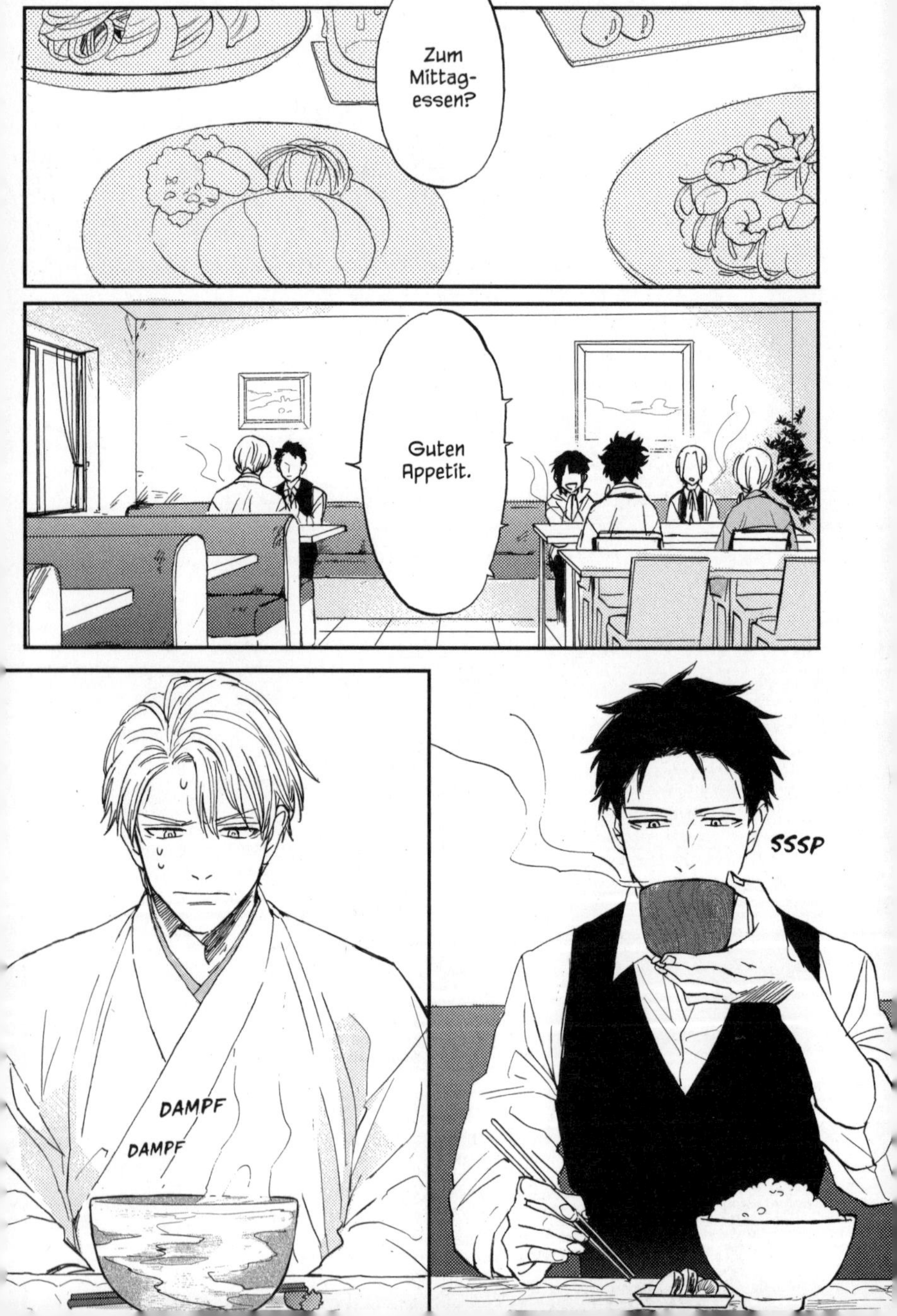
Zum Mittag-essen?
Guten Appetit.
SSSP
DAMPF
DAMPF

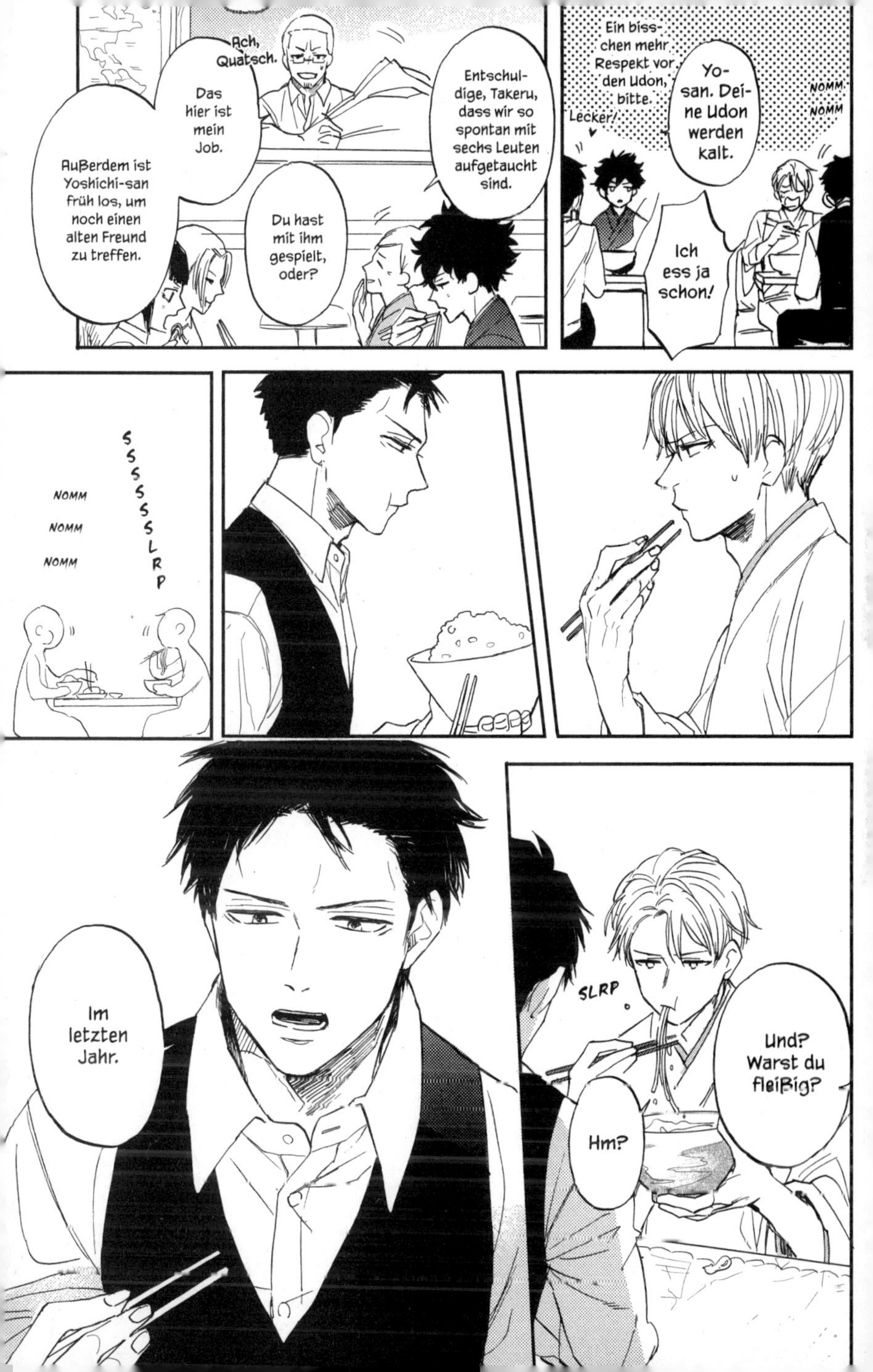

Ein bisschen mehr Respekt vor den Udon, bitte.
Lecker!
Yo-san. Deine Udon werden kalt.
NOMM NOMM
Ich ess ja schon!
Entschuldige, Takeru, dass wir so spontan mit sechs Leuten aufgetaucht sind.
Ach, Quatsch.
Das hier ist mein Job.
Außerdem ist Yoshichi-san früh los, um noch einen alten Freund zu treffen.
Du hast mit ihm gespielt, oder?
SSSSSSLRP
NOMM
NOMM
NOMM
SLRP
Und? Warst du fleißig?
Hm?
Im letzten Jahr.

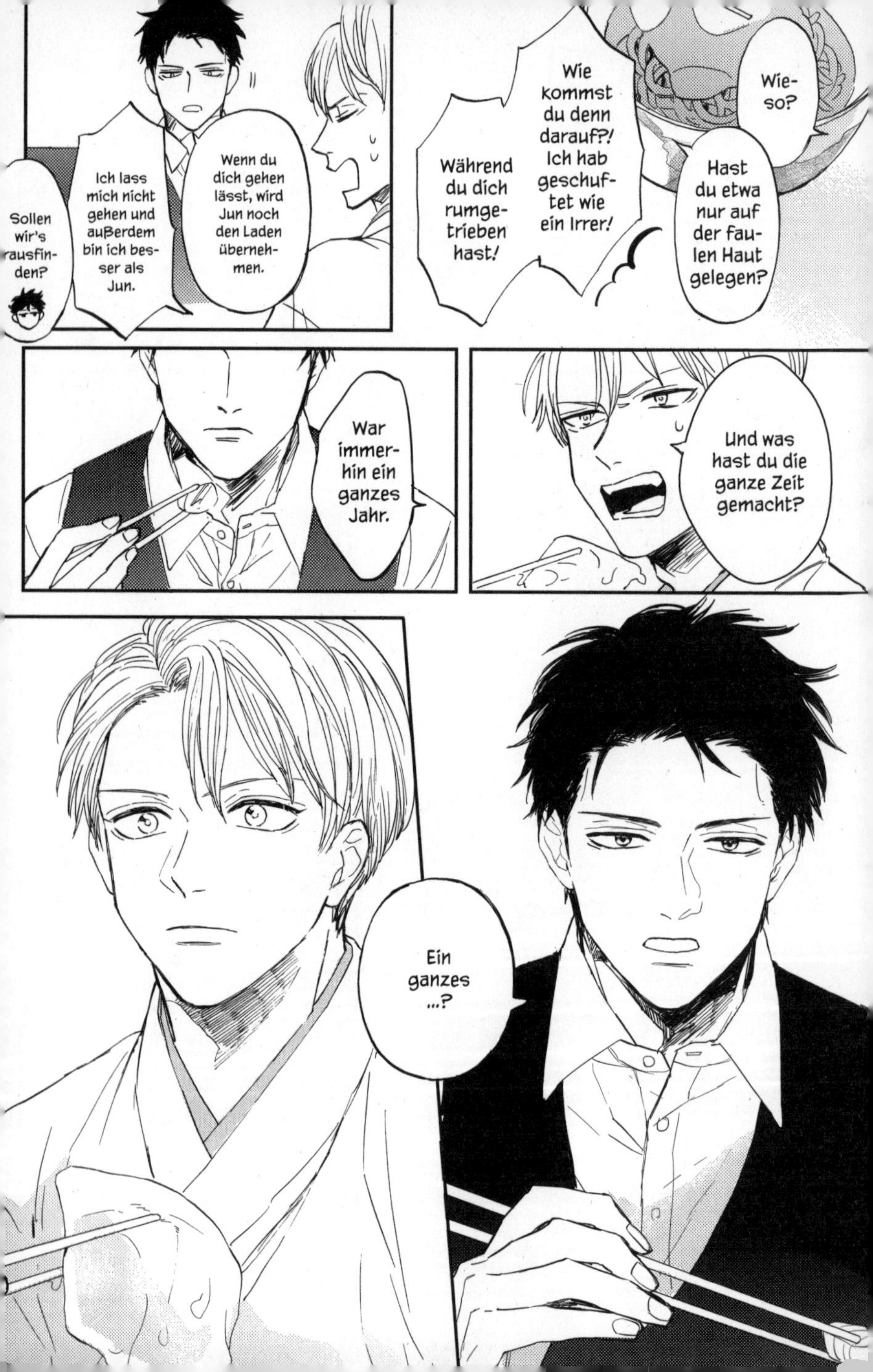
Wie-so?
Hast du etwa nur auf der faulen Haut gelegen?
Wie kommst du denn darauf?! Ich hab geschuftet wie ein Irrer!
Während du dich rumgetrieben hast!
Wenn du dich gehen lässt, wird Jun noch den Laden übernehmen.
Ich lass mich nicht gehen und außerdem bin ich besser als Jun.
Sollen wir's rausfinden?
Und was hast du die ganze Zeit gemacht?
War immerhin ein ganzes Jahr.
Ein ganzes ...?

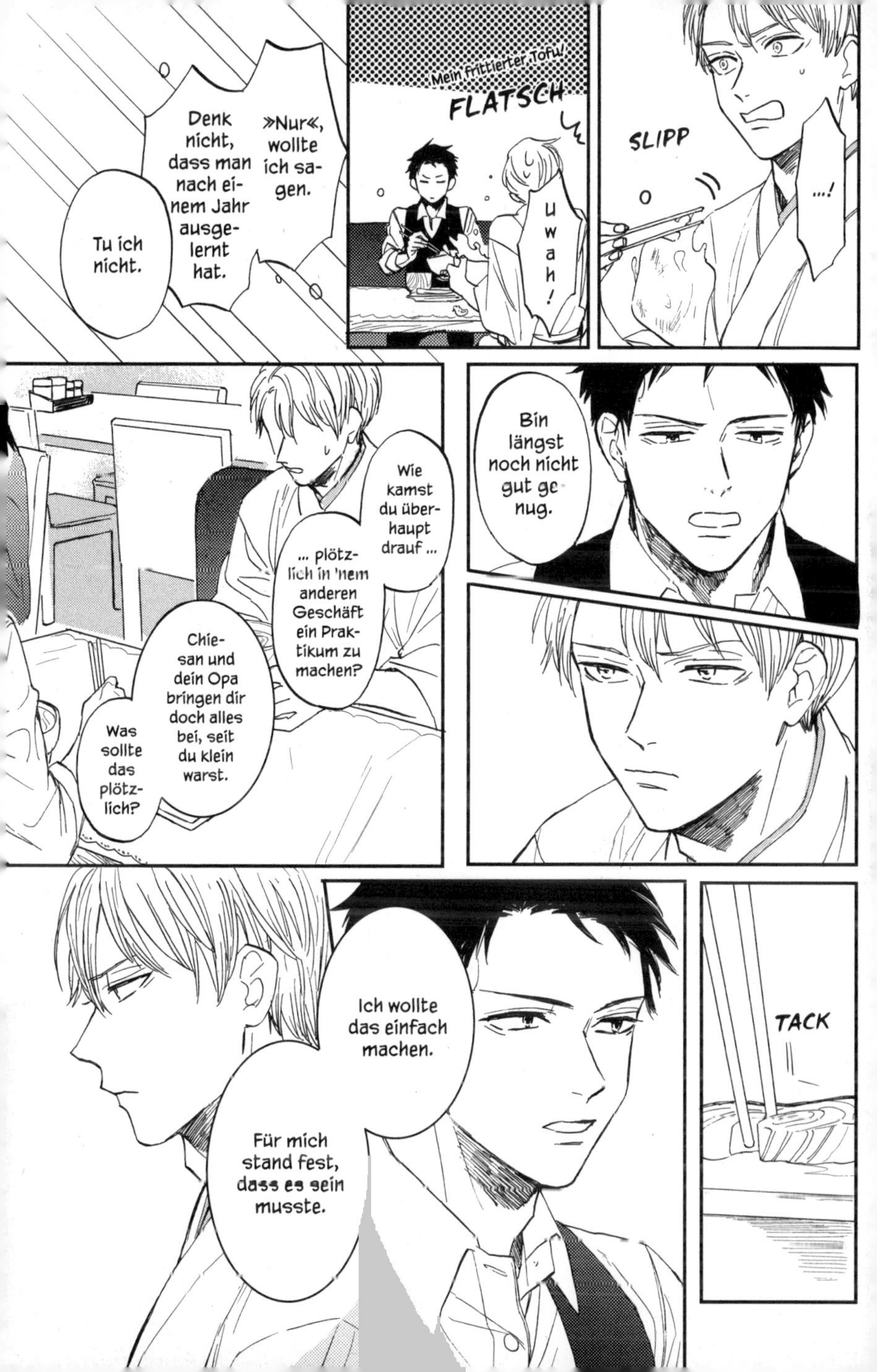
SLIPP
...!
Mein frittierter Tofu!
FLATSCH
Uwah!
»Nur«, wollte ich sagen.
Denk nicht, dass man nach einem Jahr ausgelernt hat.
Tu ich nicht.
Bin längst noch nicht gut genug.
Wie kamst du überhaupt drauf ...
... plötzlich in 'nem anderen Geschäft ein Praktikum zu machen?
Chie-san und dein Opa bringen dir doch alles bei, seit du klein warst.
Was sollte das plötzlich?
TACK
Ich wollte das einfach machen.
Für mich stand fest, dass es sein musste.

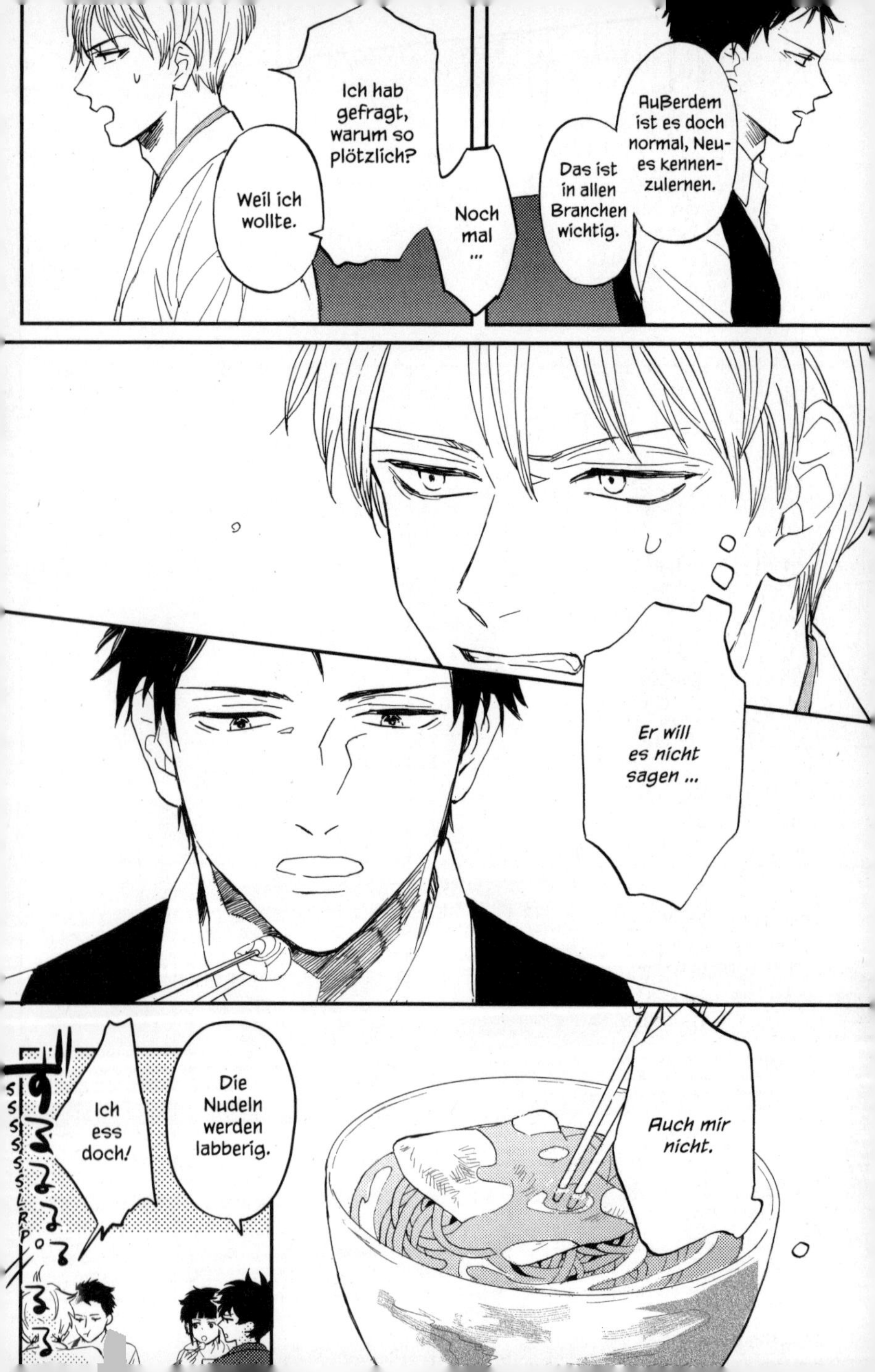
Außerdem ist es doch normal, Neu-es kennen-zulernen.
Das ist in allen Branchen wichtig.
Noch mal ...
Ich hab gefragt, warum so plötzlich?
Weil ich wollte.
Er will es nicht sagen ...
Auch mir nicht.
Die Nudeln werden labberig.
Ich ess doch!
SSSSSSLRP

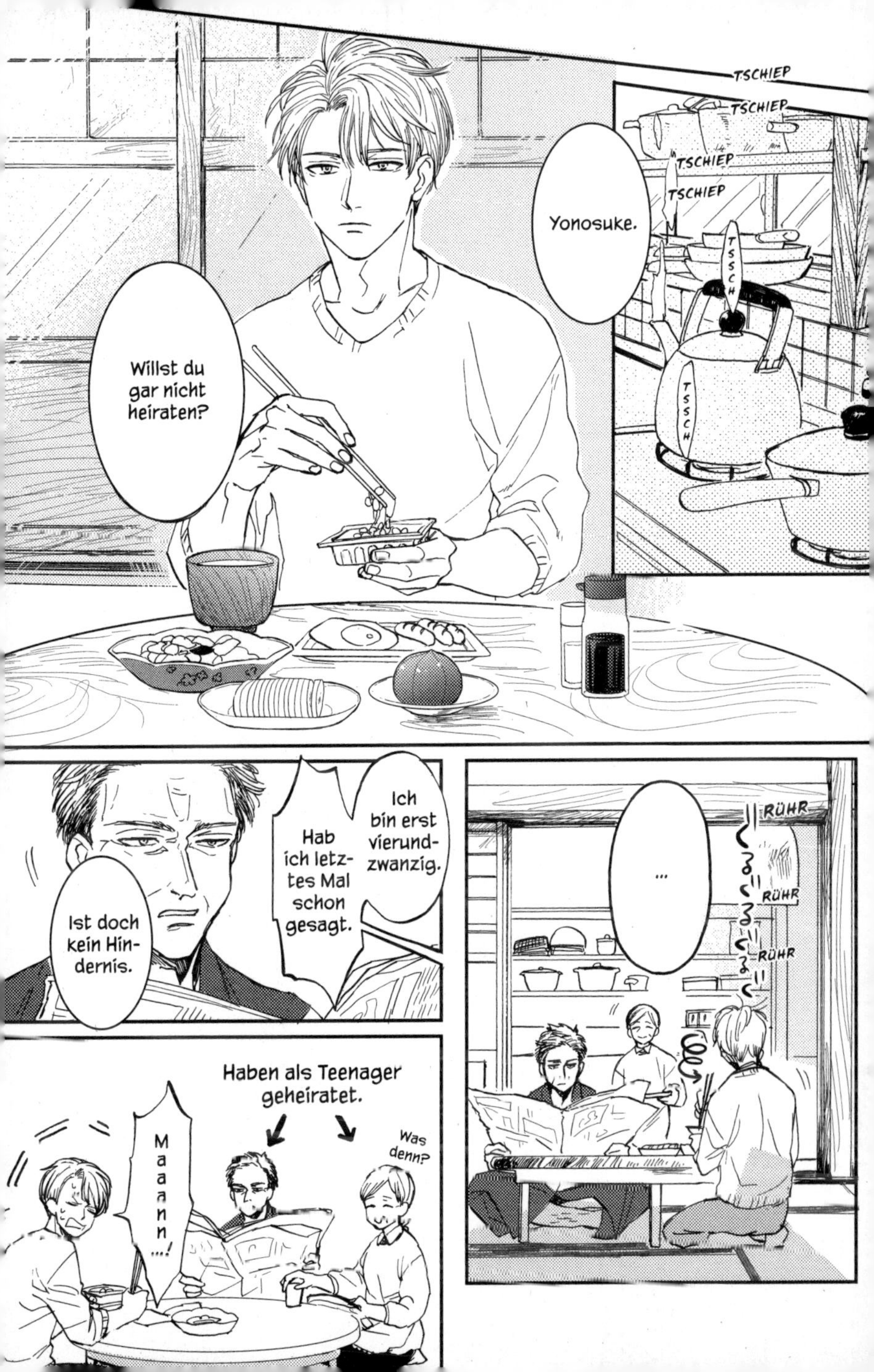

TSCHIEP
TSCHIEP
TSCHIEP
TSCHIEP
TSSCH
TSSCH
Yonosuke.
Willst du gar nicht heiraten?
RÜHR
RÜHR
RÜHR
...
Ich bin erst vierundzwanzig.
Hab ich letztes Mal schon gesagt.
Ist doch kein Hindernis.
Haben als Teenager geheiratet.
Was denn?
Maaann...!

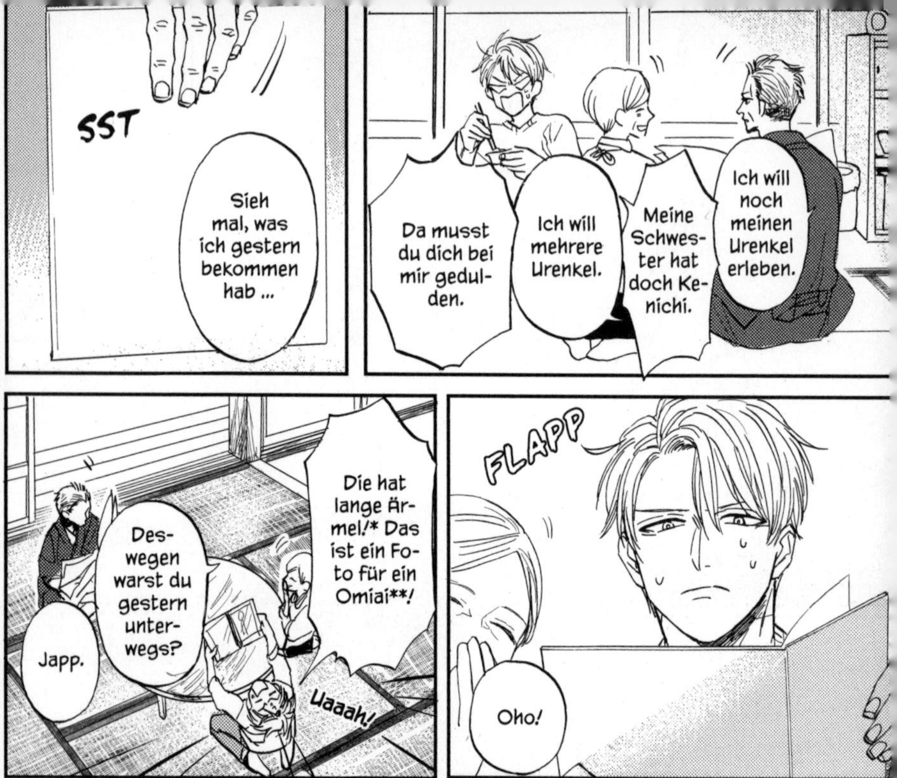

*Sogenannte Furisode-Kimono werden traditionell von unverheirateten Frauen getragen.

**arrangiertes Treffen zwecks Heirat

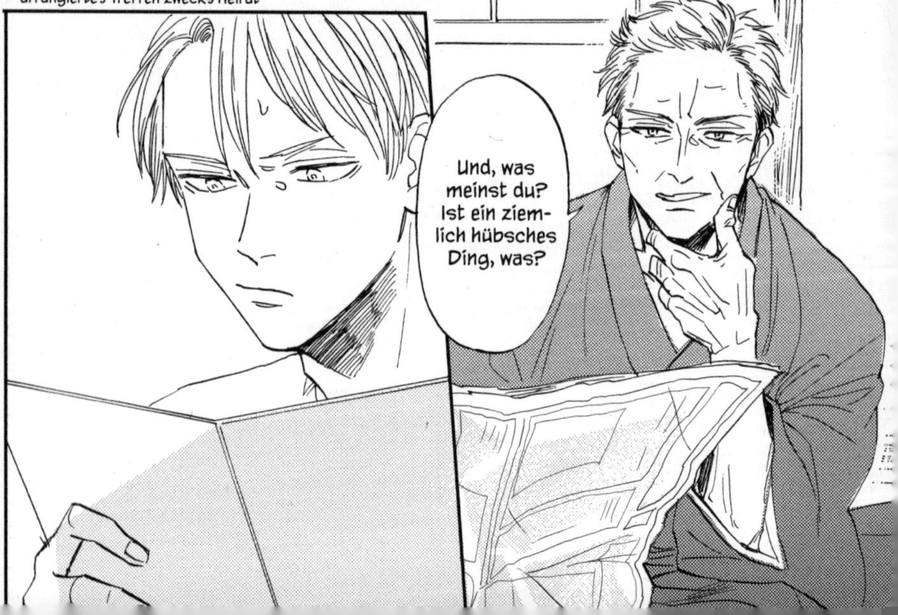

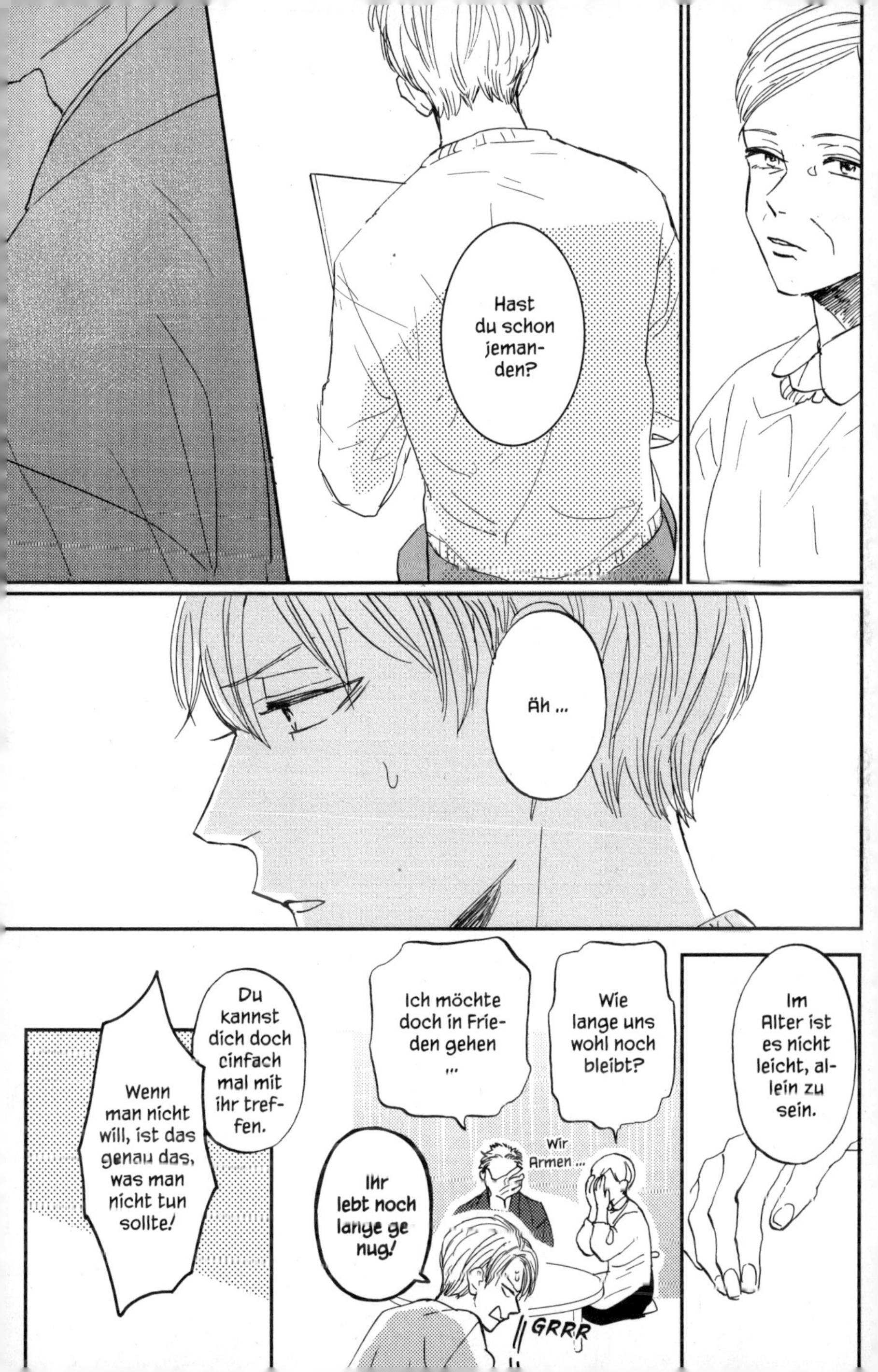

Hast du schon jemanden?
Äh ...
Im Alter ist es nicht leicht, allein zu sein.
Wie lange uns wohl noch bleibt?
Ich möchte doch in Frieden gehen ...
Wir Armen ...
Ihr lebt noch lange genug!
GRRR
Du kannst dich doch einfach mal mit ihr treffen.
Wenn man nicht will, ist das genau das, was man nicht tun sollte!

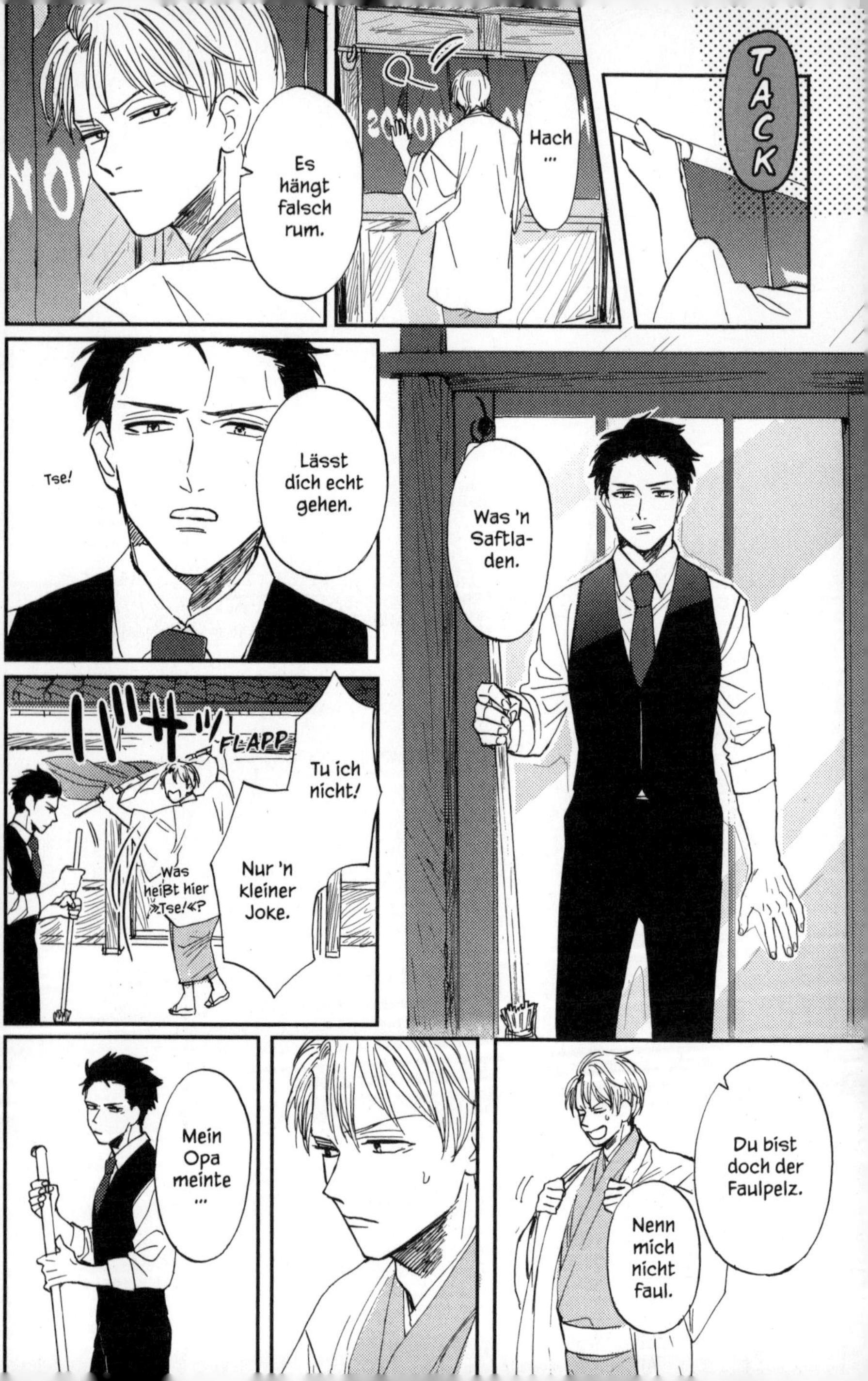
TACK
Hach ...
Es hängt falsch rum.
Was 'n Saftladen.
Lässt dich echt gehen.
Tse!
FLAPP
Tu ich nicht!
Nur 'n kleiner Joke.
Was heißt hier »Tse!«?
Du bist doch der Faulpelz.
Nenn mich nicht faul.
Mein Opa meinte ...

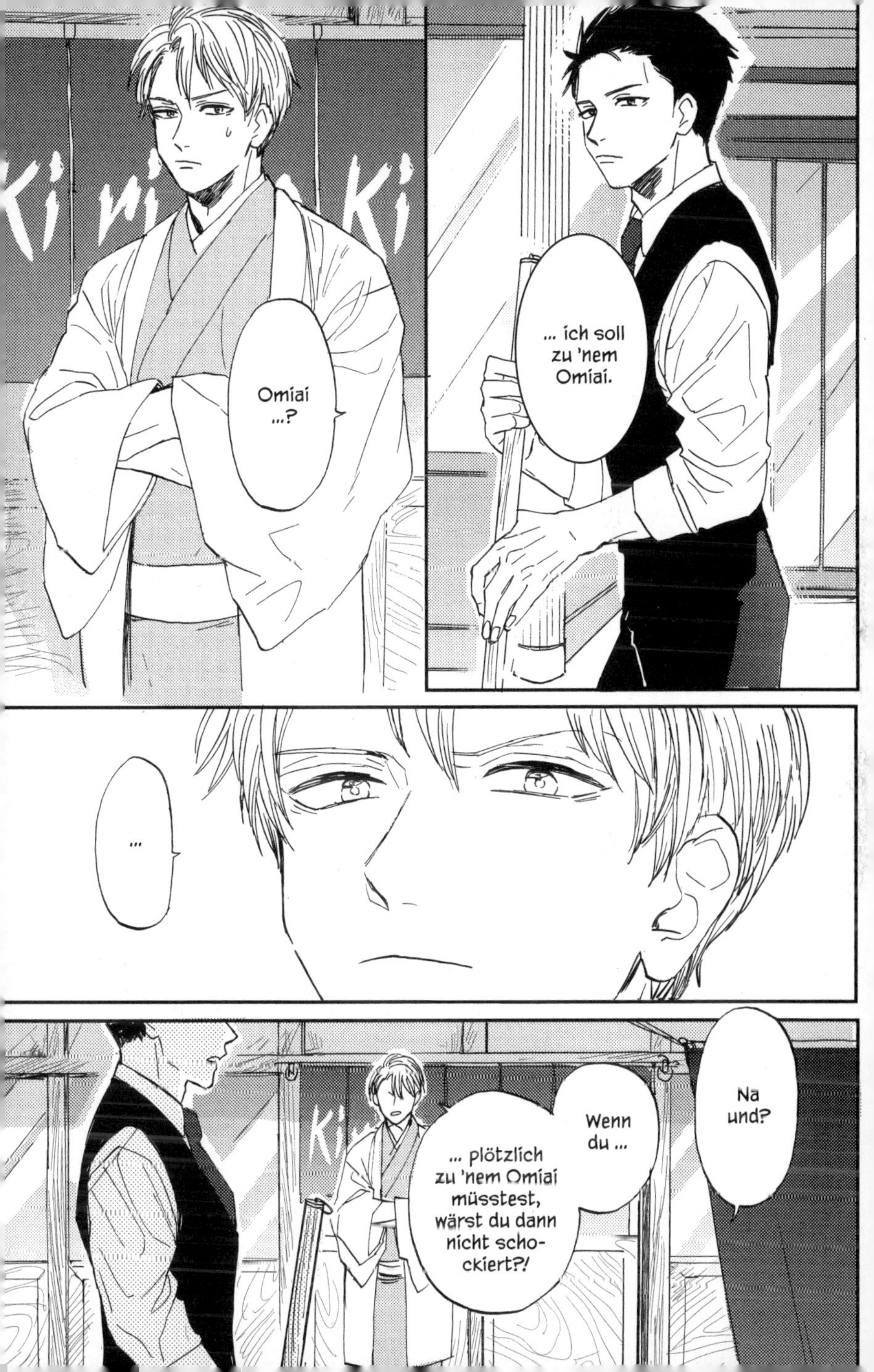
... ich soll zu 'nem Omiai.
Omiai ...?
...
Na und?
Wenn du ...
... plötzlich zu 'nem Omiai müsstest, wärst du dann nicht schockiert?!

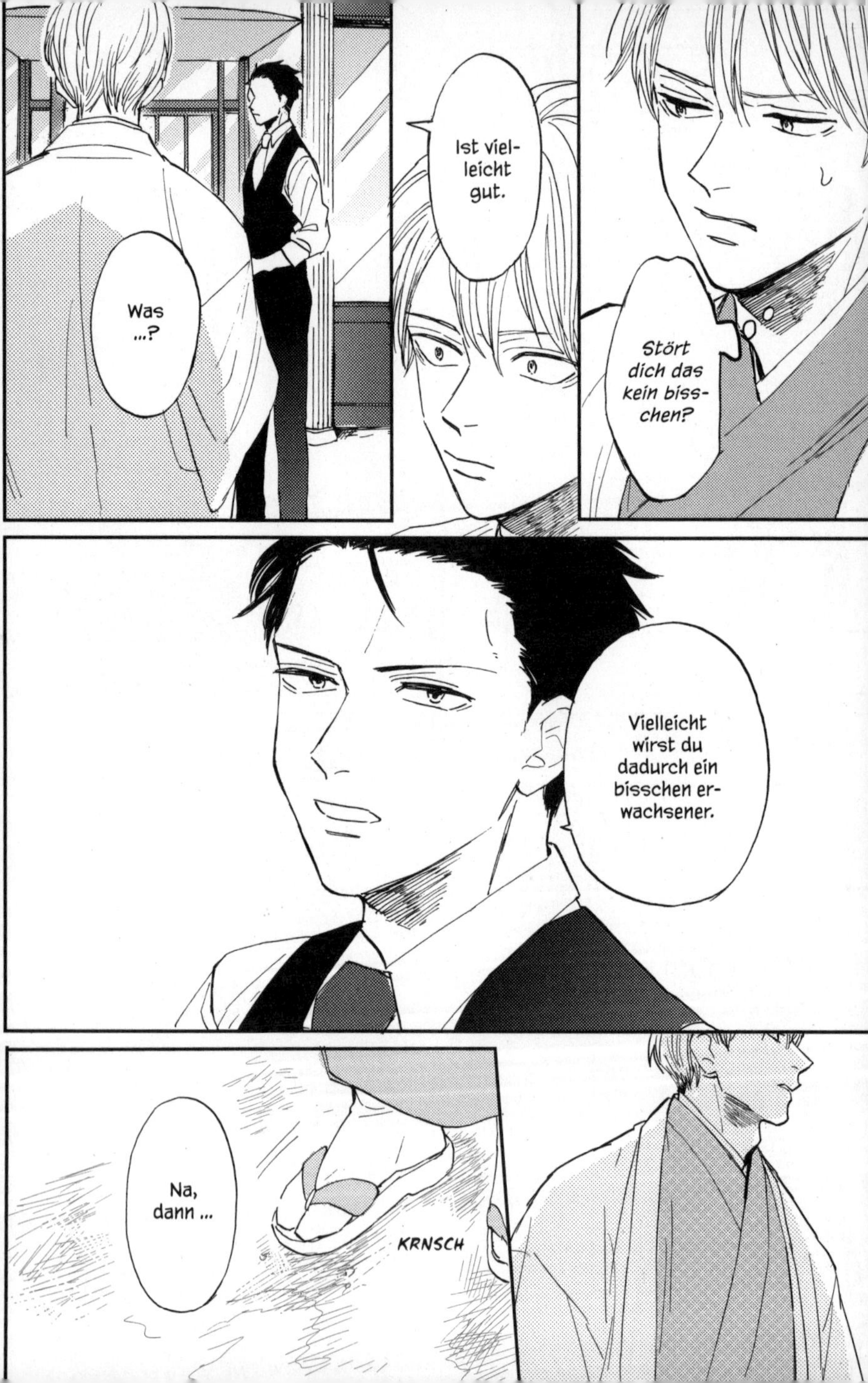

Stört dich das kein bisschen?
Ist vielleicht gut.
Was ...?
Vielleicht wirst du dadurch ein bisschen erwachsener.
KRNSCH
Na, dann ...

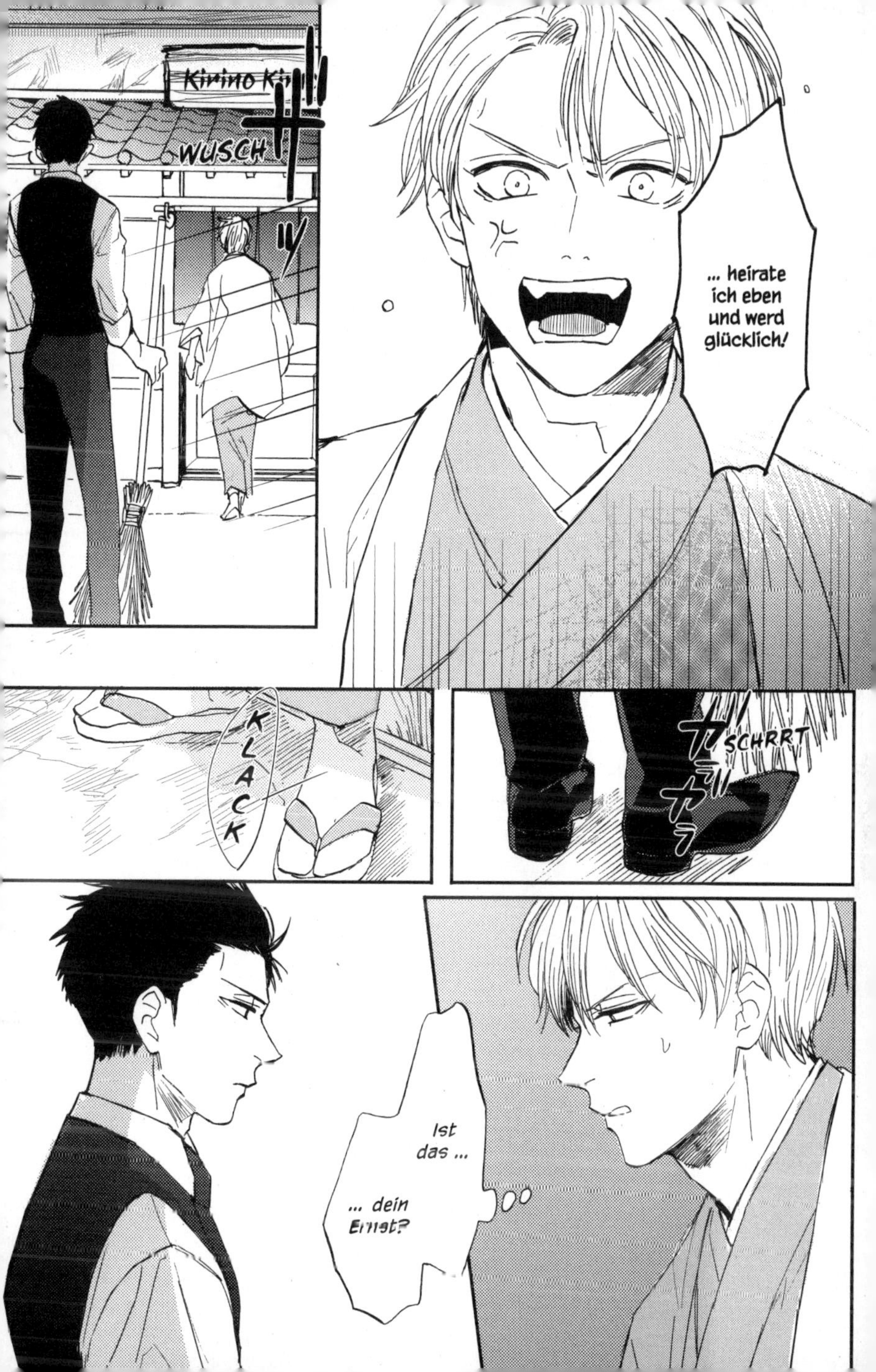

... heirate ich eben und werd glücklich!
Kirino Ki
WUSCH
SCHRRT
KLACK
Ist das ...
... dein Ernst?

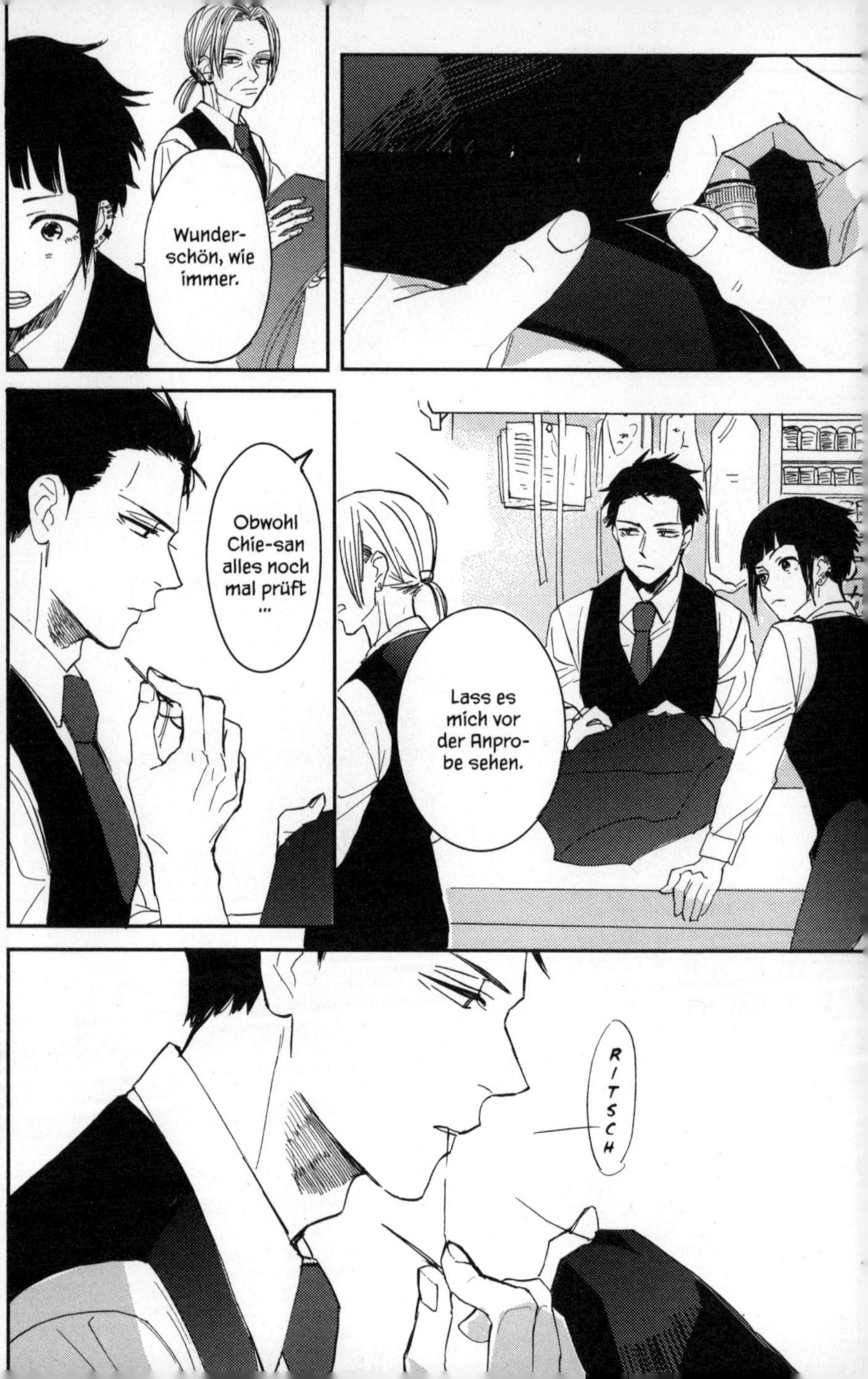
Wunder-schön, wie immer.
Lass es mich vor der Anprobe sehen.
Obwohl Chie-san alles noch mal prüft …
RITSCH

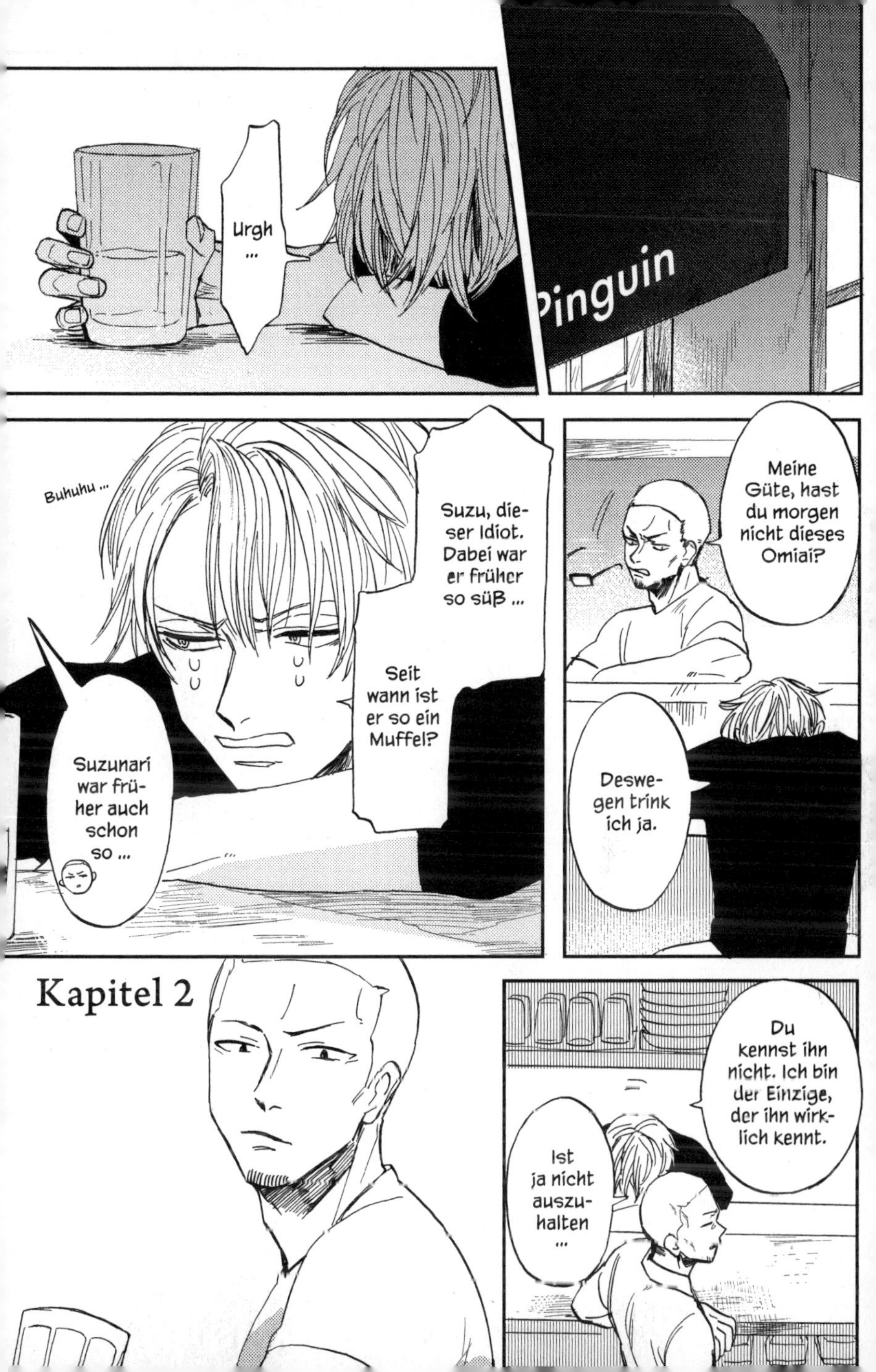
Pinguin
Urgh ...
Meine Güte, hast du morgen nicht dieses Omiai?
Deswegen trink ich ja.
Suzu, dieser Idiot. Dabei war er früher so süß ...
Seit wann ist er so ein Muffel?
Buhuhu ...
Suzunari war früher auch schon so ...
Kapitel 2
Du kennst ihn nicht. Ich bin der Einzige, der ihn wirklich kennt.
Ist ja nicht auszuhalten ...

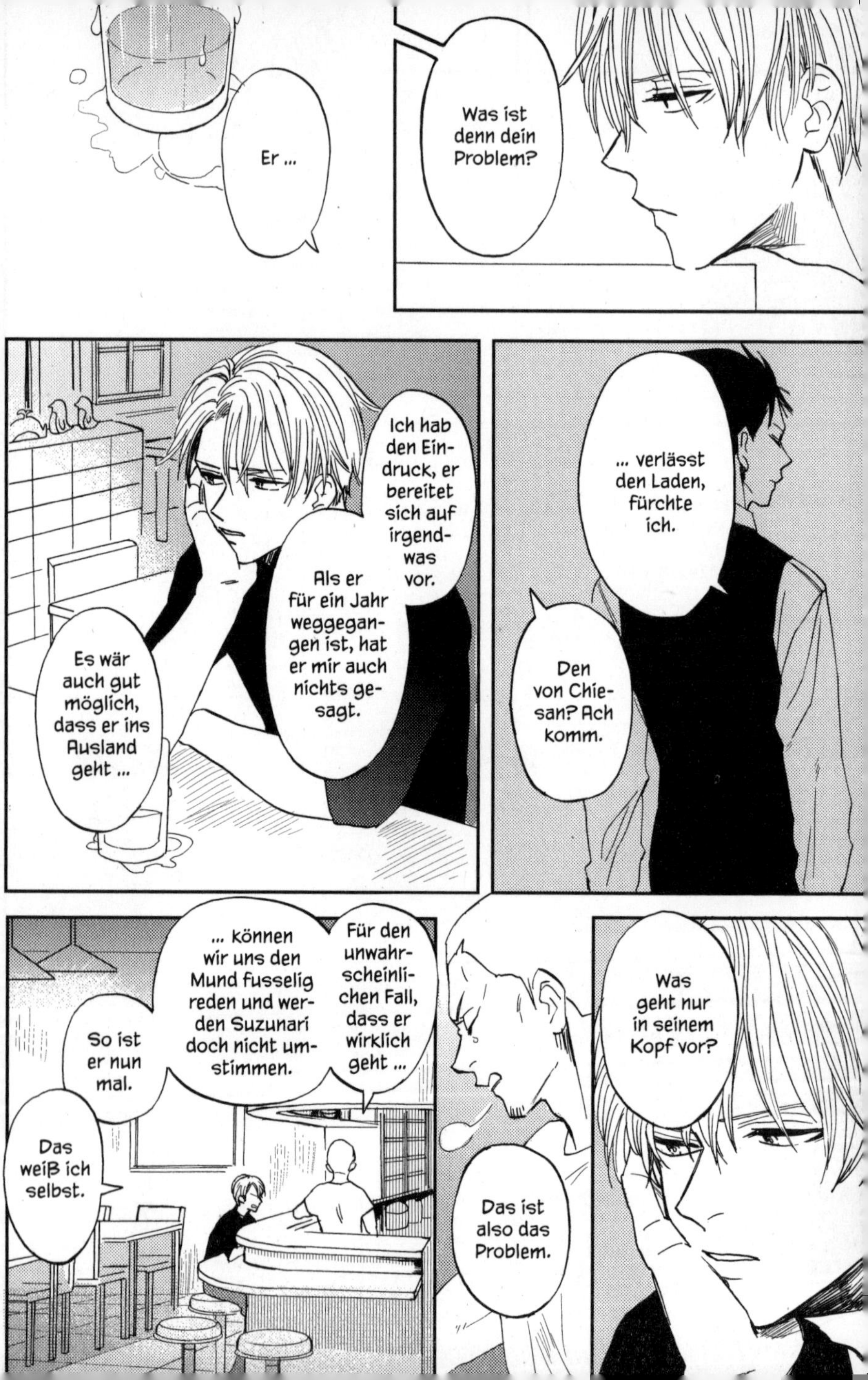
Was ist denn dein Problem?
Er ...
... verlässt den Laden, fürchte ich.
Den von Chie-san? Ach komm.
Ich hab den Eindruck, er bereitet sich auf irgendwas vor.
Als er für ein Jahr weggegangen ist, hat er mir auch nichts gesagt.
Es wär auch gut möglich, dass er ins Ausland geht ...
Was geht nur in seinem Kopf vor?
Das ist also das Problem.
Für den unwahrscheinlichen Fall, dass er wirklich geht ...
... können wir uns den Mund fusselig reden und werden Suzunari doch nicht umstimmen.
So ist er nun mal.
Das weiß ich selbst.

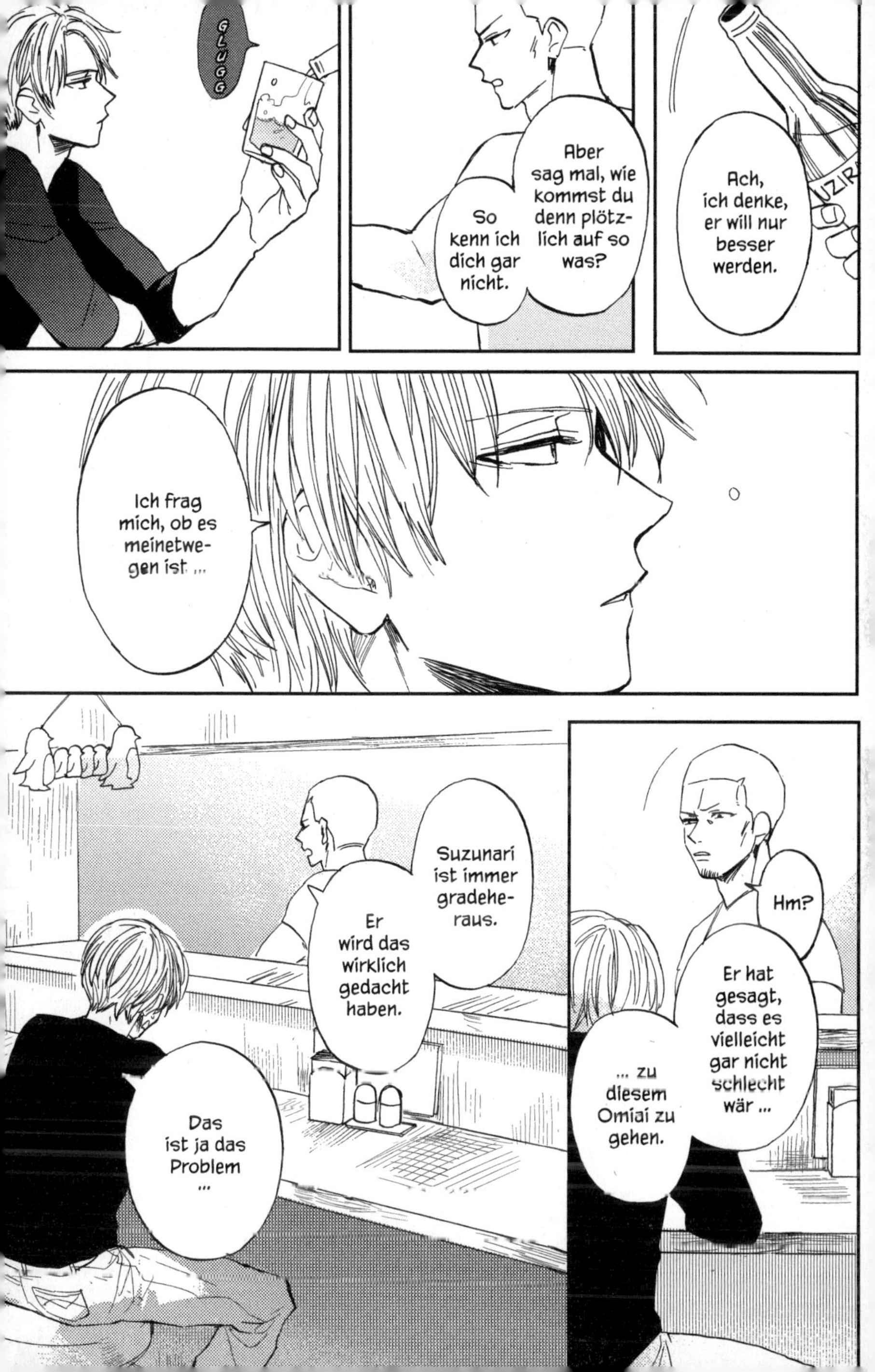

Ach, ich denke, er will nur besser werden.
UZIR
Aber sag mal, wie kommst du denn plötzlich auf so was?
So kenn ich dich gar nicht.
GLUGG
Ich frag mich, ob es meinetwegen ist ...
Hm?
Er hat gesagt, dass es vielleicht gar nicht schlecht wär ...
... zu diesem Omiai zu gehen.
Suzunari ist immer gradeheraus.
Er wird das wirklich gedacht haben.
Das ist ja das Problem ...

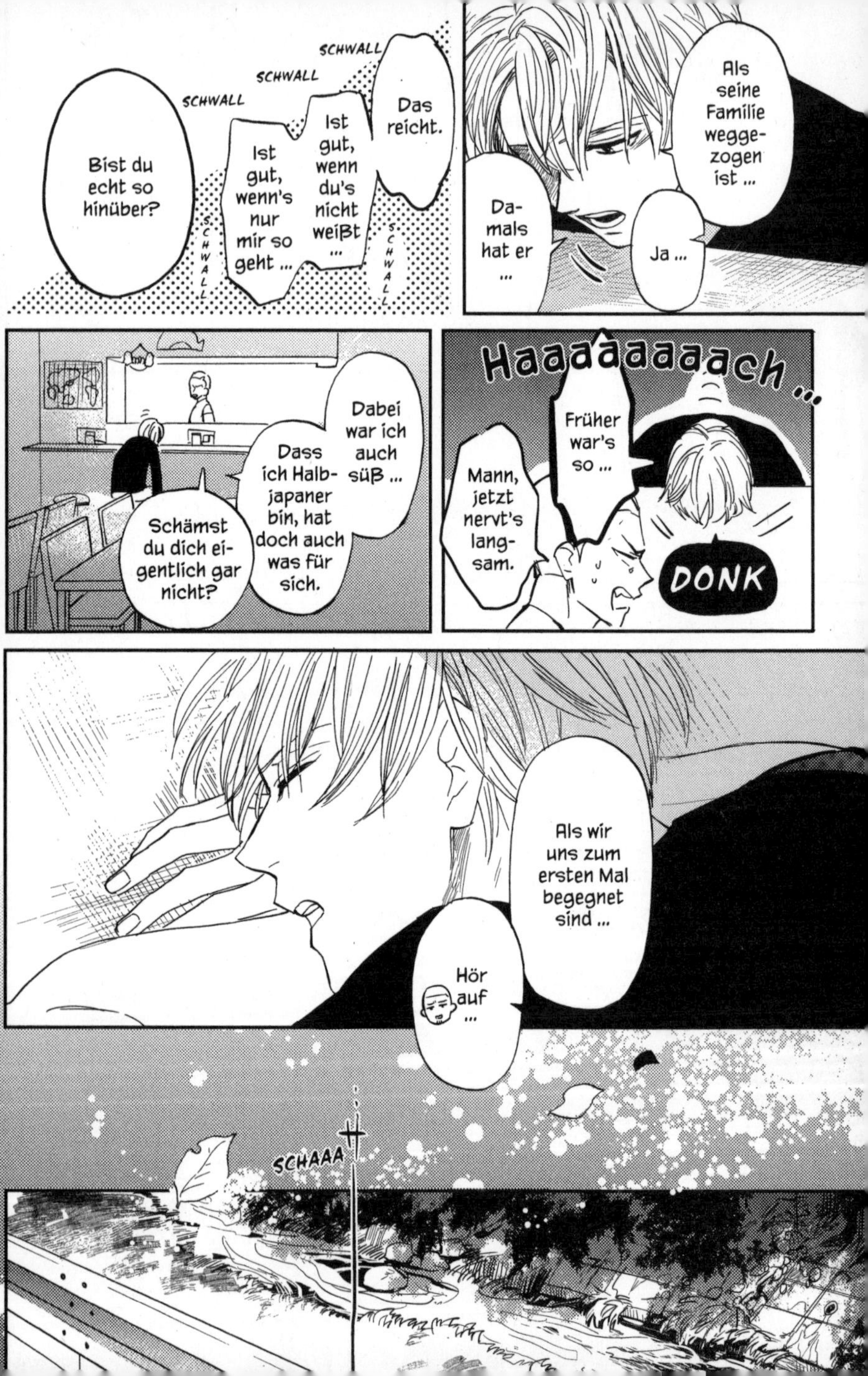
Als seine Familie weggezogen ist ...
Ja ...
Damals hat er ...
SCHWALL
SCHWALL
SCHWALL
Das reicht.
Ist gut, wenn du's nicht weißt ...
SCHWALL
Ist gut, wenn's nur mir so geht ...
SCHWALL
Bist du echt so hinüber?
Haaaaaaaaach ...
Früher war's so ...
Mann, jetzt nervt's langsam.
DONK
Dabei war ich auch süß ...
Dass ich Halbjapaner bin, hat doch auch was für sich.
Schämst du dich eigentlich gar nicht?
Als wir uns zum ersten Mal begegnet sind ...
Hör auf ...
SCHAAA

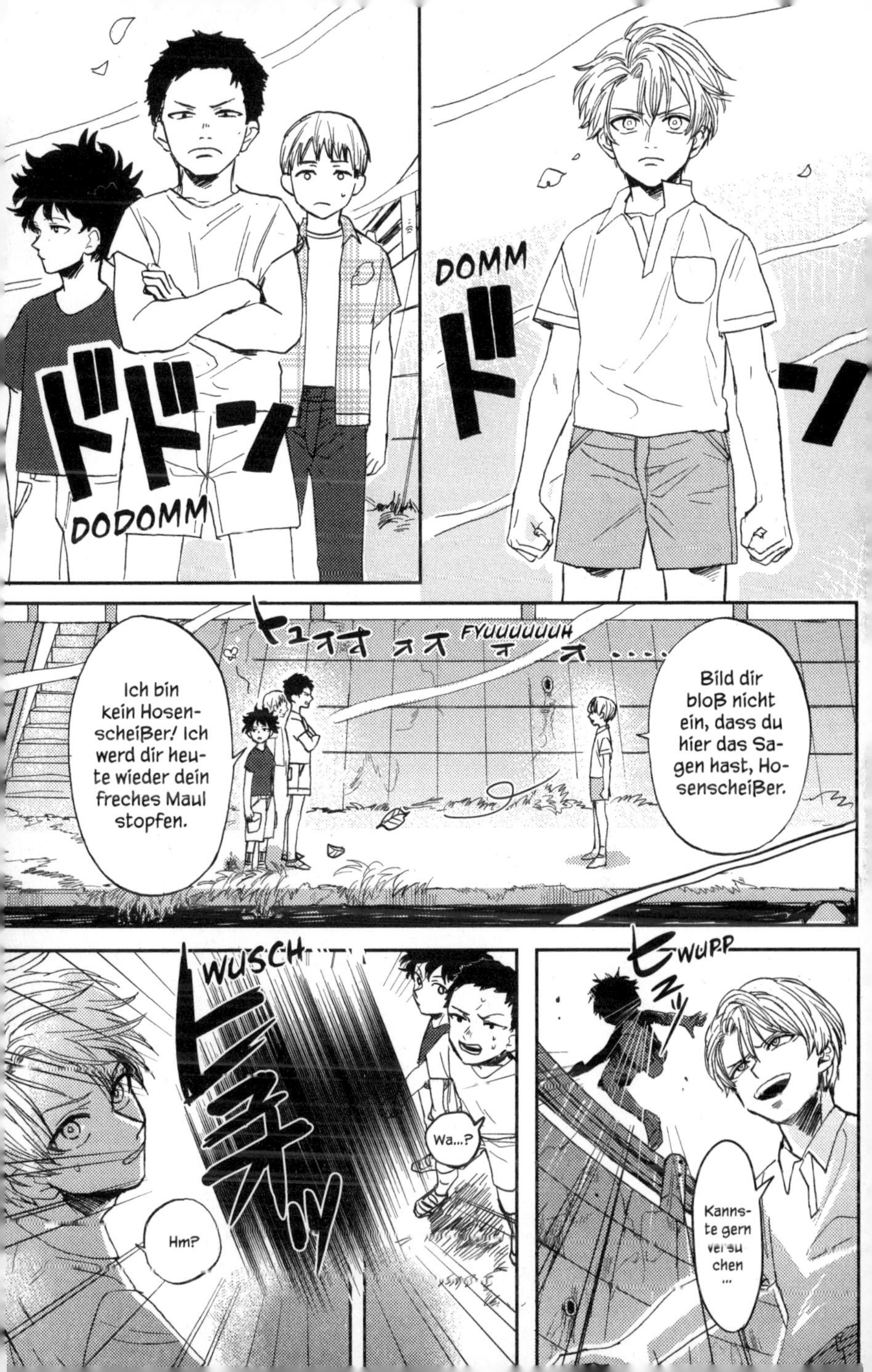
DOMM
DODOMM
Bild dir bloß nicht ein, dass du hier das Sagen hast, Hosenscheißer.
FYUUUUUUH
Ich bin kein Hosenscheißer! Ich werd dir heute wieder dein freches Maul stopfen.
WUPP
Kannste gern versuchen ...
WUSCH
Wa...?
Hm?

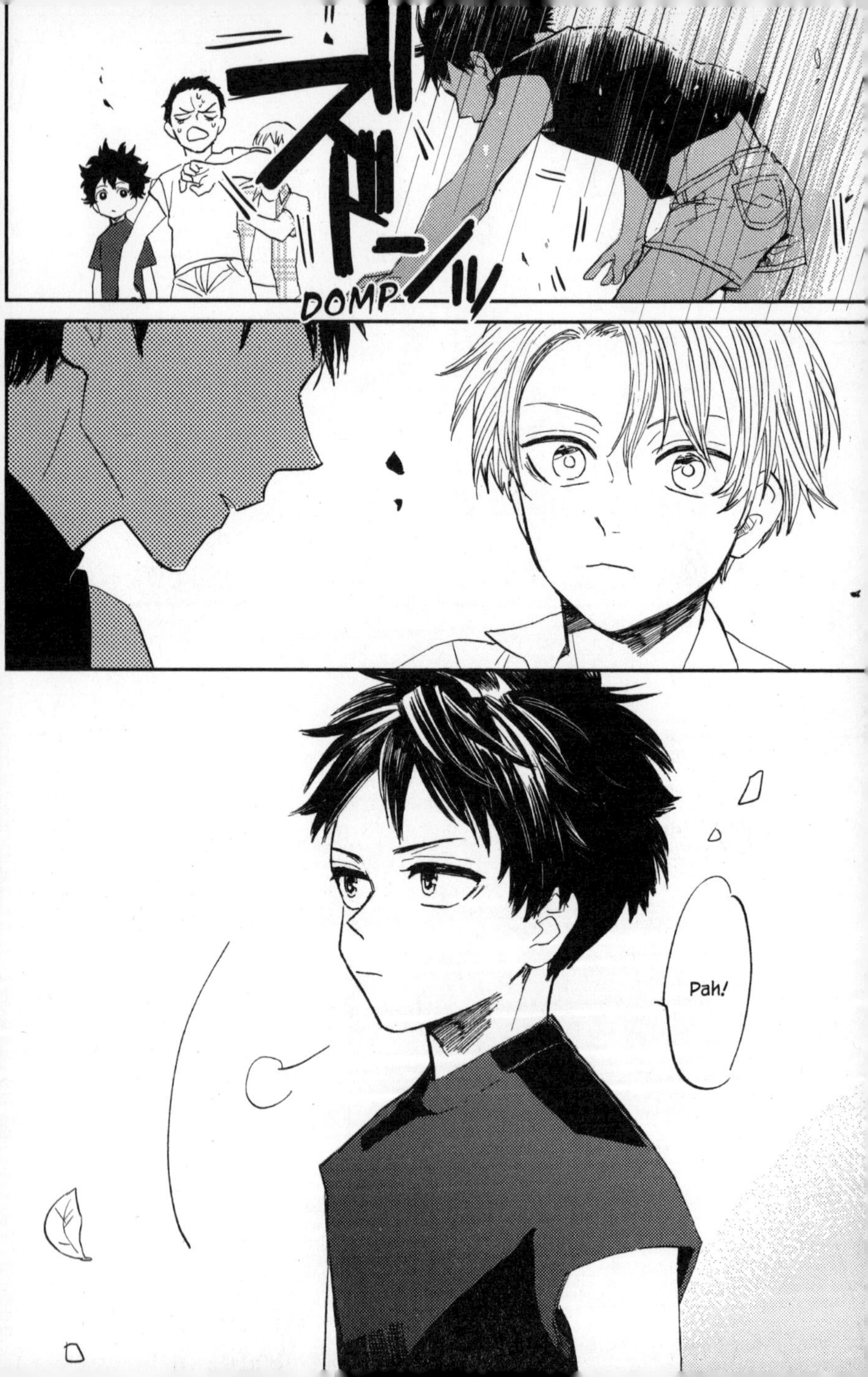
ズドーン
DOMP
Pah!

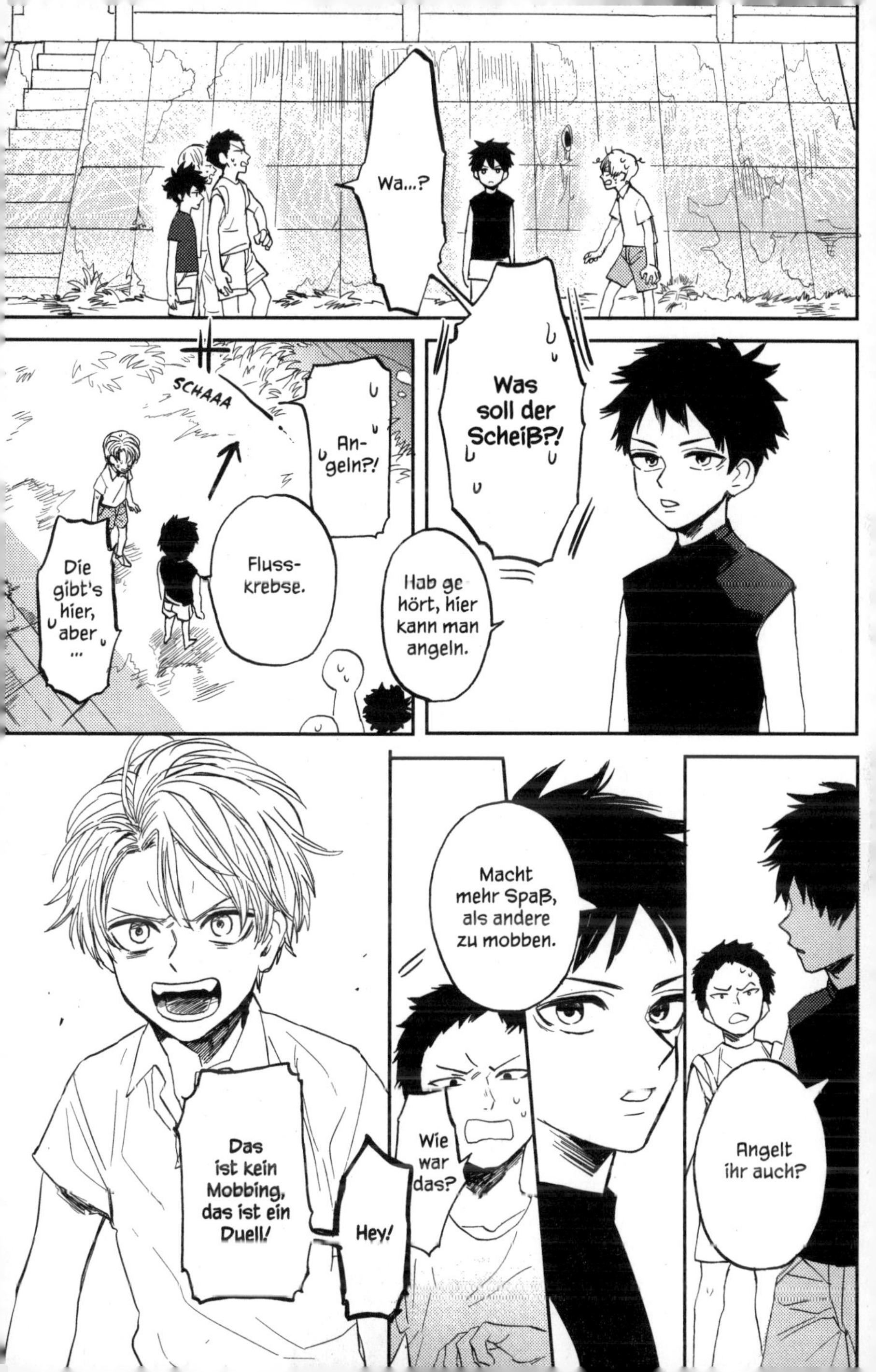
Wa...?
Was soll der Scheiß?!
Hab ge- hört, hier kann man angeln.
An- geln?!
Fluss- krebse.
SCHAAA
Die gibt's hier, aber ...
Angelt ihr auch?
Macht mehr Spaß, als andere zu mobben.
Wie war das?
Hey!
Das ist kein Mobbing, das ist ein Duell!

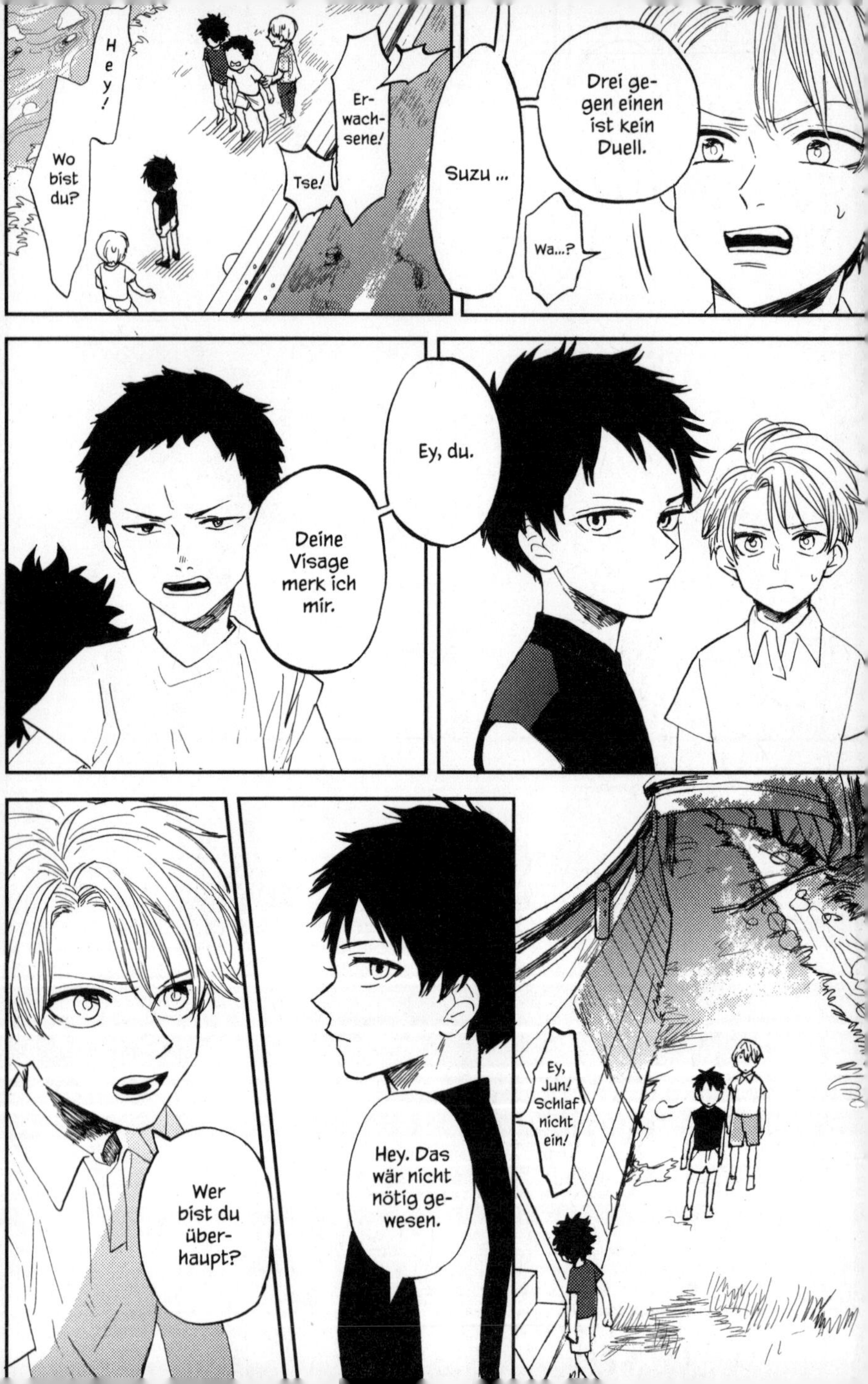
Drei gegen einen ist kein Duell.
Wa...?
Suzu ...
Erwachsene!
Tse!
Hey!
Wo bist du?
Ey, du.
Deine Visage merk ich mir.
Ey, Jun! Schlaf nicht ein!
Hey. Das wär nicht nötig gewesen.
Wer bist du überhaupt?

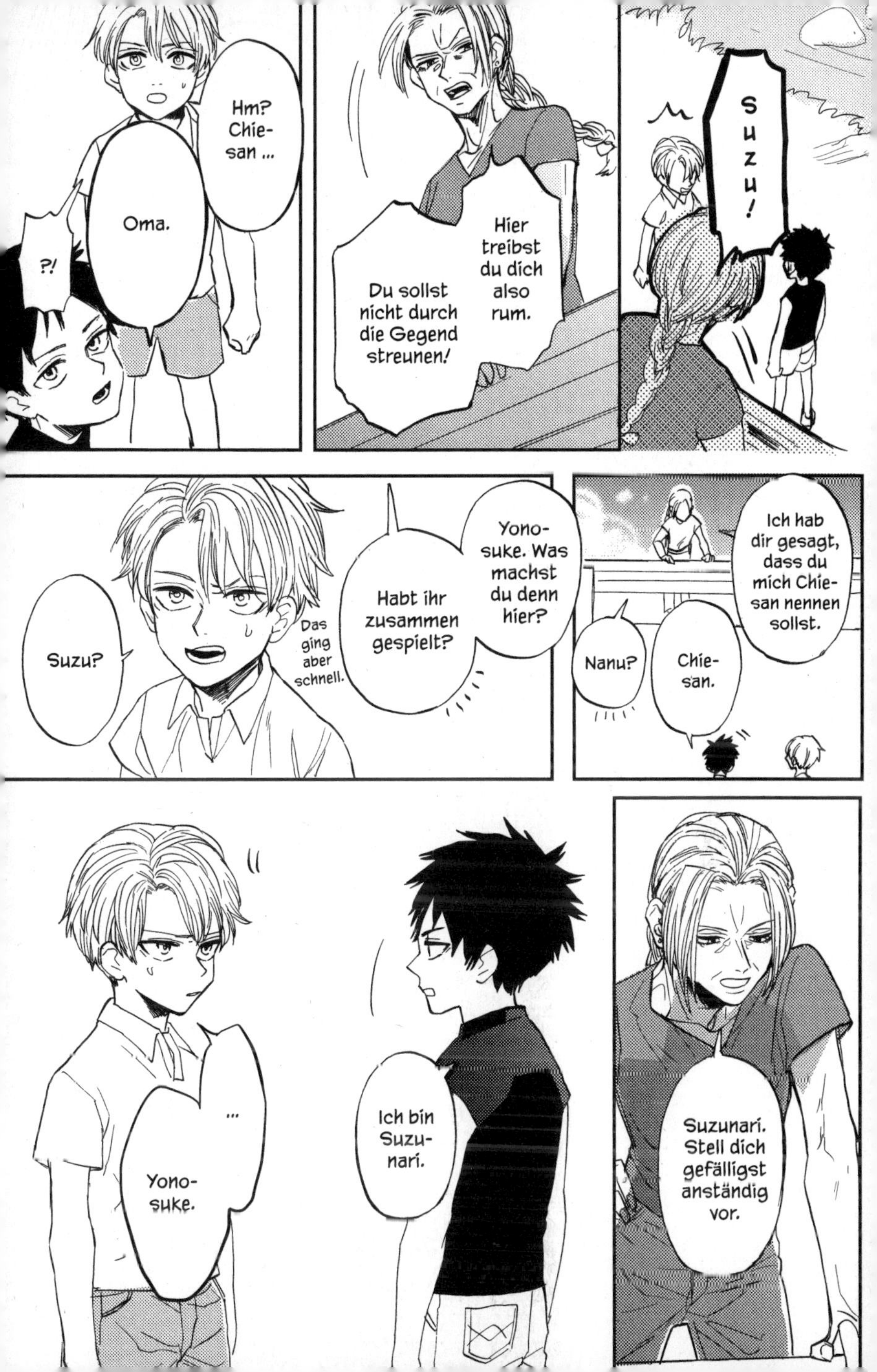
Suzu!
Hier treibst du dich also rum.
Du sollst nicht durch die Gegend streunen!
Hm? Chie-san ...
Oma.
?!
Ich hab dir gesagt, dass du mich Chie-san nennen sollst.
Chie-san.
Nanu?
Yonosuke. Was machst du denn hier?
Habt ihr zusammen gespielt?
Das ging aber schnell.
Suzu?
Suzunari. Stell dich gefälligst anständig vor.
Ich bin Suzunari.
...
Yonosuke.

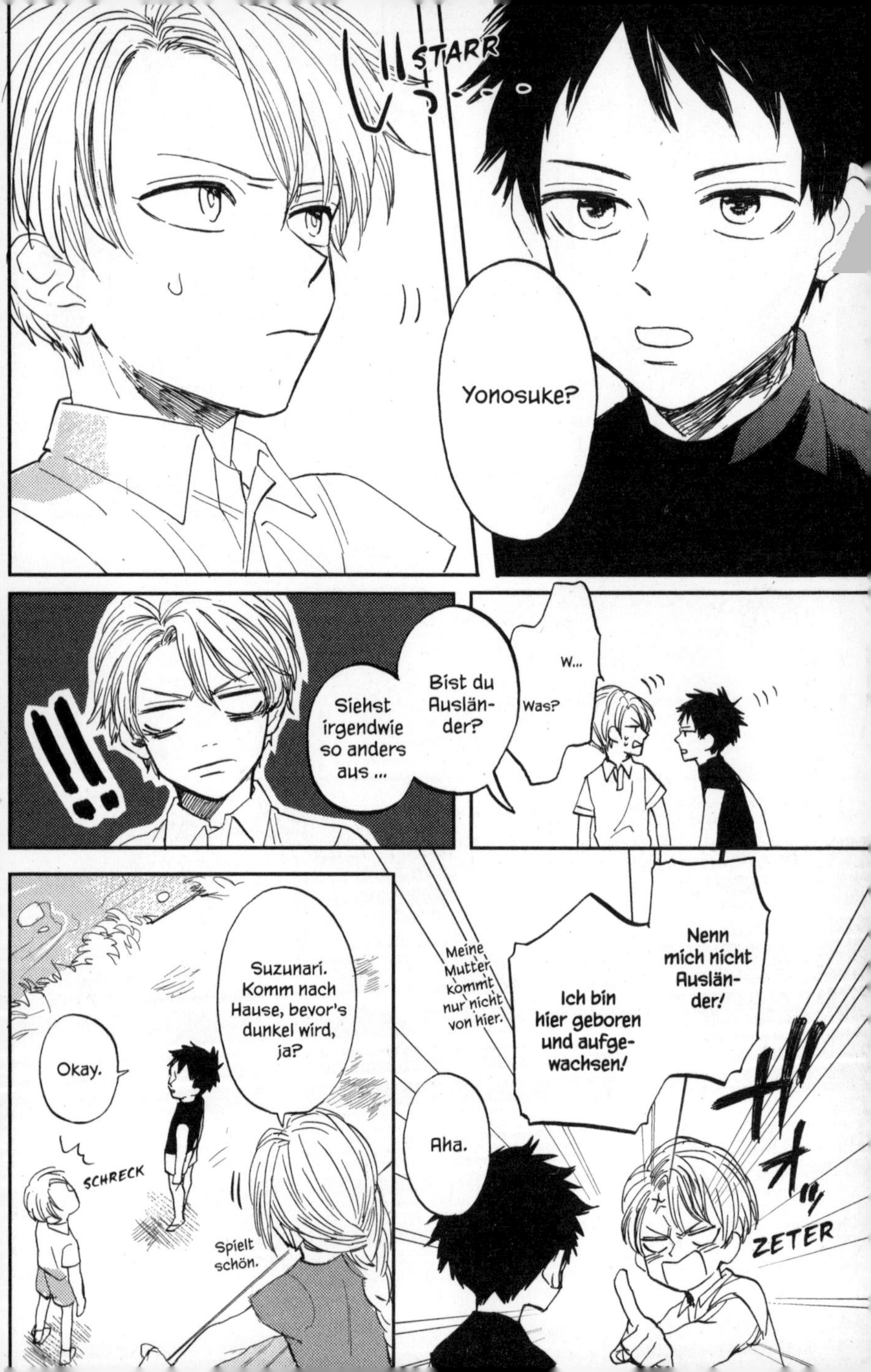
STARR
Yonosuke?
W...
Was?
Bist du Ausländer?
Siehst irgendwie so anders aus ...
Nenn mich nicht Ausländer!
Ich bin hier geboren und aufgewachsen!
Meine Mutter kommt nur nicht von hier.
ZETER
Aha.
Suzunari. Komm nach Hause, bevor's dunkel wird, ja?
Okay.
SCHRECK
Spielt schön.

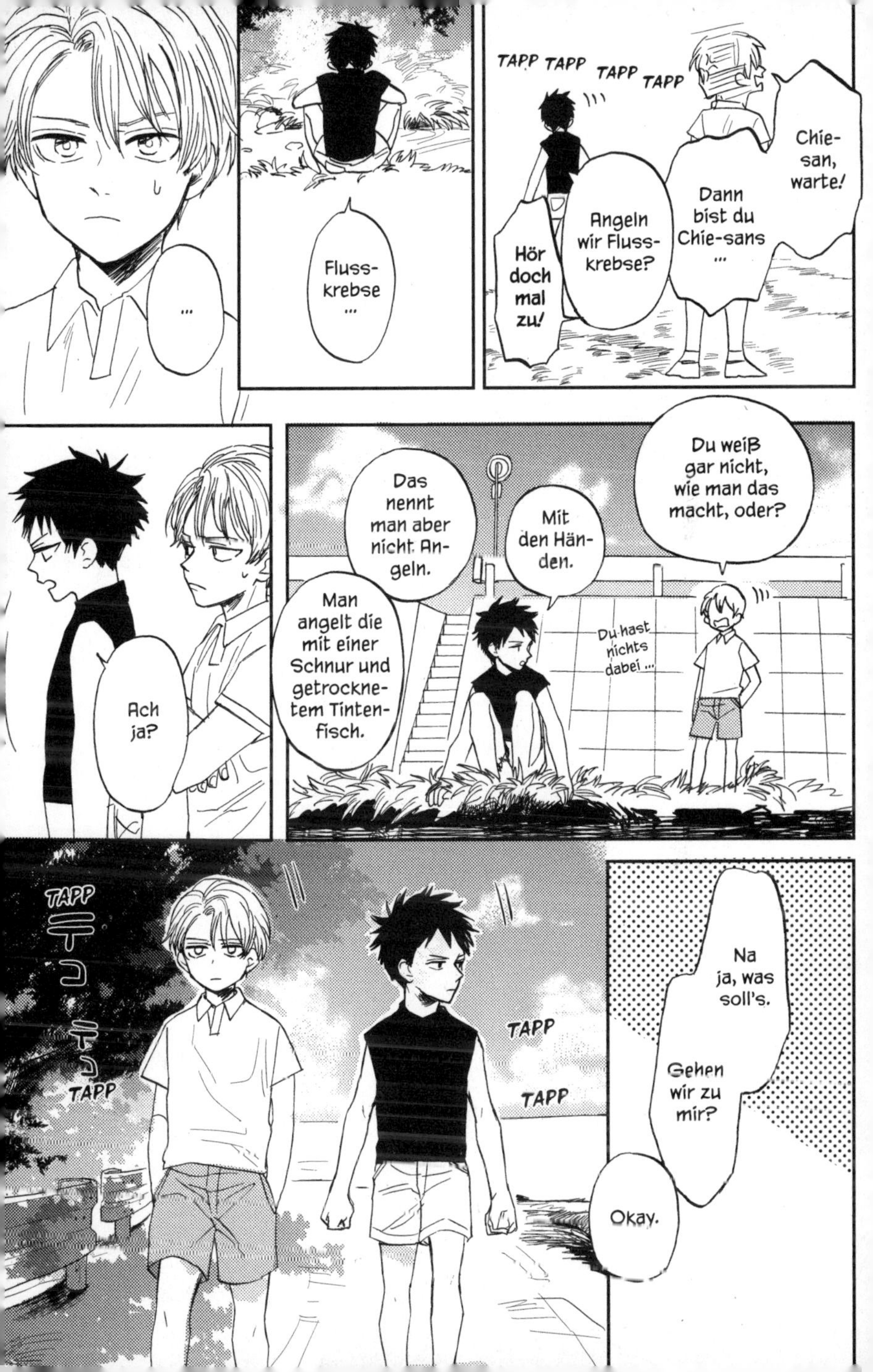
TAPP TAPP TAPP TAPP
Chie-san, warte!
Dann bist du Chie-sans ...
Angeln wir Flusskrebse?
Hör doch mal zu!
Flusskrebse ...
...
Du weißt gar nicht, wie man das macht, oder?
Mit den Händen.
Das nennt man aber nicht Angeln.
Man angelt die mit einer Schnur und getrocknetem Tintenfisch.
Du hast nichts dabei ...
Ach ja?
Na ja, was soll's.
Gehen wir zu mir?
Okay.
TAPP
TAPP
TAPP
テコ テコ
TAPP

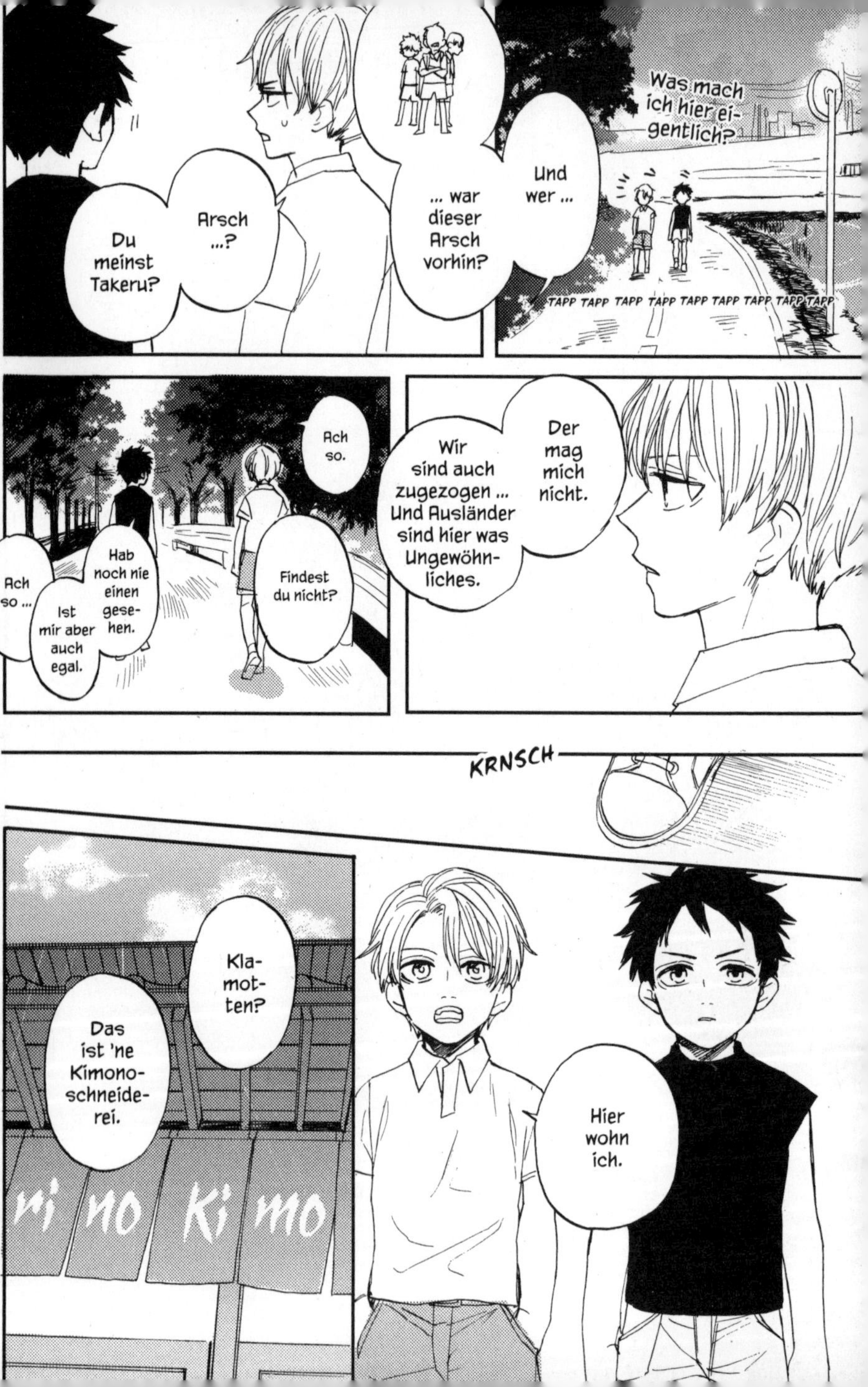
Was mach ich hier eigentlich?
TAPP TAPP TAPP TAPP TAPP TAPP TAPP TAPP TAPP
Und wer ...
... war dieser Arsch vorhin?
Arsch ...?
Du meinst Takeru?
Der mag mich nicht.
Wir sind auch zugezogen ... Und Ausländer sind hier was Ungewöhnliches.
Ach so.
Findest du nicht?
Hab noch nie einen gesehen.
Ist mir aber auch egal.
Ach so ...
KRNSCH
Hier wohn ich.
Klamotten?
Das ist 'ne Kimonoschneiderei.
ri no Ki mo

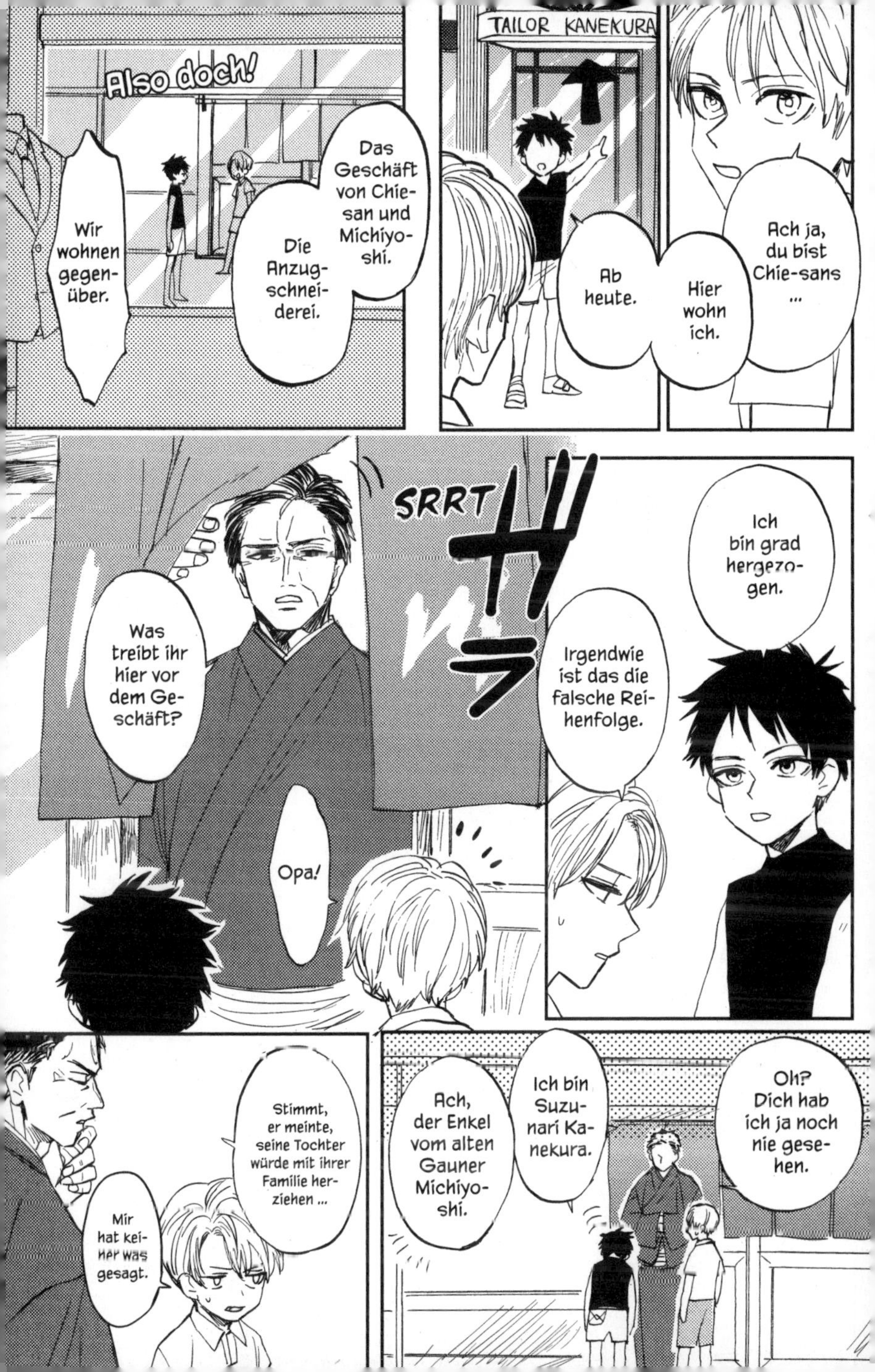
Ach ja, du bist Chie-sans ...
Hier wohn ich.
Ab heute.
TAILOR KANEKURA
Das Geschäft von Chie-san und Michiyoshi.
Die Anzugschneiderei.
Wir wohnen gegenüber.
Also doch!
Ich bin grad hergezogen.
Irgendwie ist das die falsche Reihenfolge.
SRRT
Was treibt ihr hier vor dem Geschäft?
Opa!
Oh? Dich hab ich ja noch nie gesehen.
Ich bin Suzunari Kanekura.
Ach, der Enkel vom alten Gauner Michiyoshi.
Stimmt, er meinte, seine Tochter würde mit ihrer Familie herziehen ...
Mir hat keiner was gesagt.

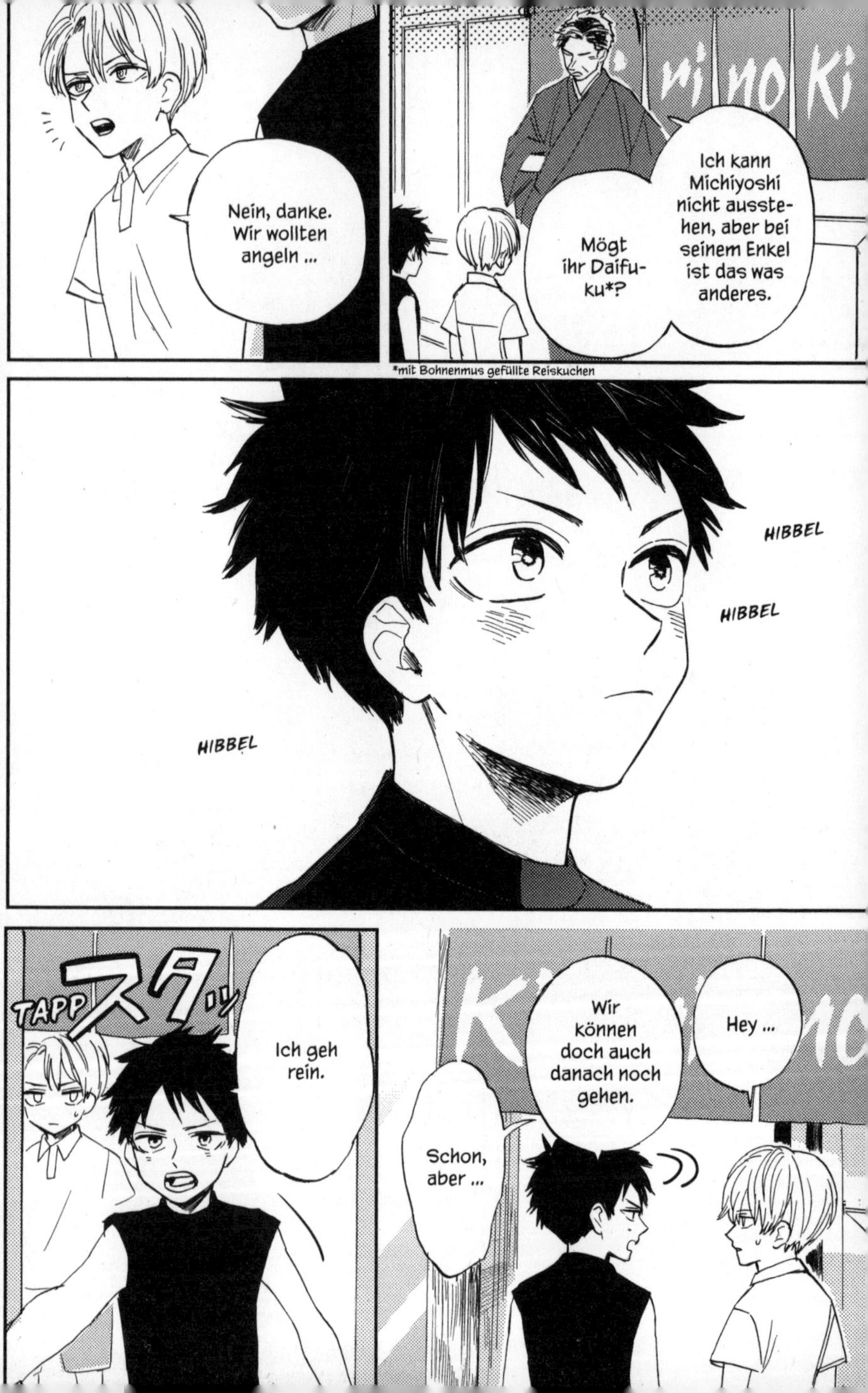

*mit Bohnenmus gefüllte Reiskuchen

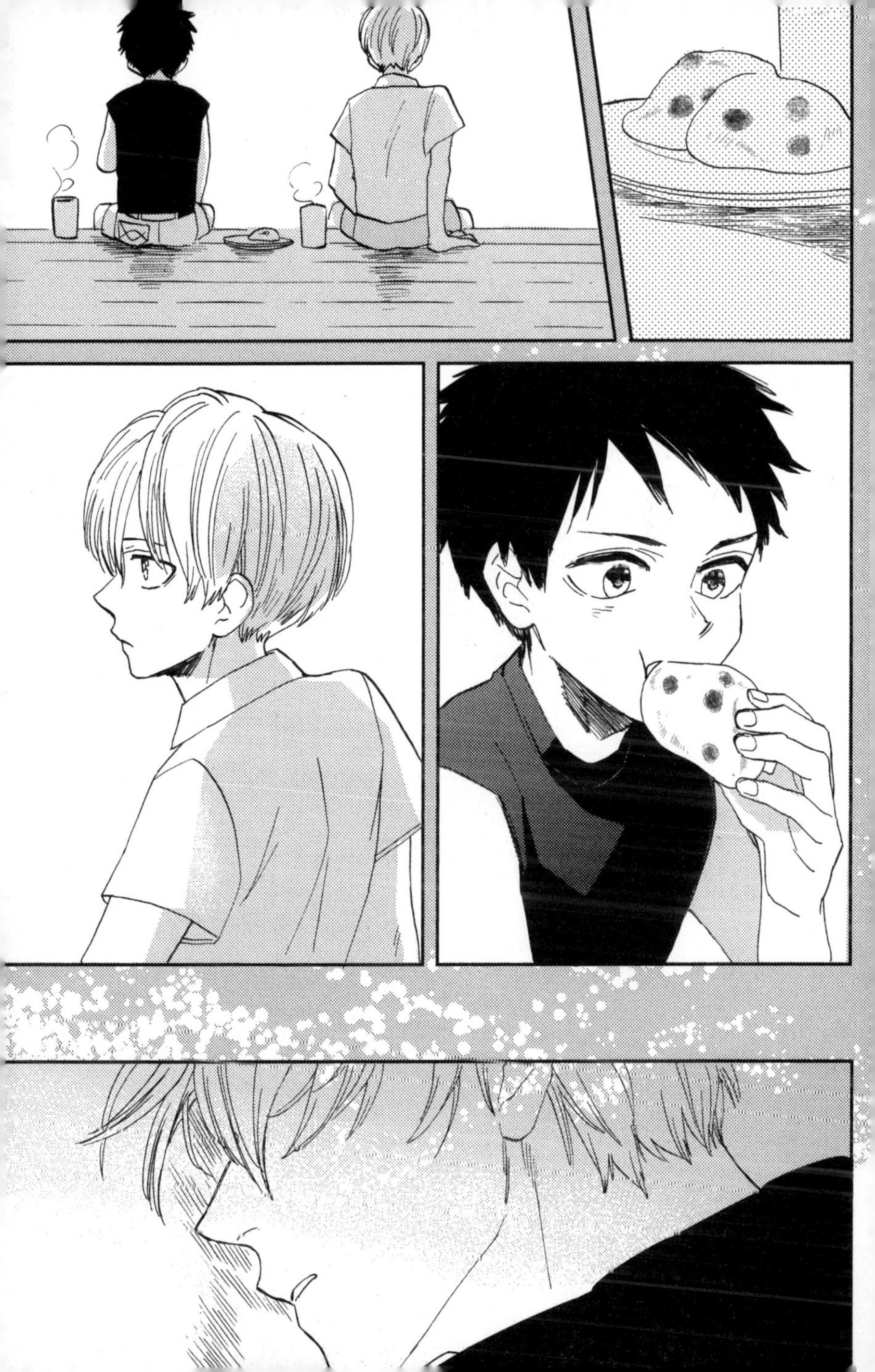

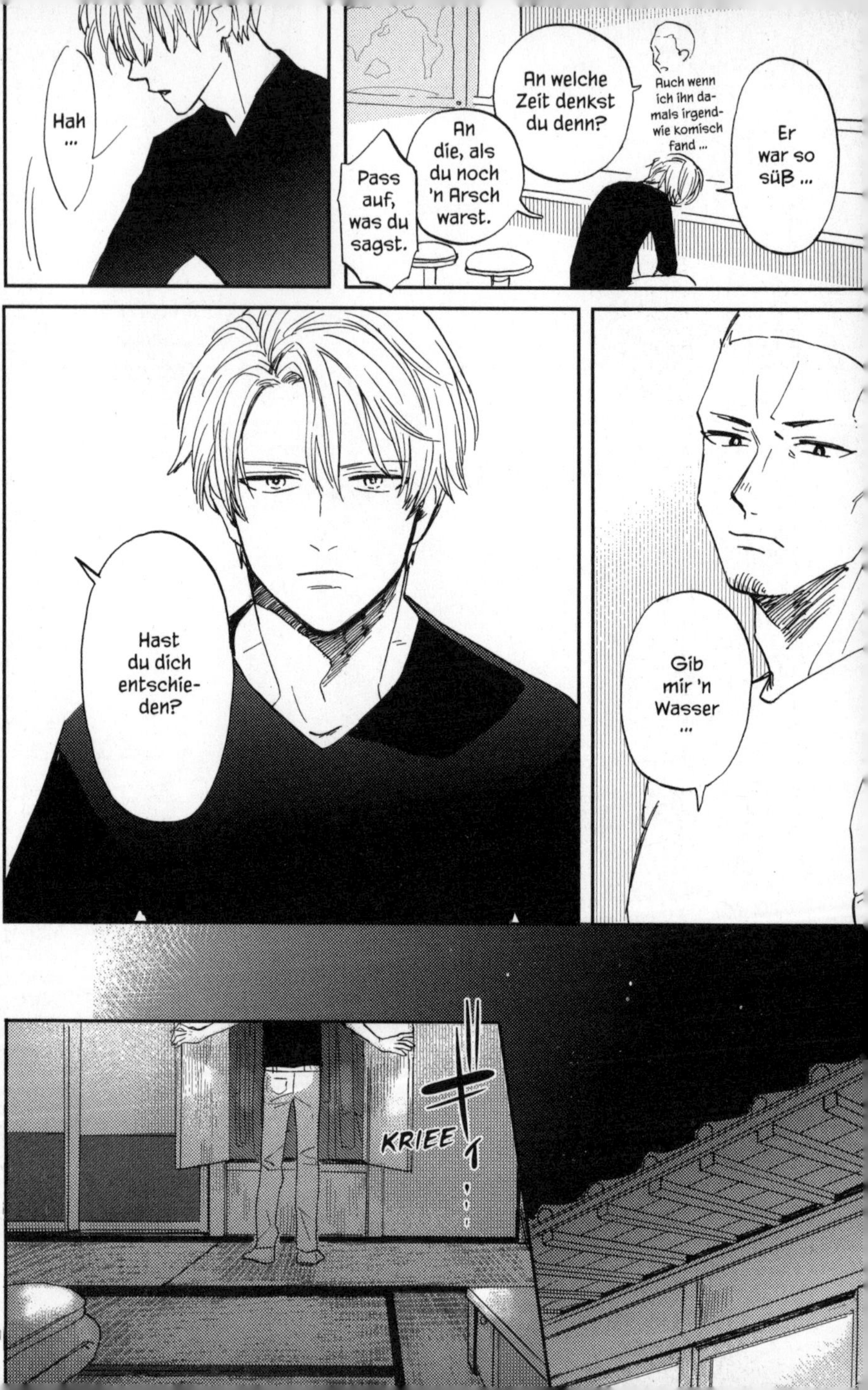
Er war so süß ...
Auch wenn ich ihn damals irgendwie komisch fand ...
An welche Zeit denkst du denn?
An die, als du noch 'n Arsch warst.
Pass auf, was du sagst.
Hah ...
Gib mir 'n Wasser ...
Hast du dich entschieden?
KRIEE

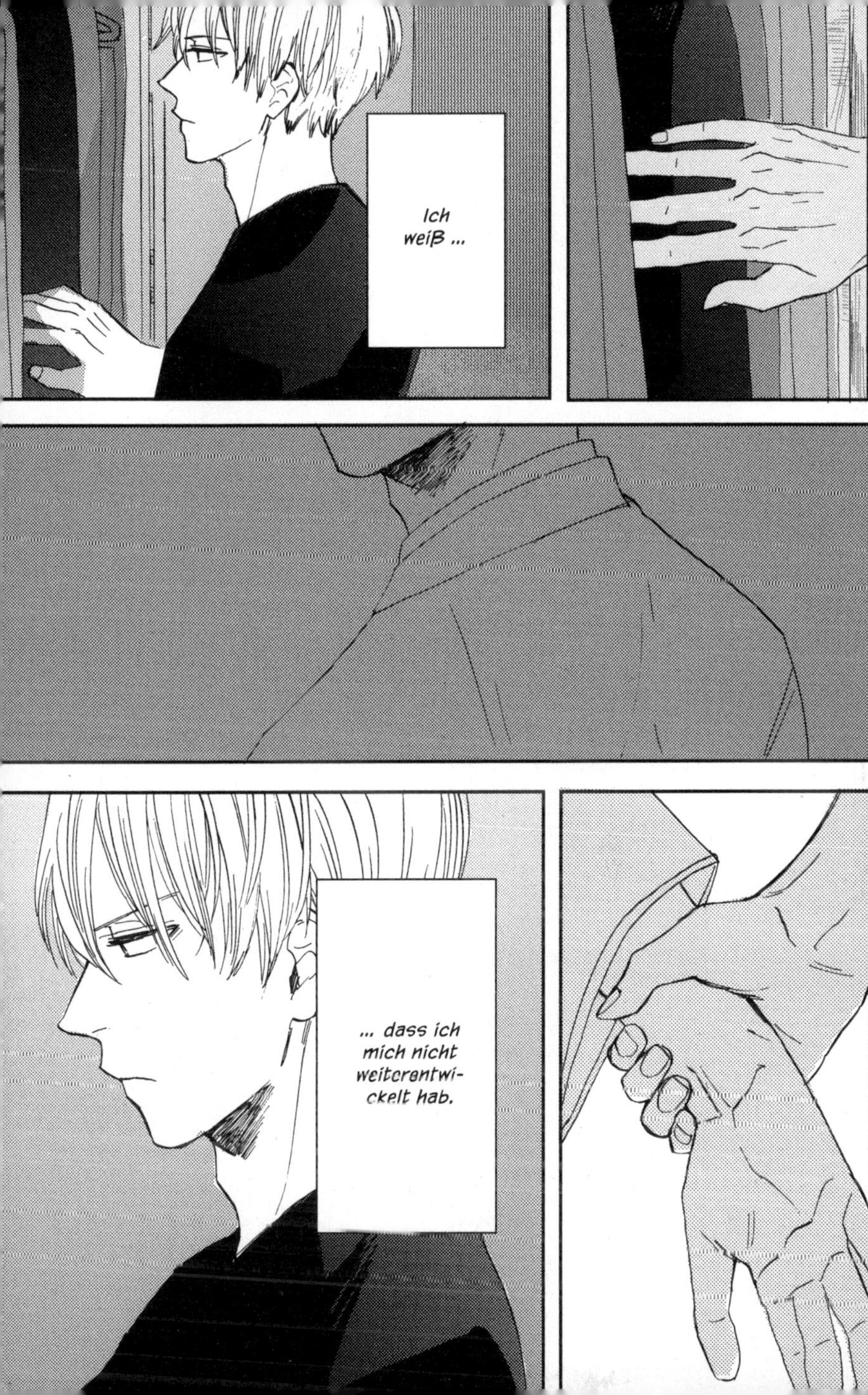
Ich weiß ...
... dass ich mich nicht weiterentwi-ckelt hab.

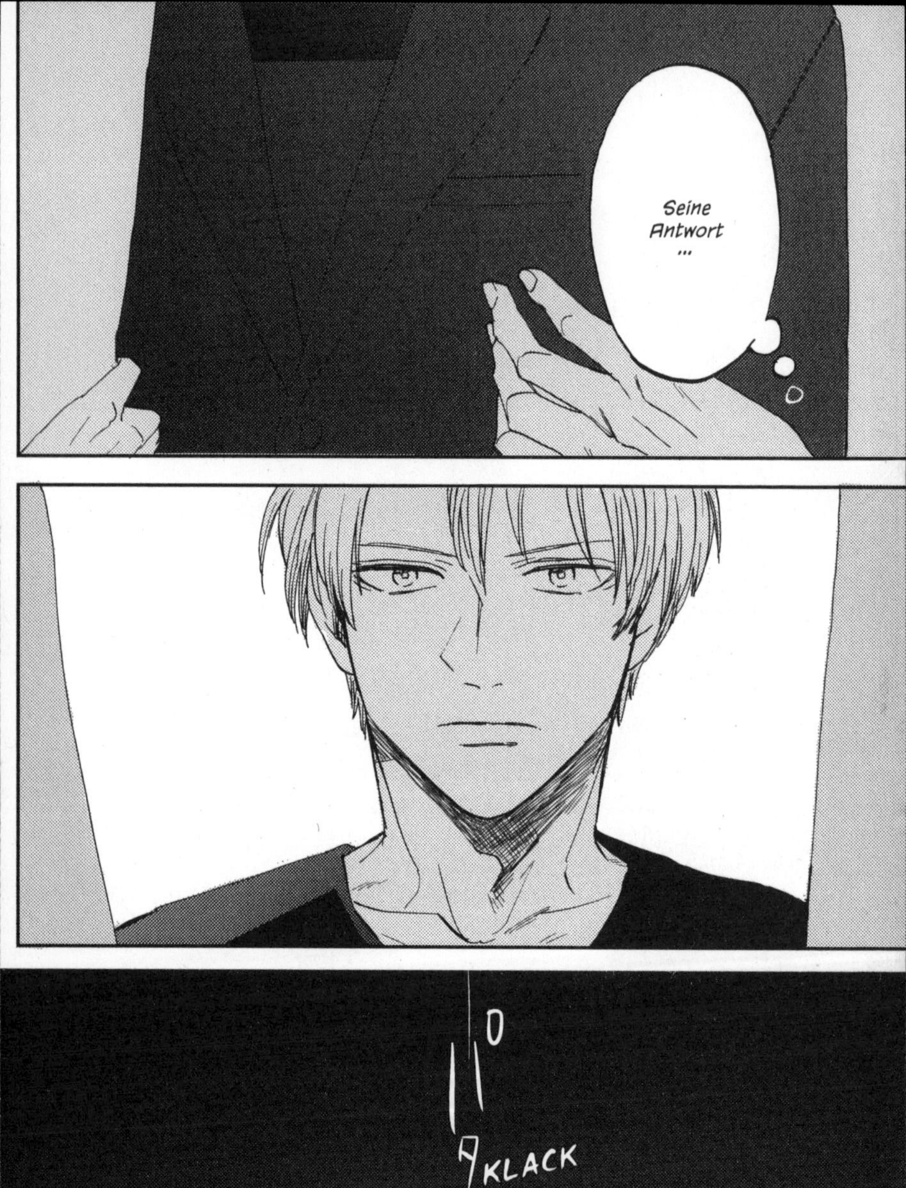
Seine Antwort ...
KLACK

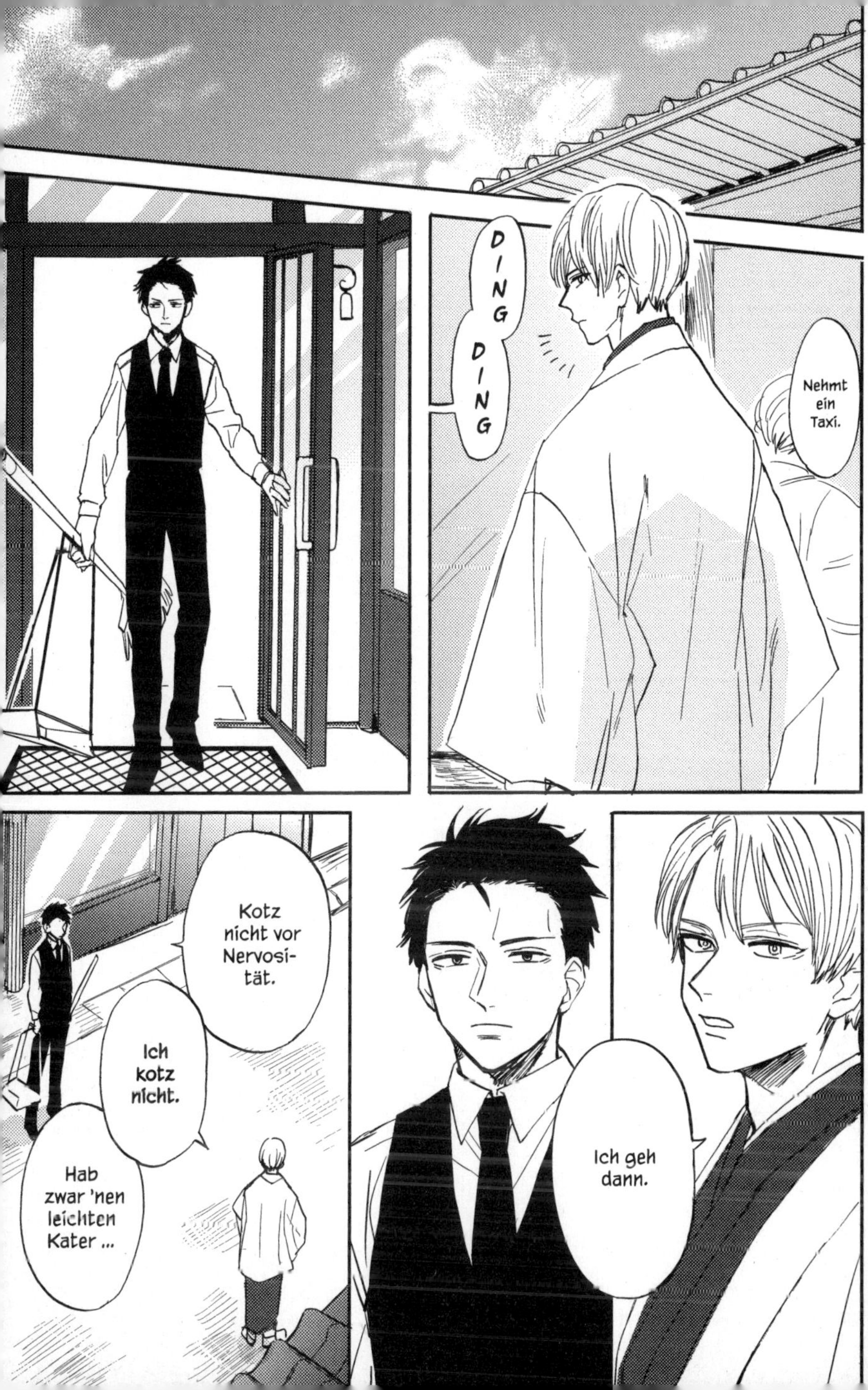
Nehmt ein Taxi.
DING DING
Ich geh dann.
Kotz nicht vor Nervosi-tät.
Ich kotz nicht.
Hab zwar 'nen leichten Kater ...

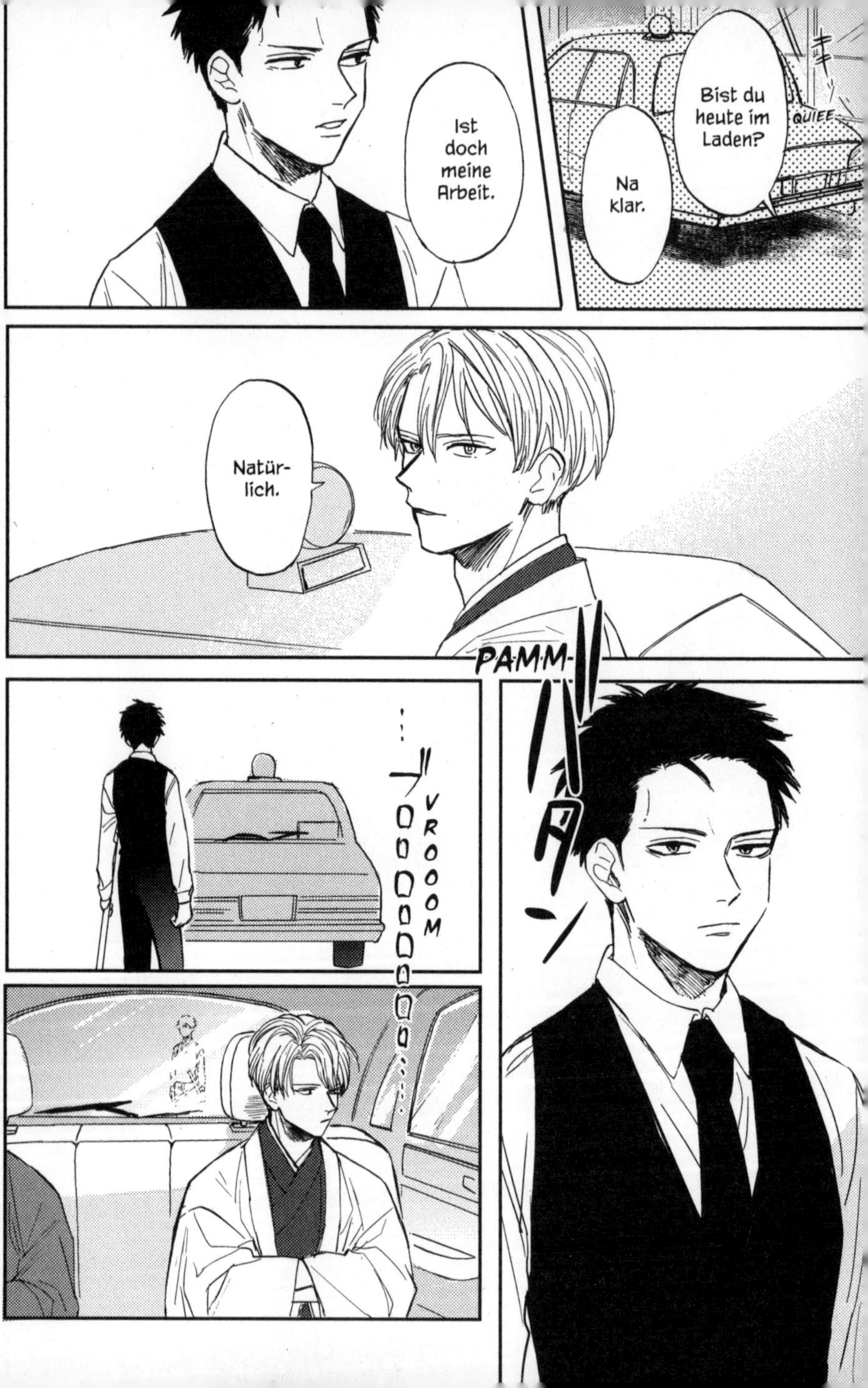
QUIEE
Bist du heute im Laden?
Na klar.
Ist doch meine Arbeit.
Natürlich.
PAMM
VROOOM

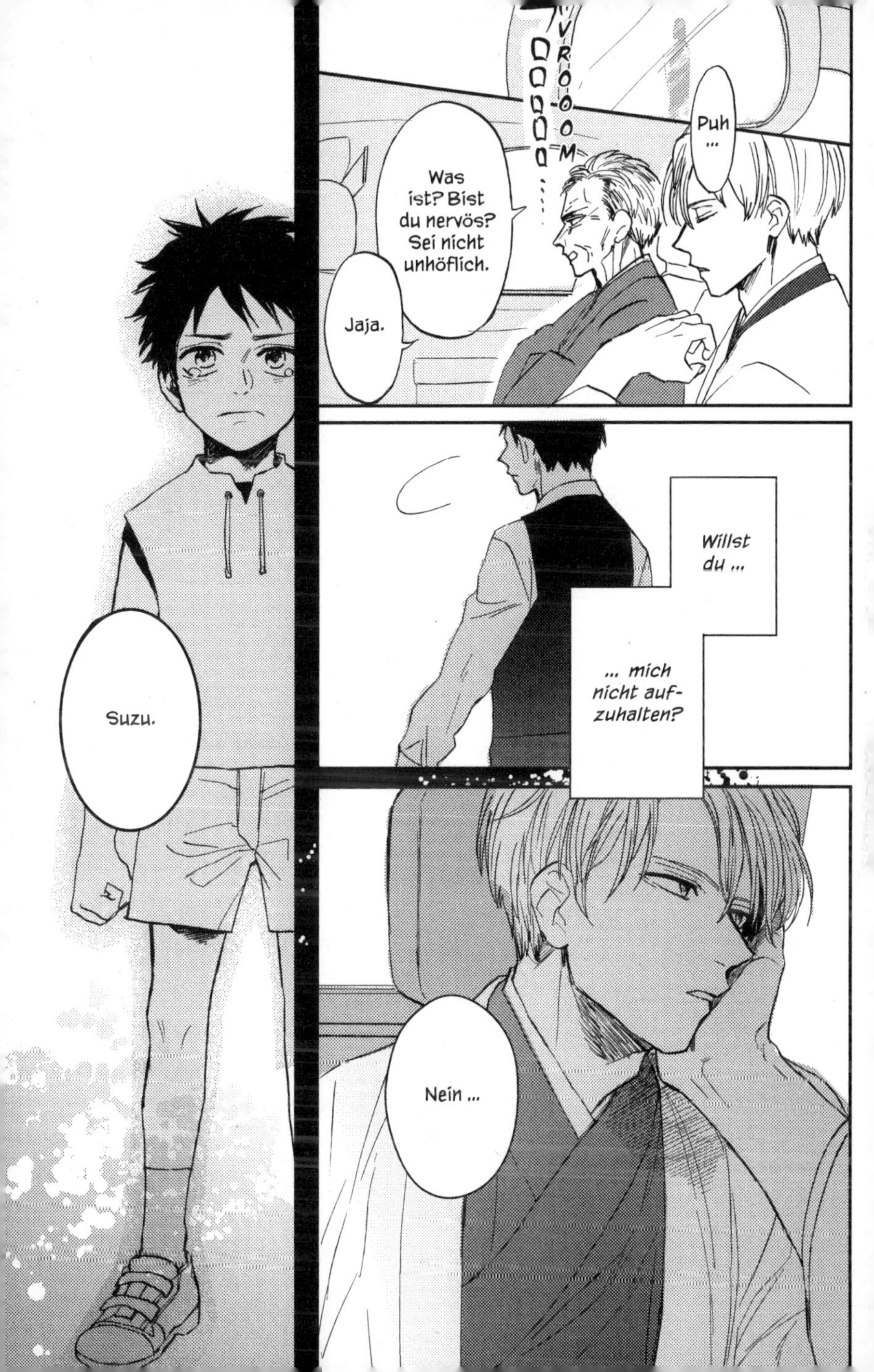
VROOOOM
Puh ...
Was ist? Bist du nervös? Sei nicht unhöflich.
Jaja.
Willst du ...
... mich nicht aufzuhalten?
Nein ...
Suzu.

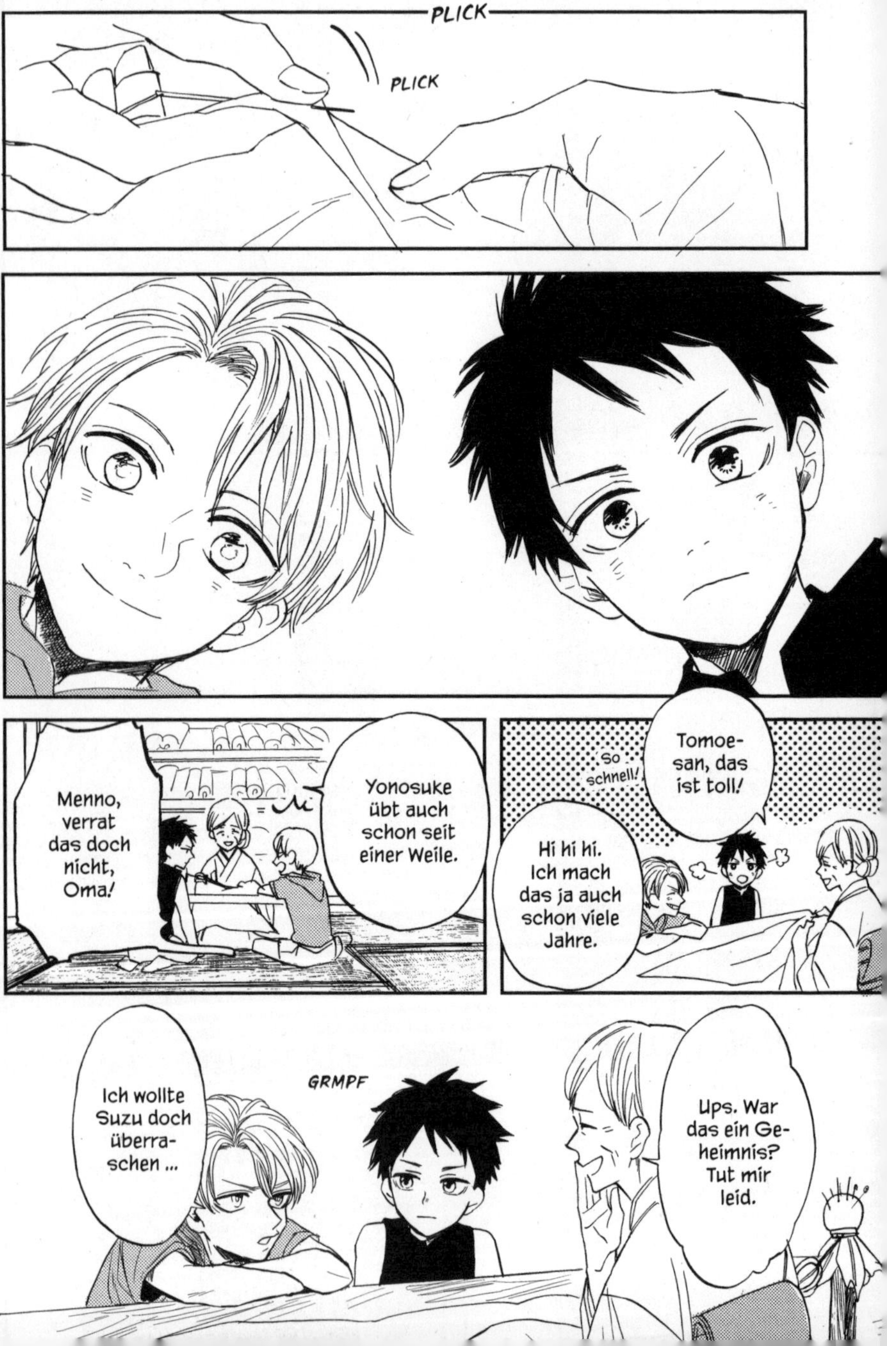
PLICK
PLICK
Tomoe-san, das ist toll!
So schnell!
Hi hi hi. Ich mach das ja auch schon viele Jahre.
Yonosuke übt auch schon seit einer Weile.
Menno, verrat das doch nicht, Oma!
Ups. War das ein Geheimnis? Tut mir leid.
GRMPF
Ich wollte Suzu doch überraschen ...

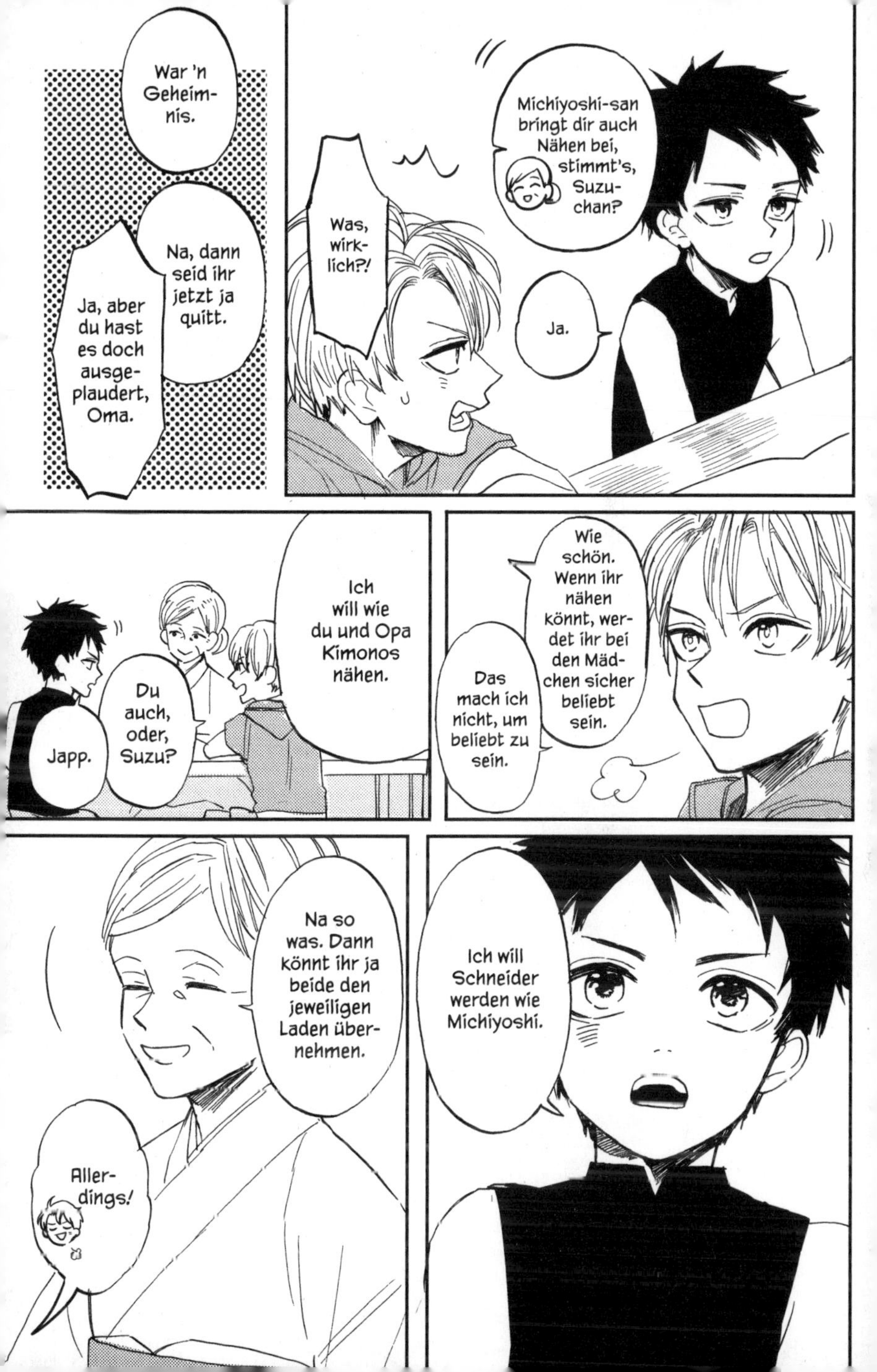

Michiyoshi-san bringt dir auch Nähen bei, stimmt's, Suzu-chan?
Ja.
Was, wirklich?!
War 'n Geheimnis.
Na, dann seid ihr jetzt ja quitt.
Ja, aber du hast es doch ausgeplaudert, Oma.
Wie schön. Wenn ihr nähen könnt, werdet ihr bei den Mädchen sicher beliebt sein.
Das mach ich nicht, um beliebt zu sein.
Ich will wie du und Opa Kimonos nähen.
Du auch, oder, Suzu?
Japp.
Ich will Schneider werden wie Michiyoshi.
Na so was. Dann könnt ihr ja beide den jeweiligen Laden übernehmen.
Allerdings!

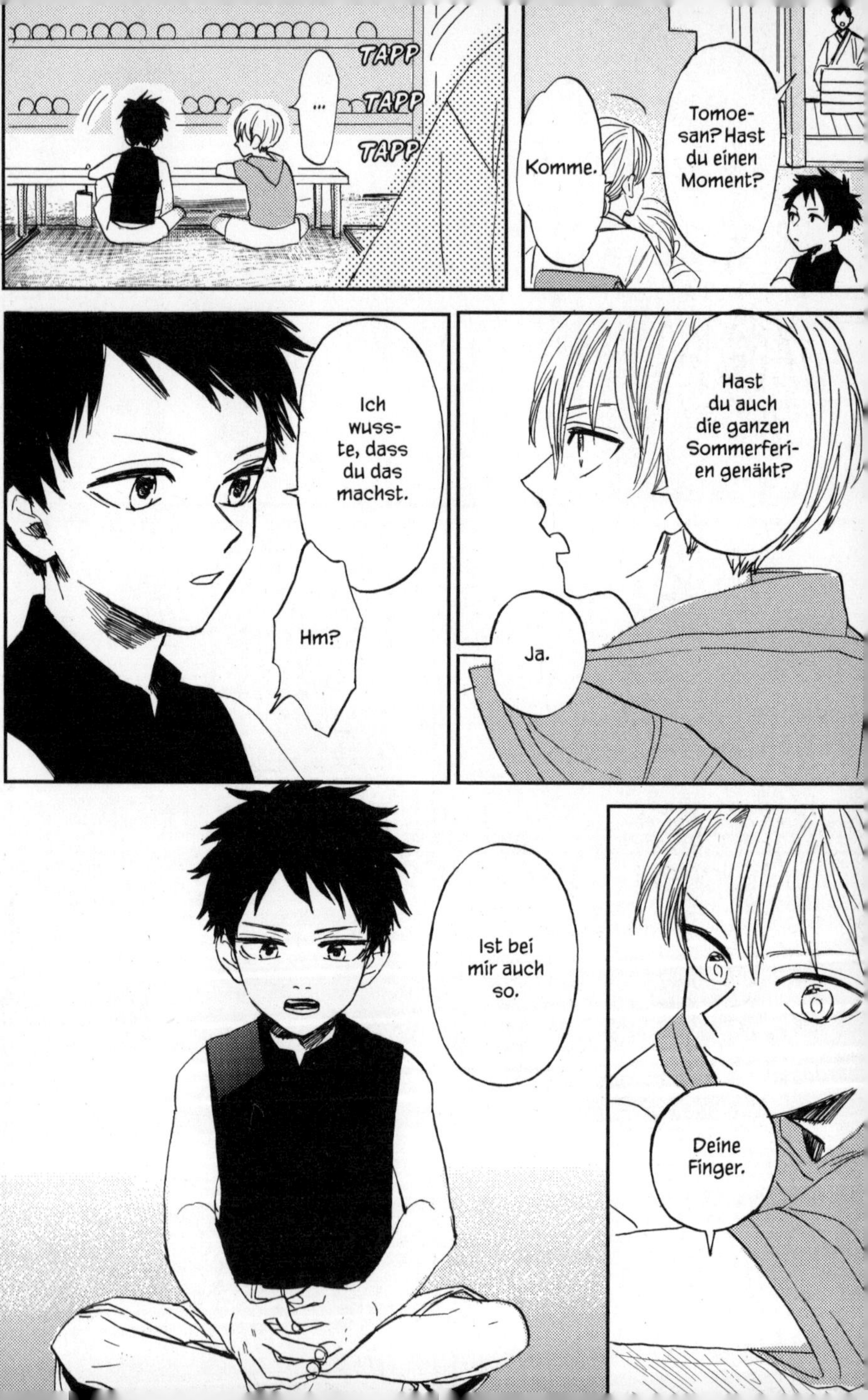
Tomoe-san? Hast du einen Moment?
Komme.
TAPP
TAPP
TAPP
...
Hast du auch die ganzen Sommerferi-en genäht?
Ja.
Ich wuss-te, dass du das machst.
Hm?
Deine Finger.
Ist bei mir auch so.

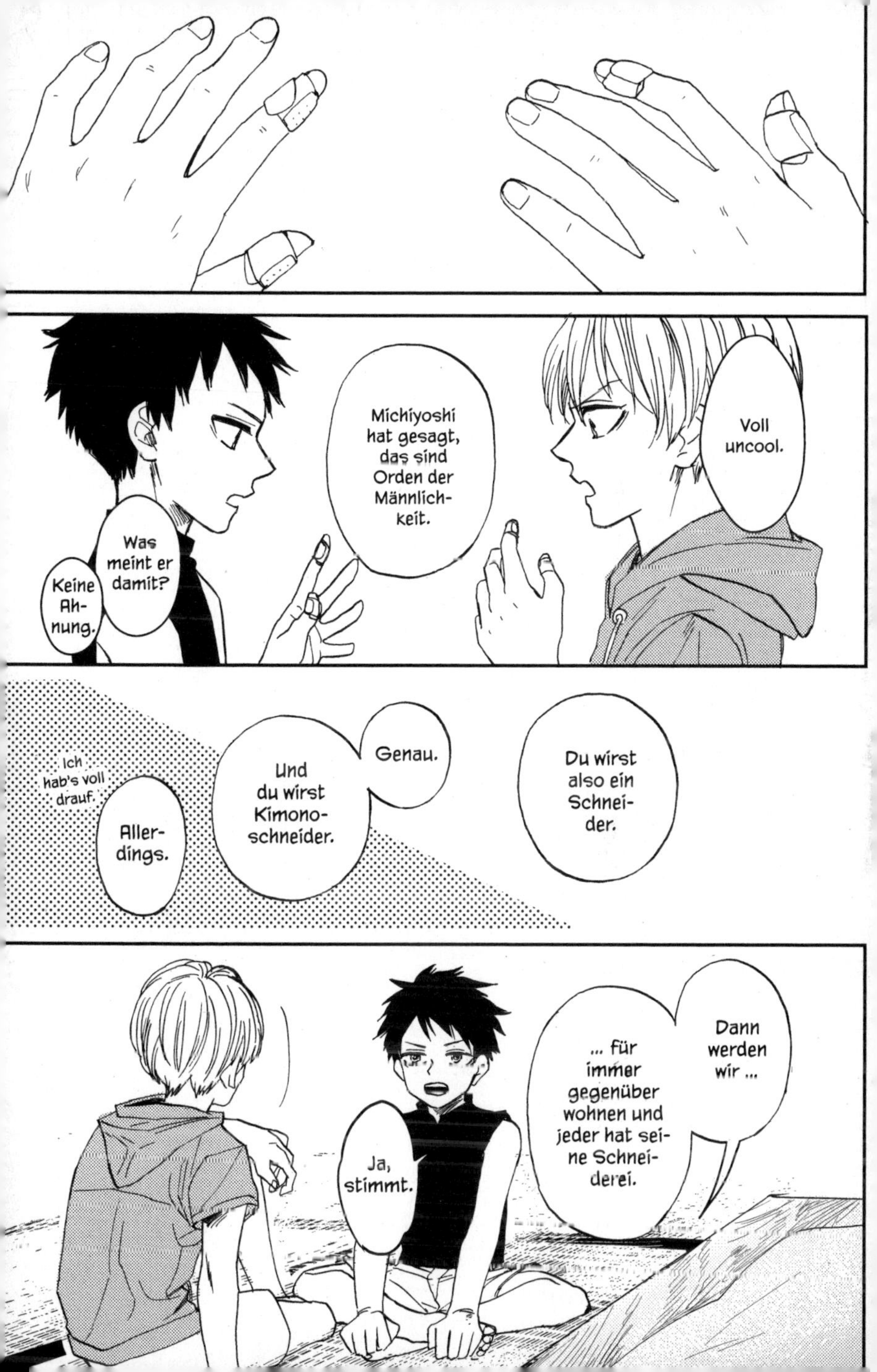
Voll uncool.
Michiyoshi hat gesagt, das sind Orden der Männlichkeit.
Was meint er damit?
Keine Ahnung.
Du wirst also ein Schneider.
Genau.
Und du wirst Kimonoschneider.
Allerdings.
Ich hab's voll drauf.
Dann werden wir ...
... für immer gegenüber wohnen und jeder hat seine Schneiderei.
Ja, stimmt.

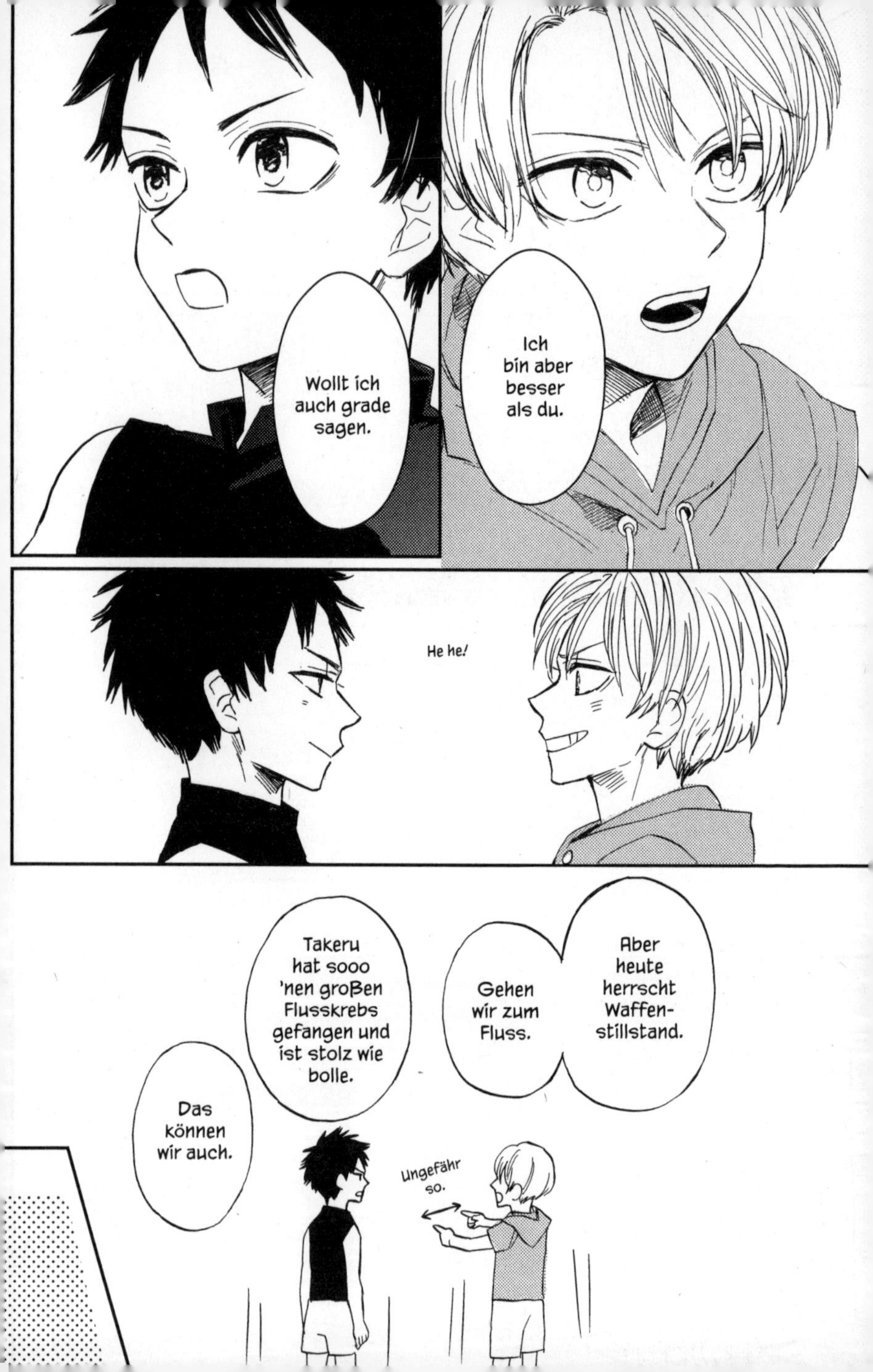
Ich bin aber besser als du.
Wollt ich auch grade sagen.
He he!
Aber heute herrscht Waffen-stillstand.
Gehen wir zum Fluss.
Takeru hat sooo 'nen großen Flusskrebs gefangen und ist stolz wie bolle.
Ungefähr so.
Das können wir auch.

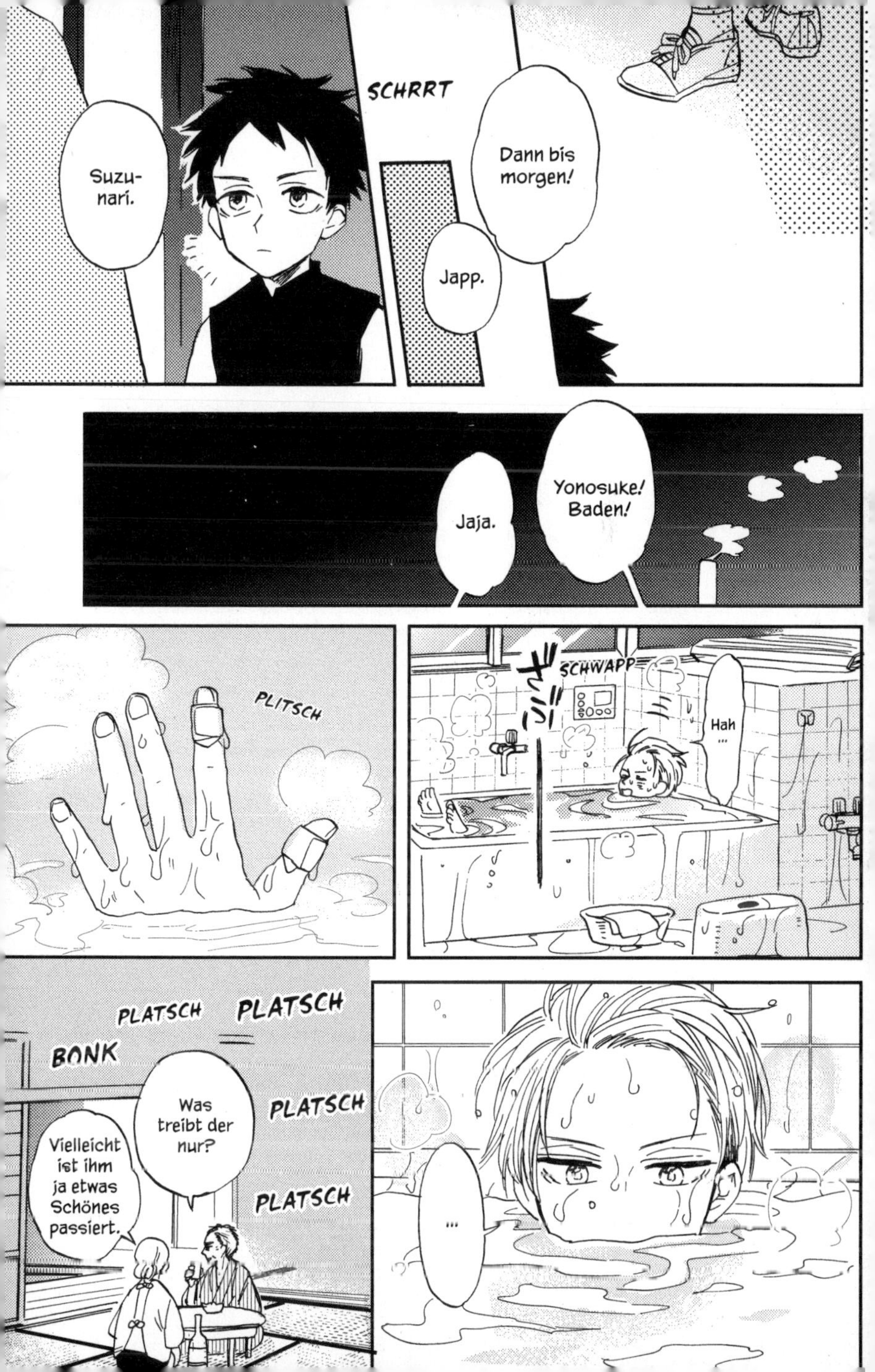
Dann bis morgen!
Japp.
SCHRRT
Suzunari.
Yonosuke! Baden!
Jaja.
SCHWAPP
Hah ...
PLITSCH
...
PLATSCH
PLATSCH
BONK
PLATSCH
PLATSCH
Was treibt der nur?
Vielleicht ist ihm ja etwas Schönes passiert.

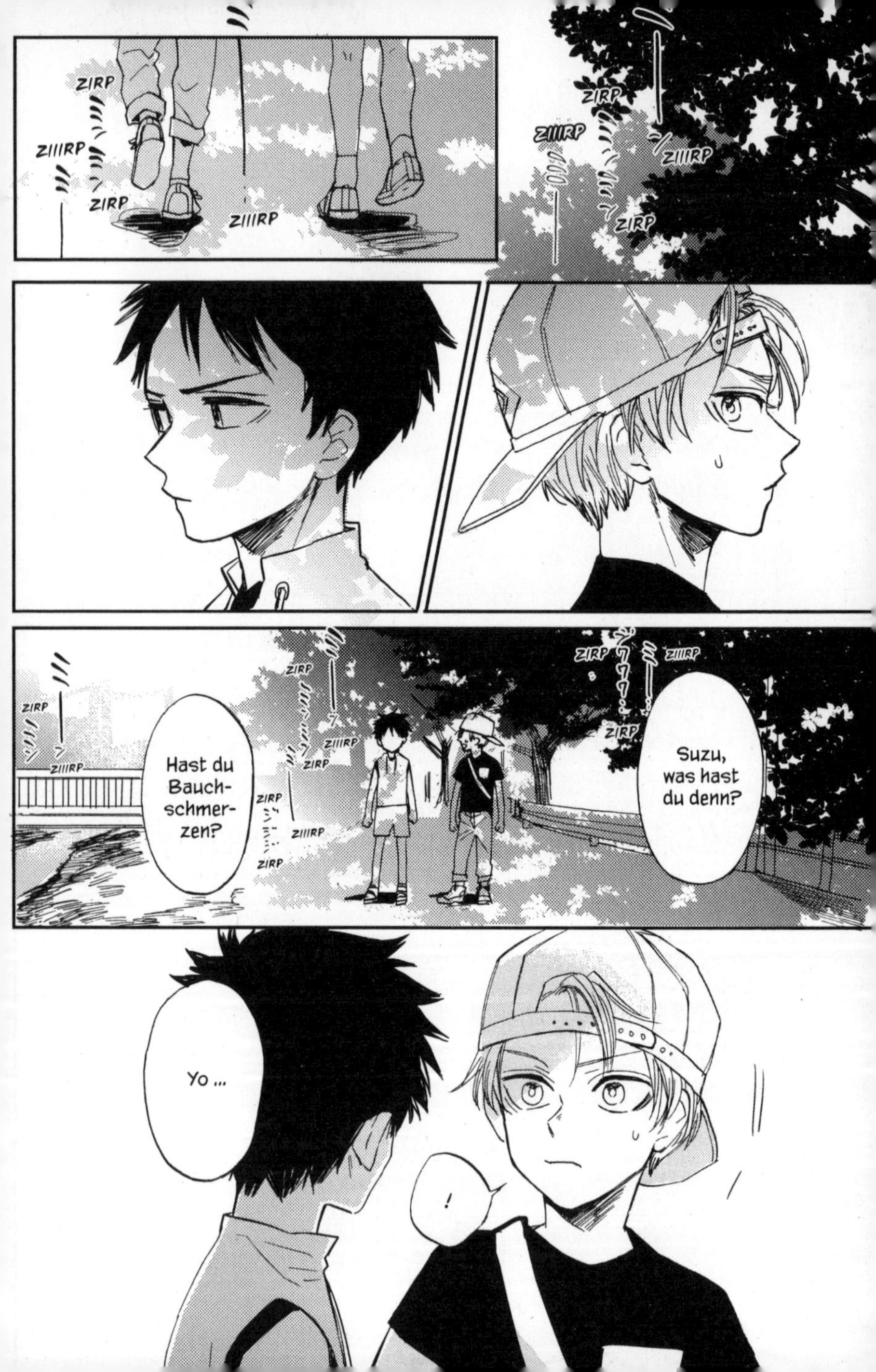

ZIRP
ZIIIRP
ZIIIRP
ZIRP
ZIRP
ZIIIRP
ZIRP
ZIIIRP
ZIRP
ZIIIRP
ZIRP
Suzu, was hast du denn?
Hast du Bauchschmerzen?
ZIRP
ZIIIRP
ZIRP
ZIIIRP
ZIRP
ZIRP
ZIIIRP
!
Yo …

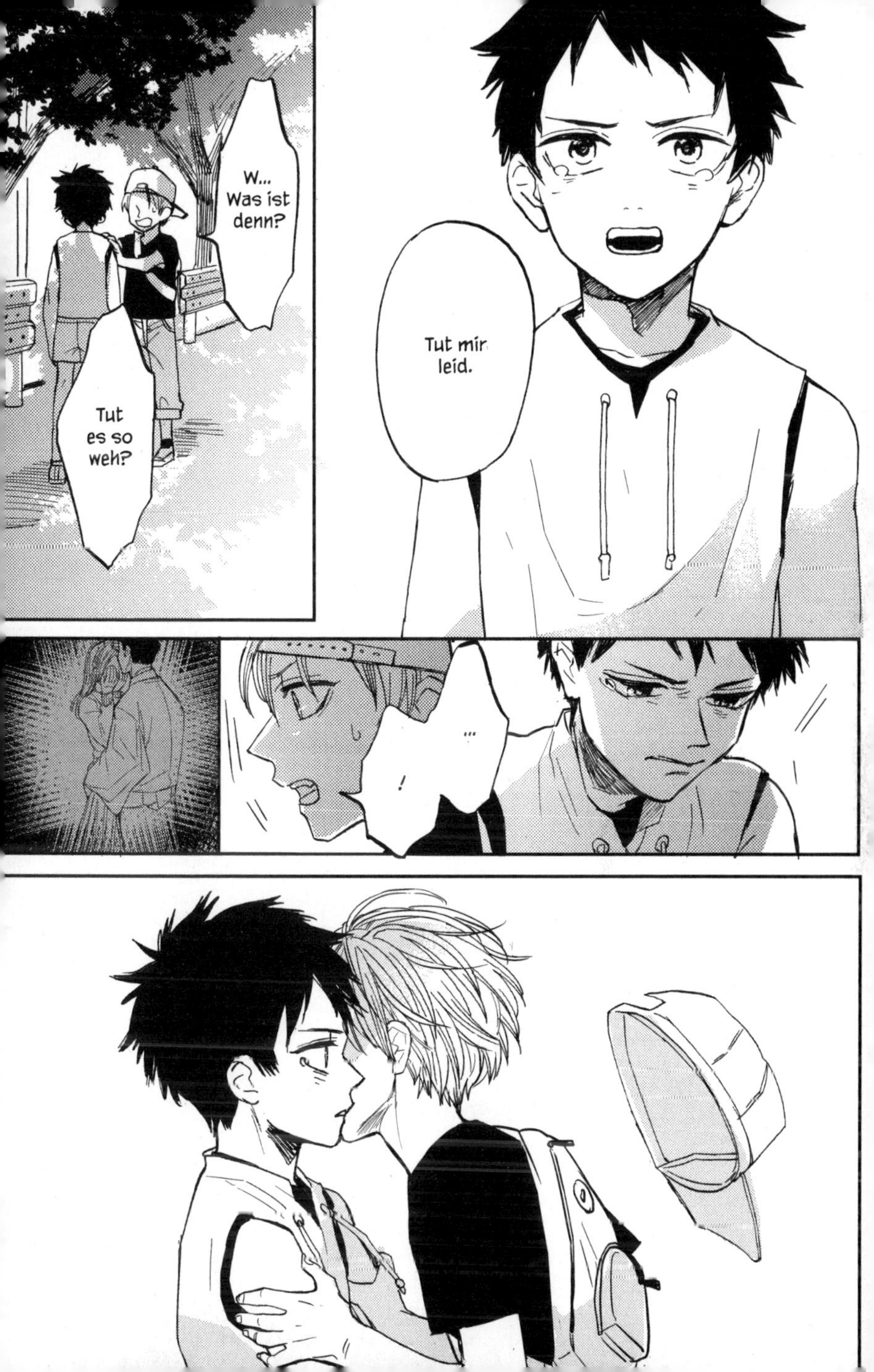
W... Was ist denn?
Tut es so weh?
Tut mir leid.
...
!

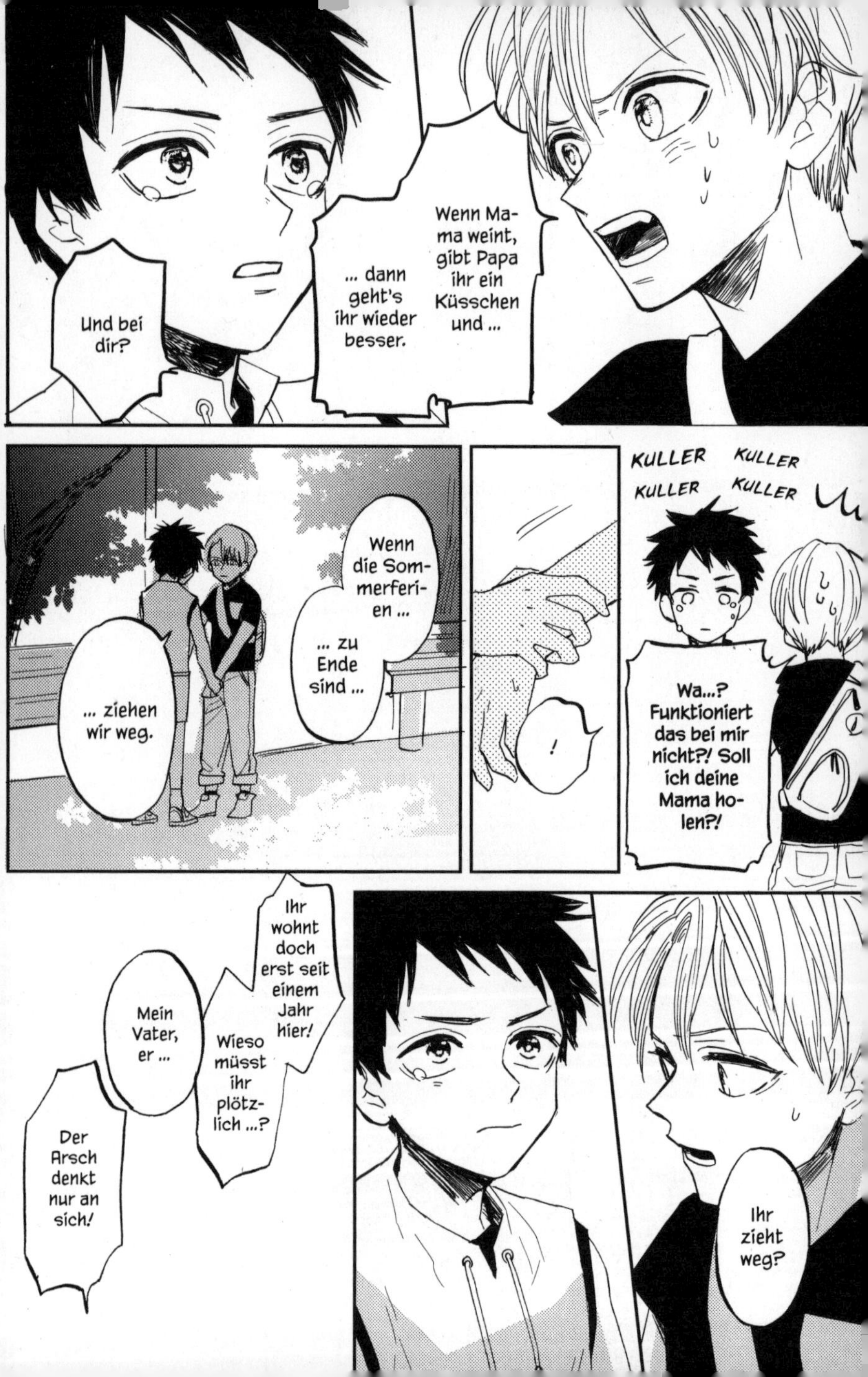
Wenn Mama weint, gibt Papa ihr ein Küsschen und ...
... dann geht's ihr wieder besser.
Und bei dir?
KULLER KULLER KULLER KULLER
Wa...? Funktioniert das bei mir nicht?! Soll ich deine Mama holen?!
!
Wenn die Sommerferien ...
... zu Ende sind ...
... ziehen wir weg.
Ihr zieht weg?
Ihr wohnt doch erst seit einem Jahr hier!
Wieso müsst ihr plötzlich ...?
Mein Vater, er ...
Der Arsch denkt nur an sich!

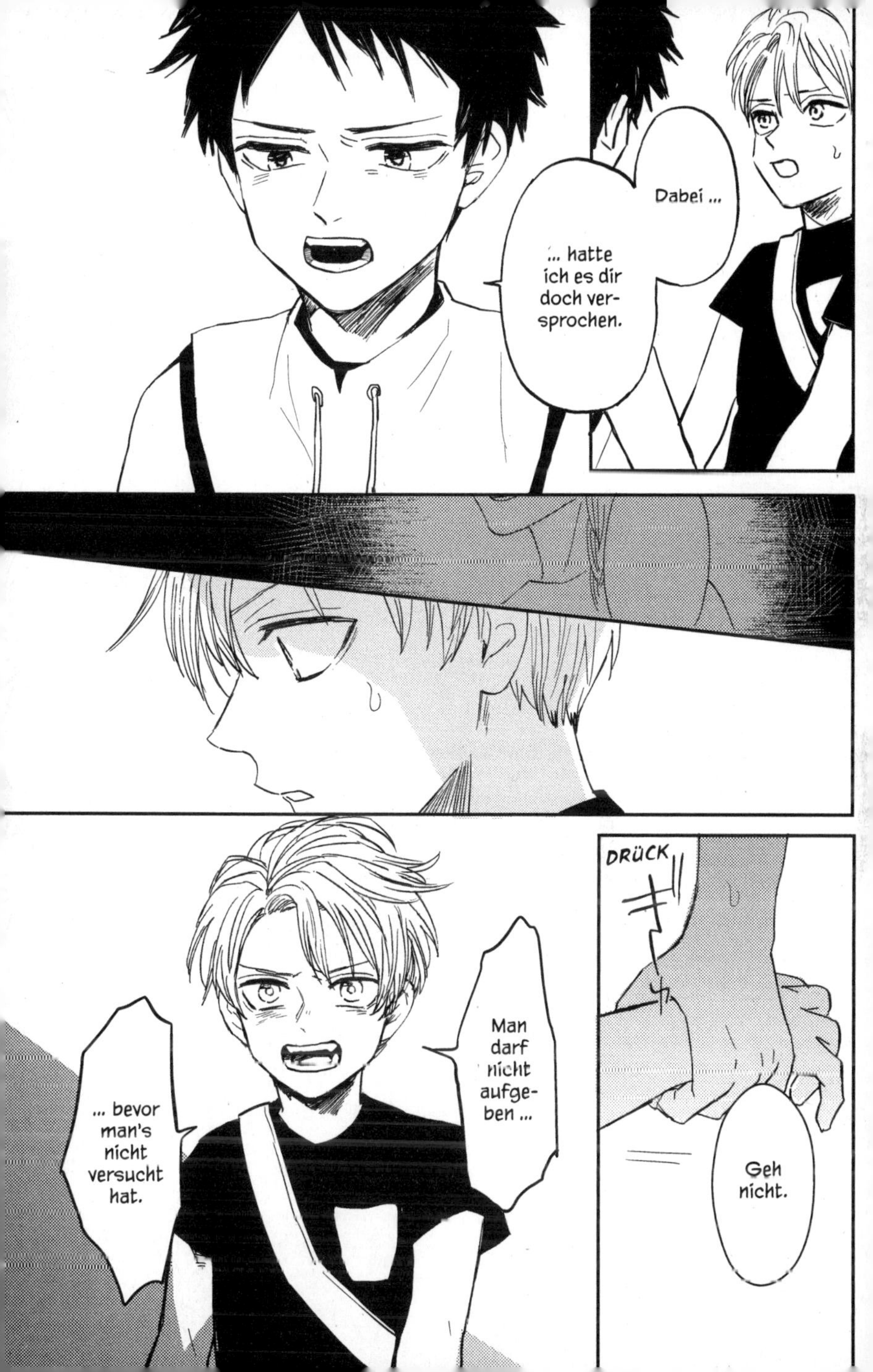

Dabei ...
... hatte ich es dir doch versprochen.
DRÜCK
Geh nicht.
Man darf nicht aufgeben ...
... bevor man's nicht versucht hat.

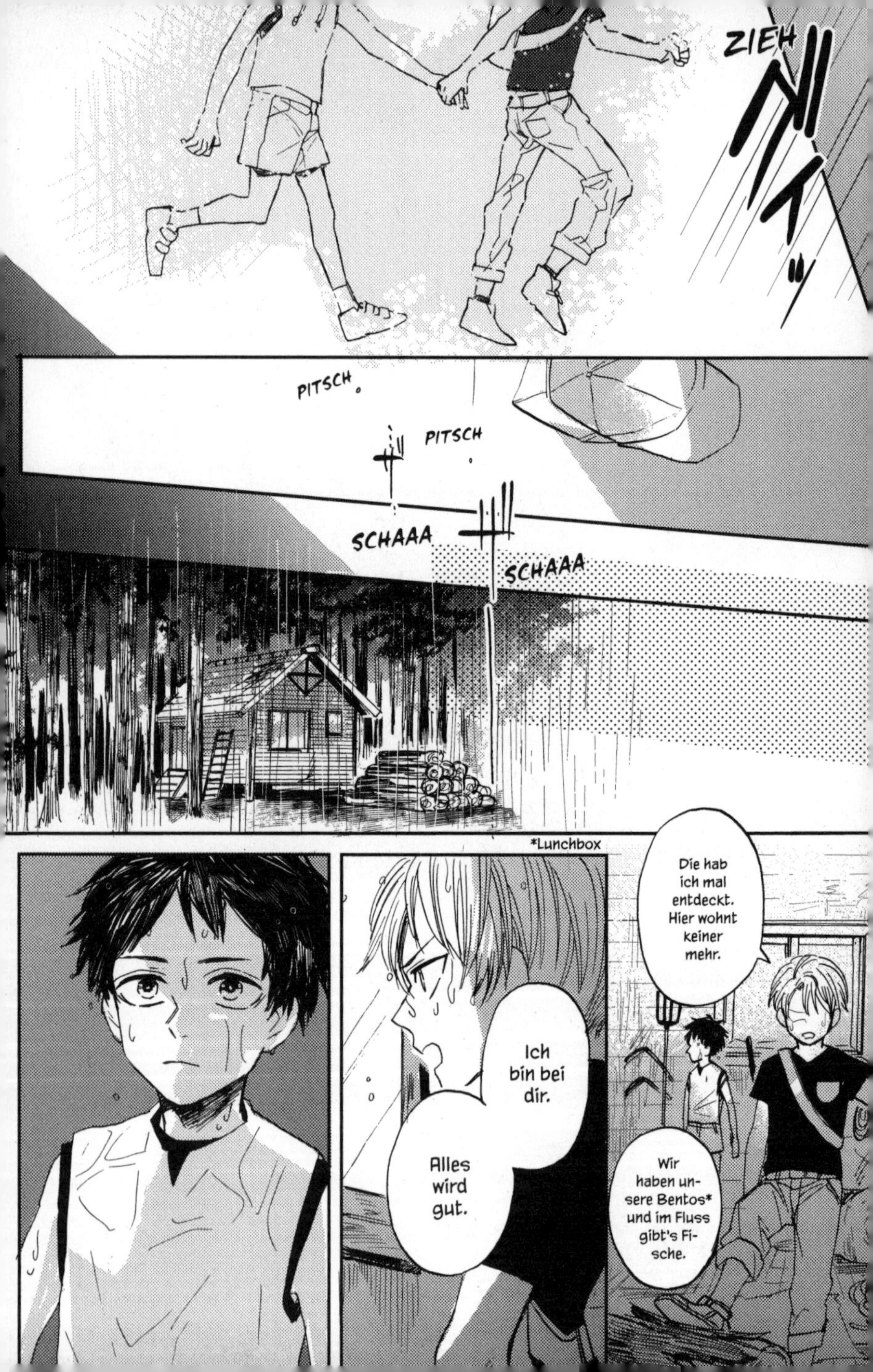
ZIEH
PITSCH
PITSCH
SCHAAA
SCHAAA
Die hab ich mal entdeckt. Hier wohnt keiner mehr.
Wir haben unsere Bentos* und im Fluss gibt's Fische.
Ich bin bei dir.
Alles wird gut.
*Lunchbox

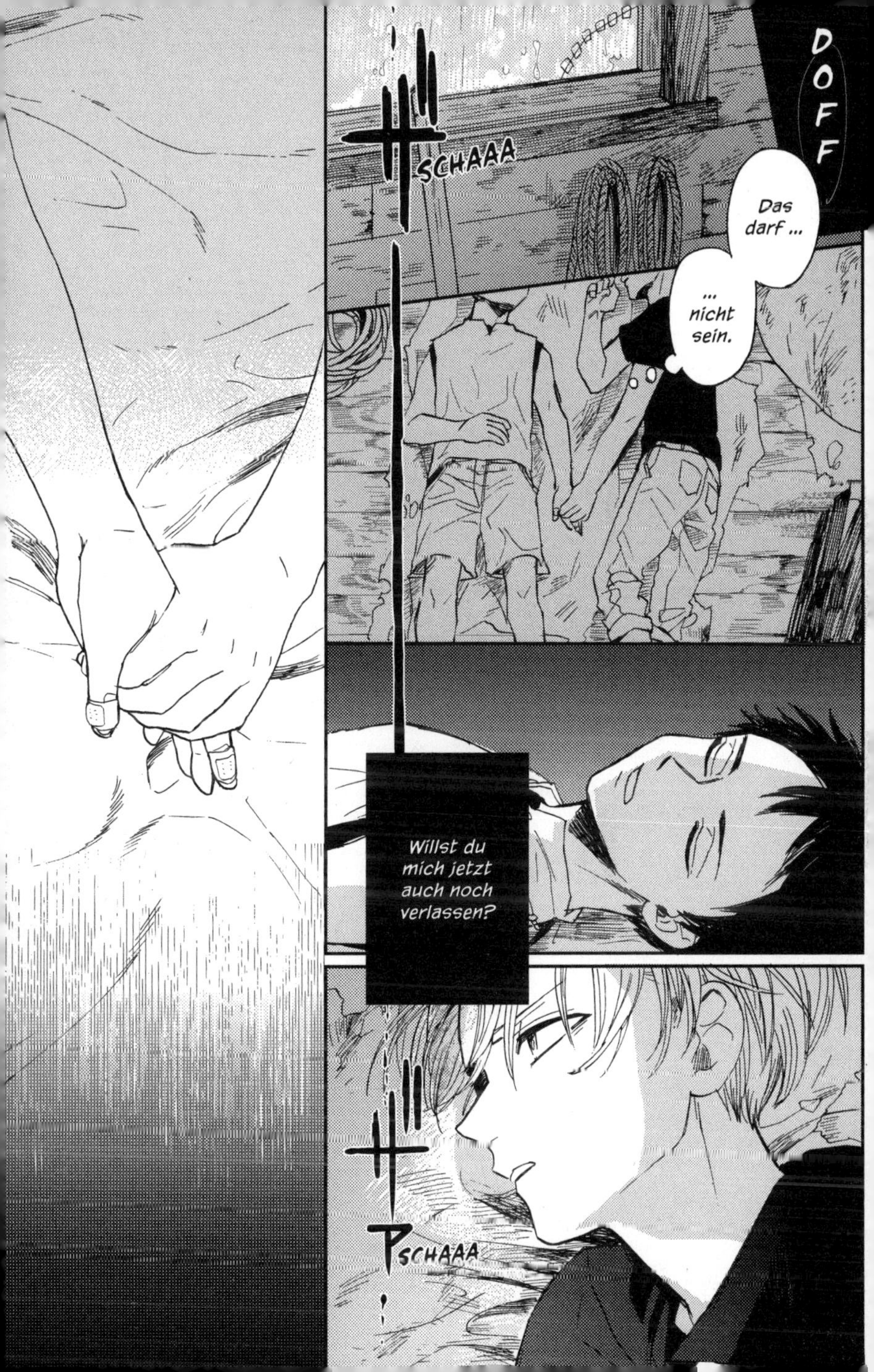
DOFF
Das darf ...
... nicht sein.
SCHAAA
Willst du mich jetzt auch noch verlassen?
PSCHAAA

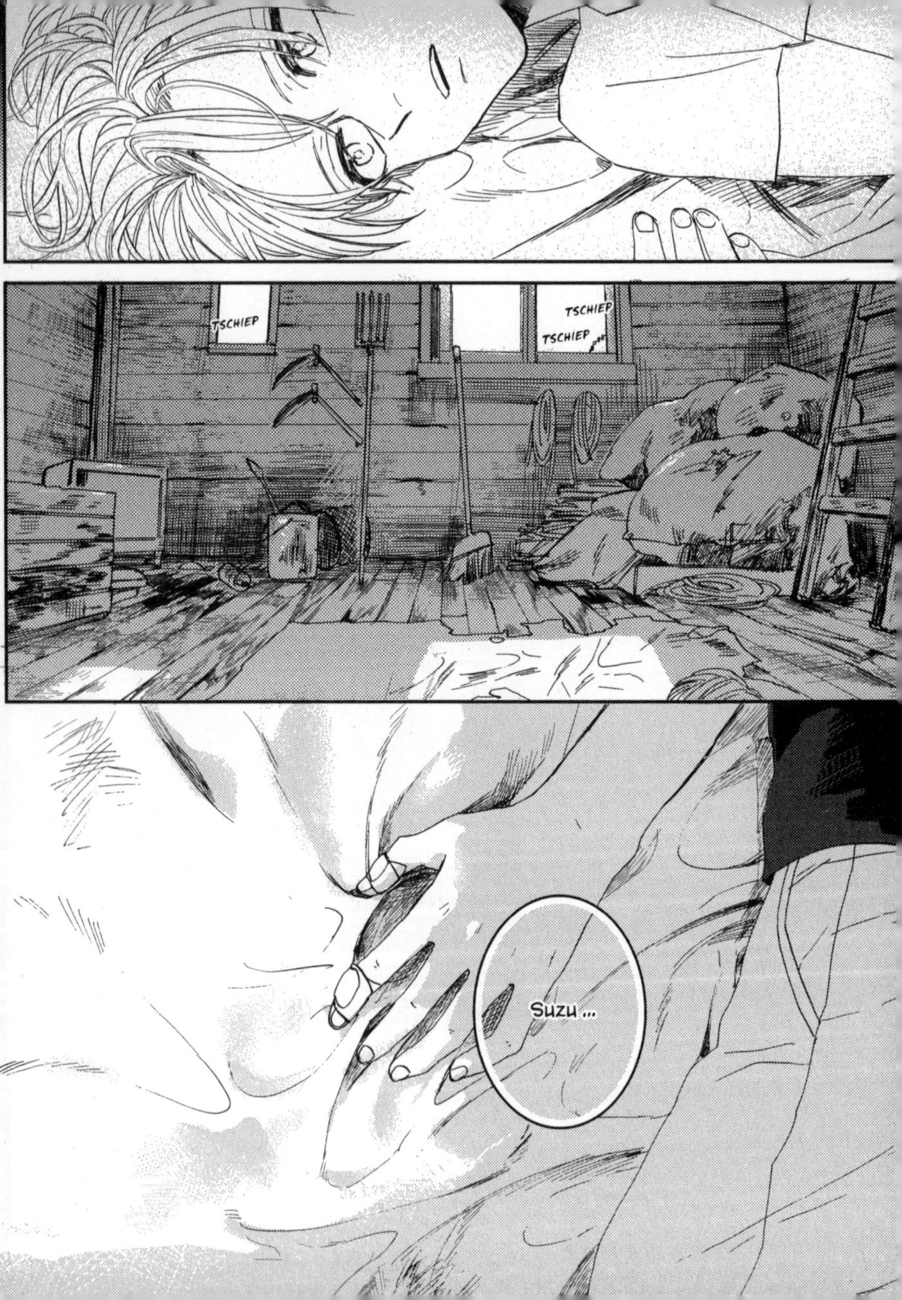
TSCHIEP
TSCHIEP
TSCHIEP
Suzu ...

Kapitel 3

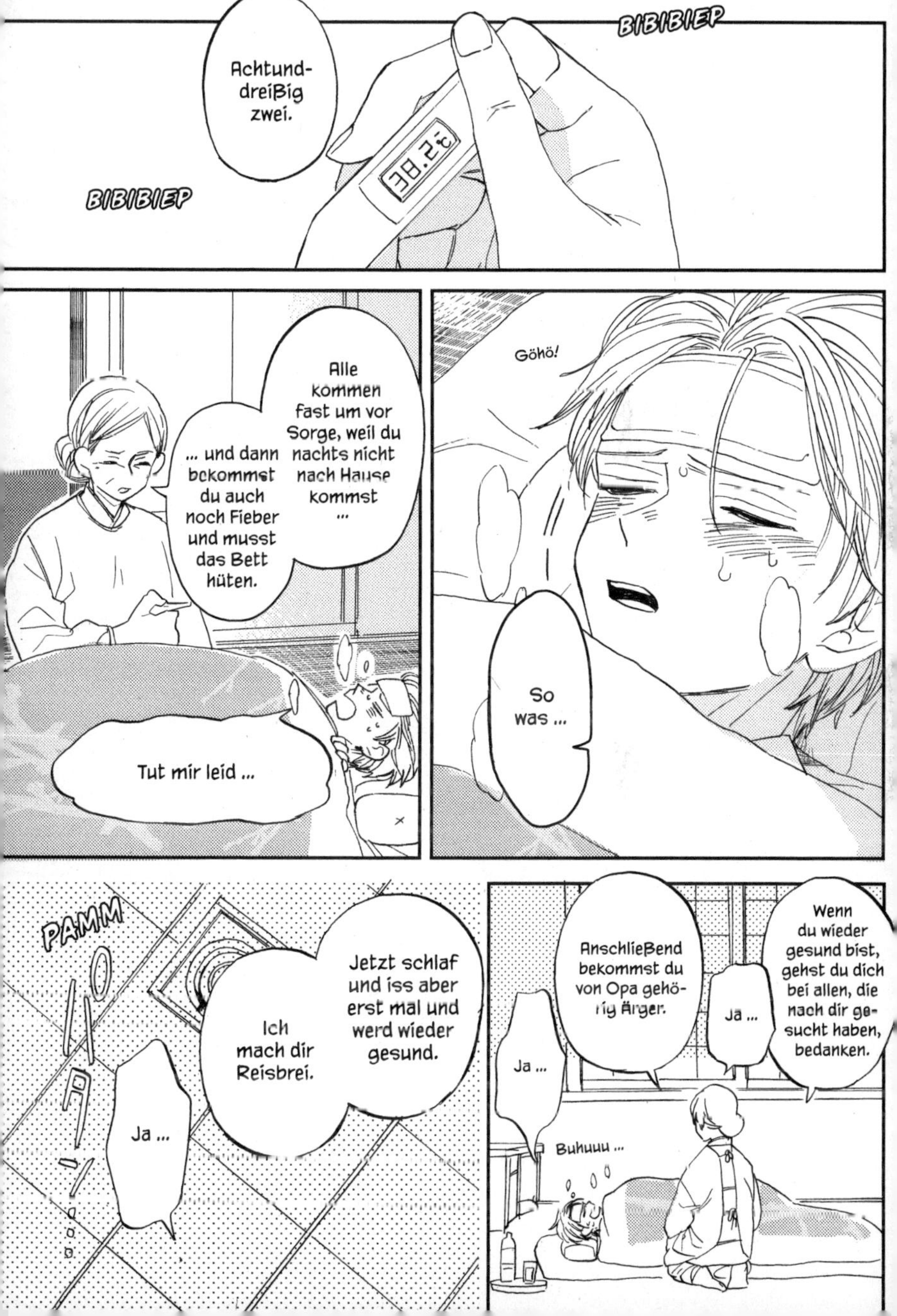
BIBIBIEP
Achtunddreißig zwei.
BIBIBIEP
Alle kommen fast um vor Sorge, weil du nachts nicht nach Hause kommst …
… und dann bekommst du auch noch Fieber und musst das Bett hüten.
Tut mir leid …
Göhö!
So was …
Wenn du wieder gesund bist, gehst du dich bei allen, die nach dir gesucht haben, bedanken.
Ja …
Anschließend bekommst du von Opa gehörig Ärger.
Ja …
Buhuuu …
Jetzt schlaf und iss aber erst mal und werd wieder gesund.
Ich mach dir Reisbrei.
Ja …
PAMM

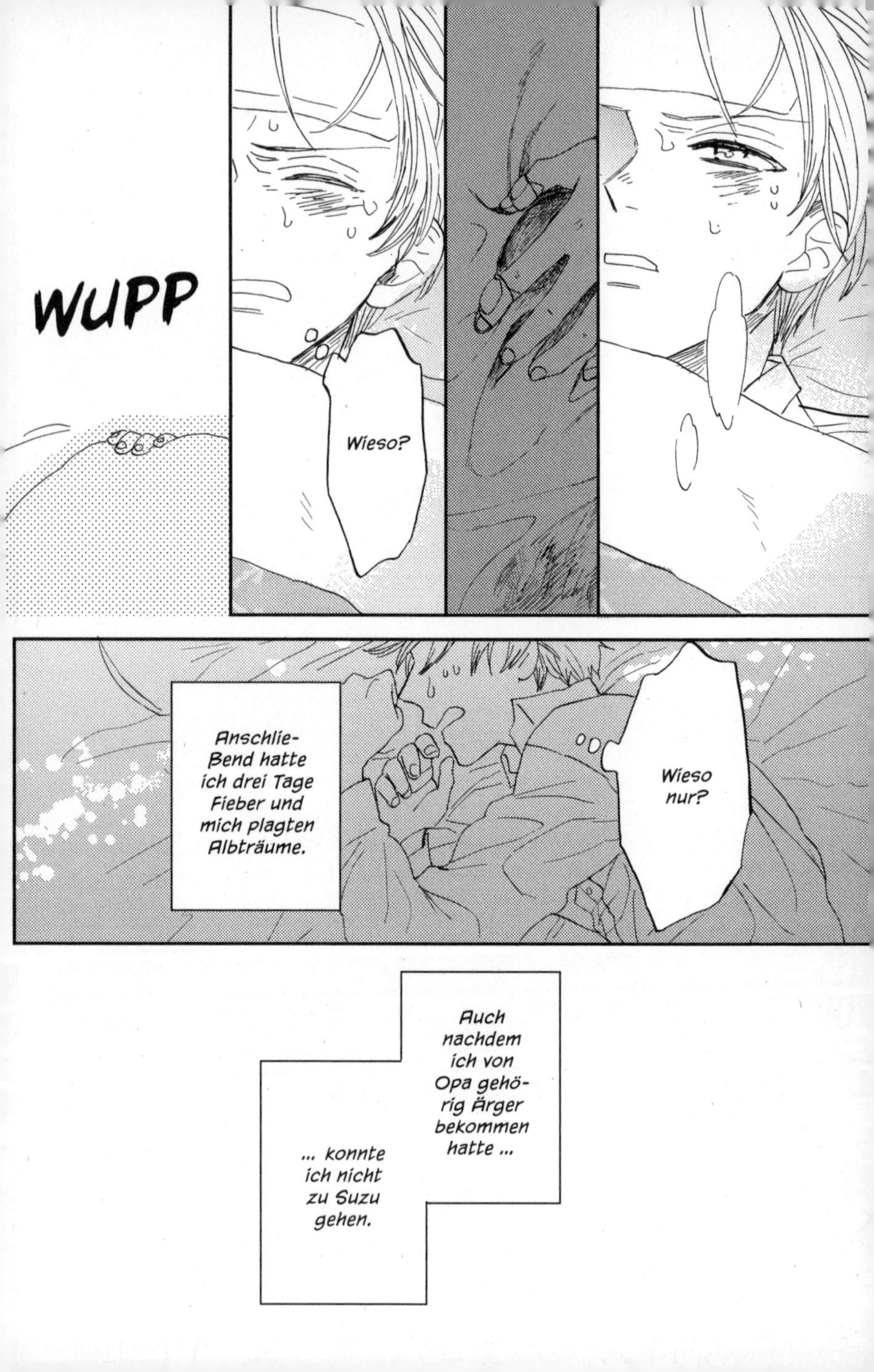
WUPP
Wieso?
Wieso nur?
Anschlie-ßend hatte ich drei Tage Fieber und mich plagten Albträume.
Auch nachdem ich von Opa gehö-rig Ärger bekommen hatte ...
... konnte ich nicht zu Suzu gehen.

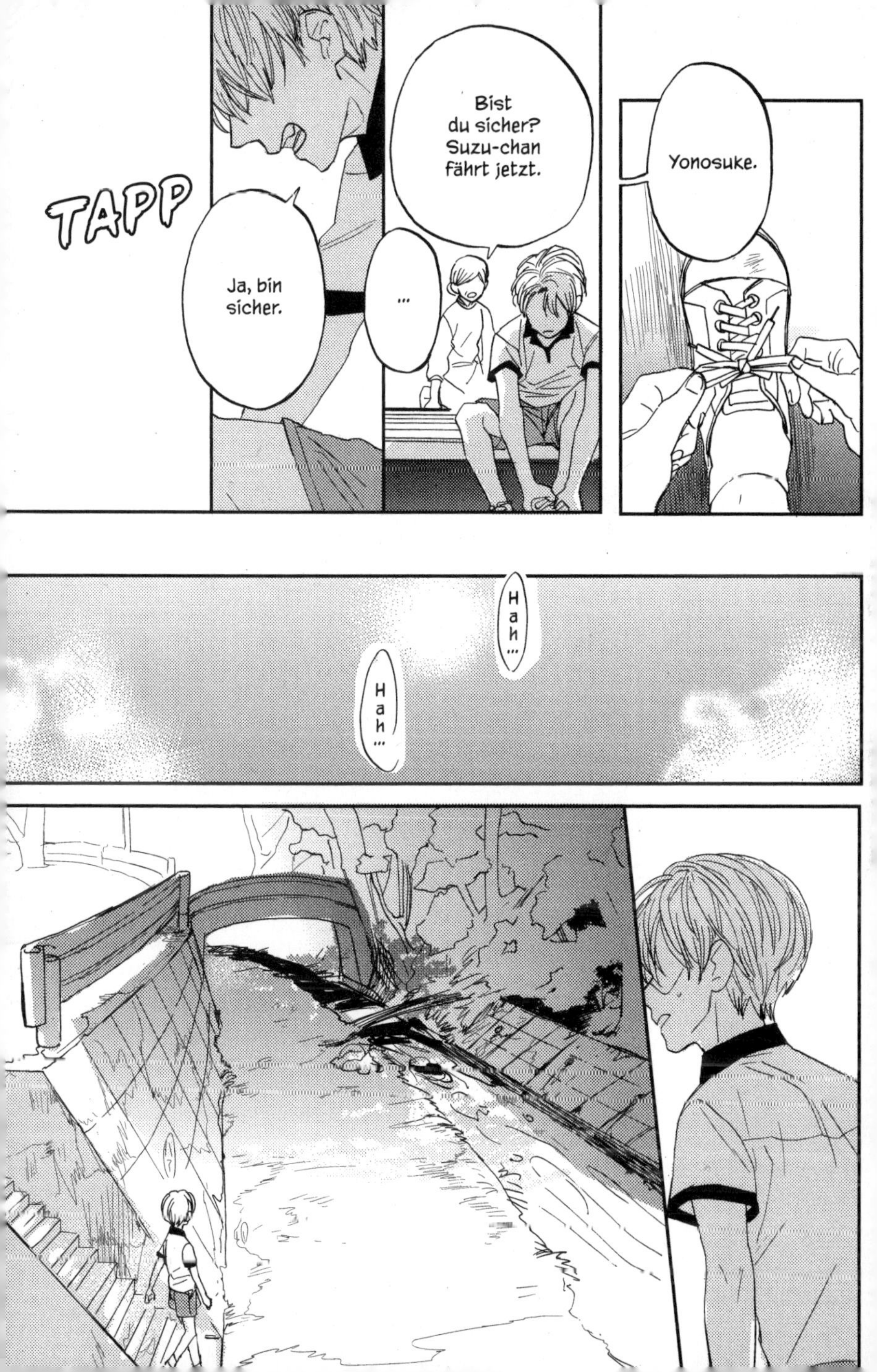
Yonosuke.
Bist du sicher? Suzu-chan fährt jetzt.
...
Ja, bin sicher.
TAPP
Hah...
Hah...

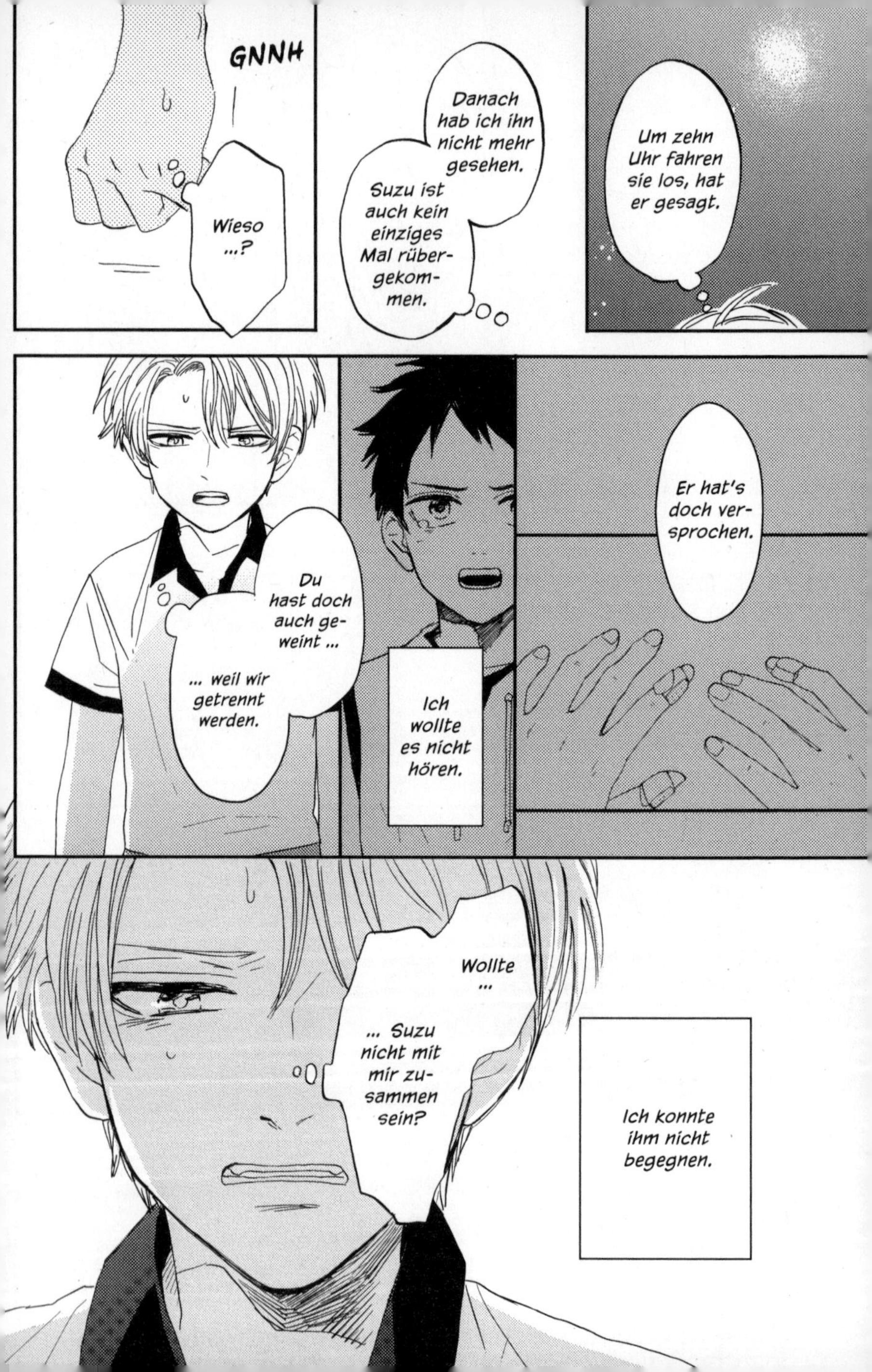

Um zehn Uhr fahren sie los, hat er gesagt.
Danach hab ich ihn nicht mehr gesehen.
Suzu ist auch kein einziges Mal rübergekommen.
GNNH
Wieso ...?
Er hat's doch versprochen.
Ich wollte es nicht hören.
Du hast doch auch geweint ...
... weil wir getrennt werden.
Ich konnte ihm nicht begegnen.
Wollte ...
... Suzu nicht mit mir zusammen sein?

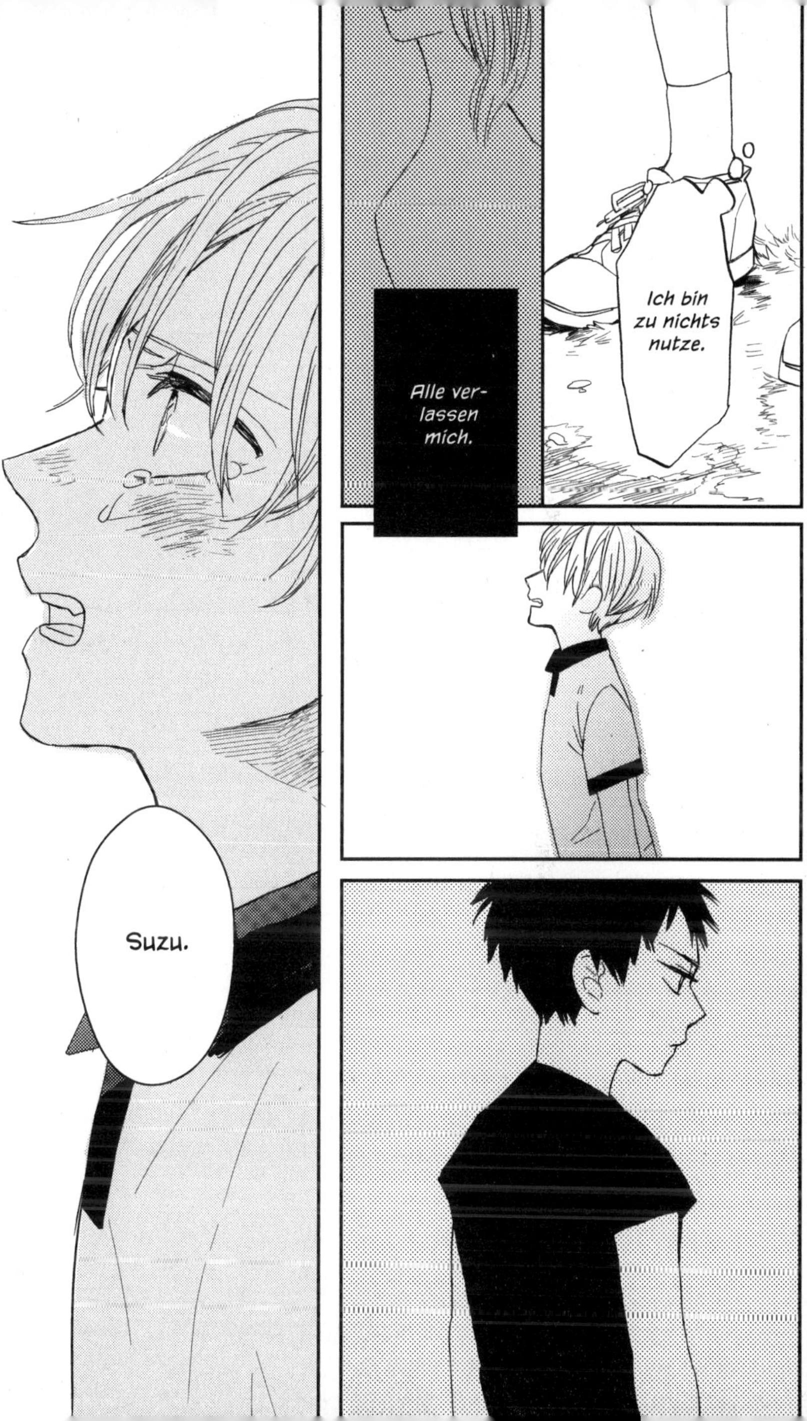
Ich bin zu nichts nutze.
Alle verlassen mich.
Suzu.

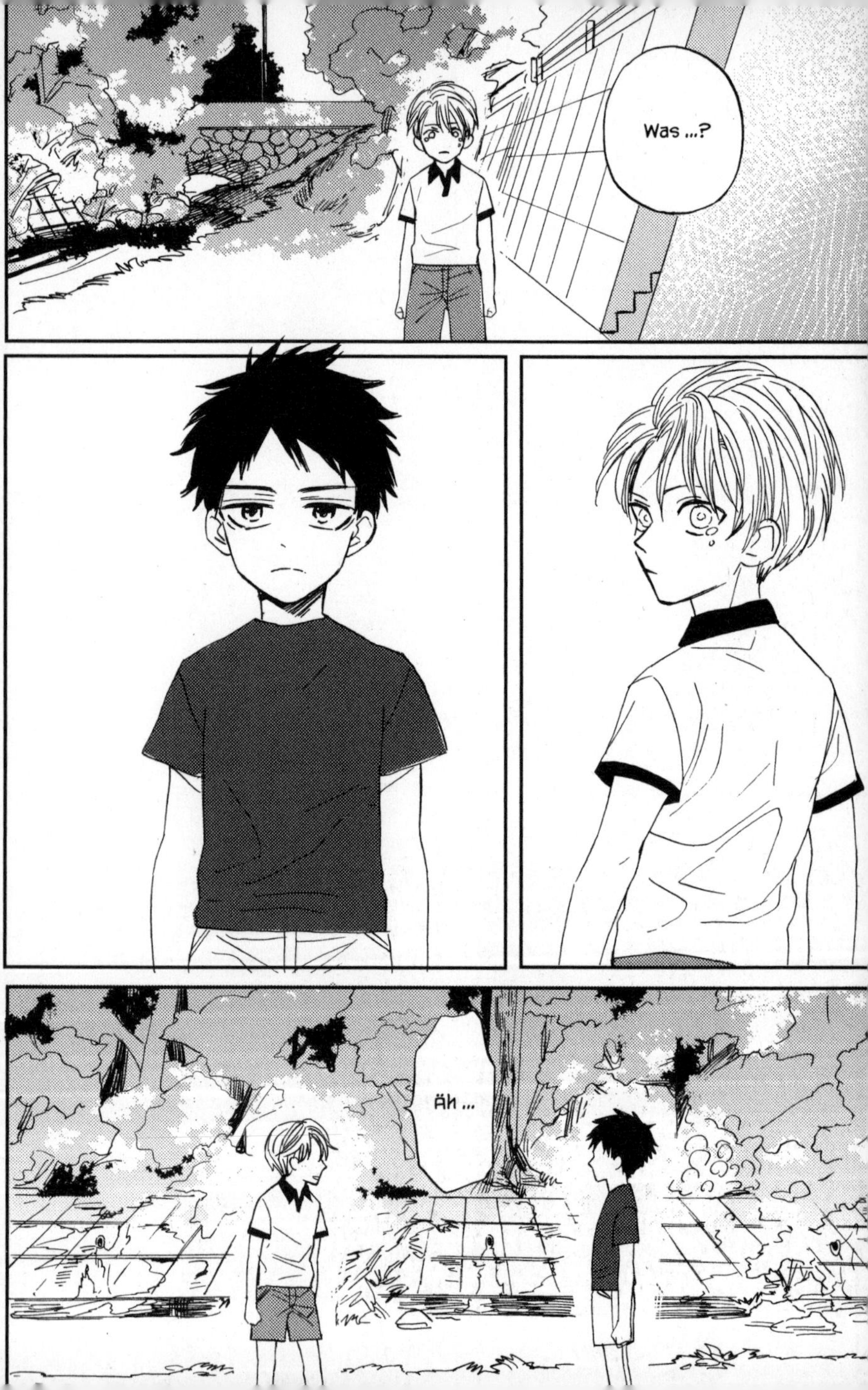
Was ...?
Äh ...

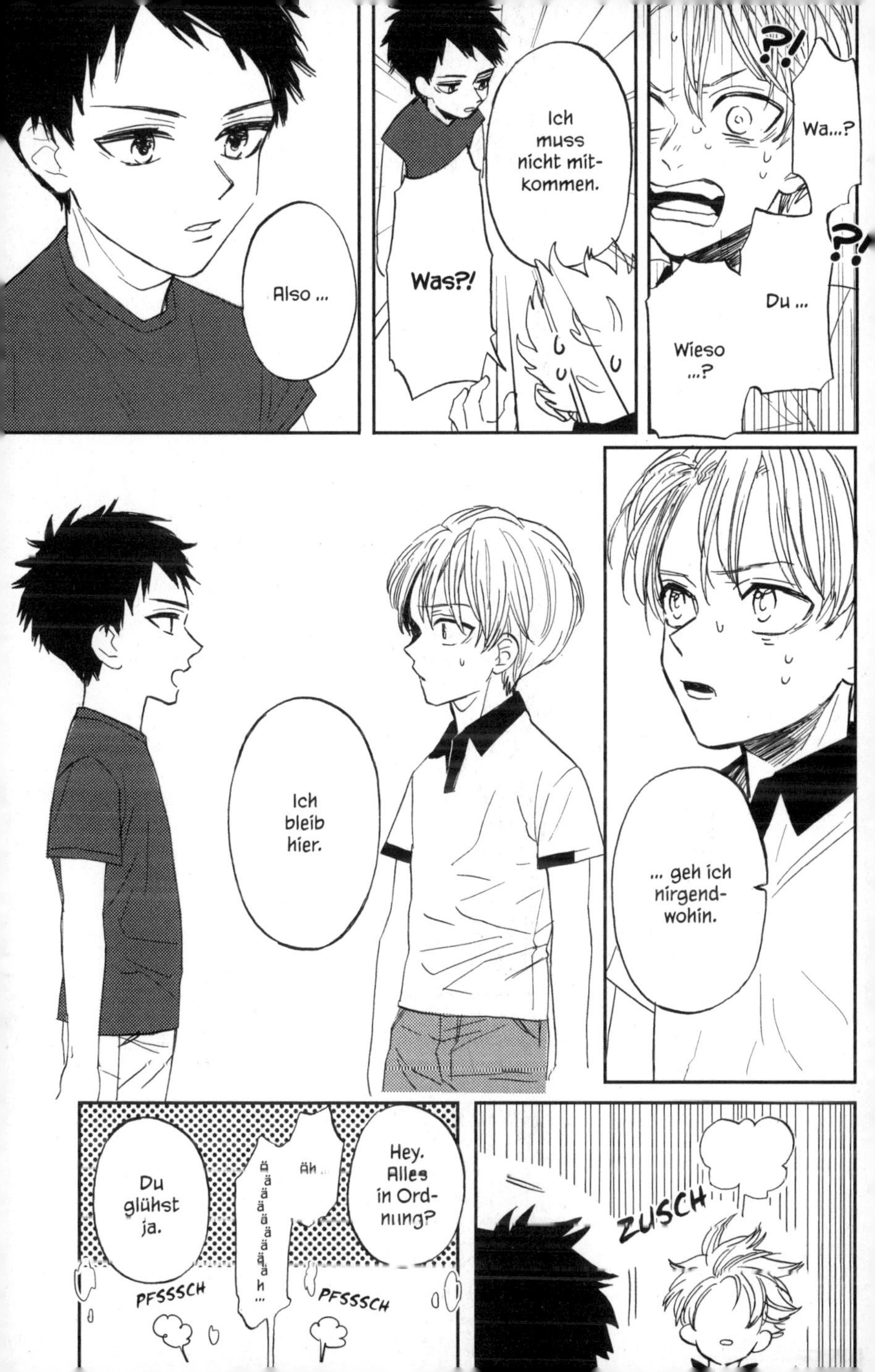

?!
Wa...?
?!
Du ...
Wieso ...?
Ich muss nicht mitkommen.
Was?!
Also ...
... geh ich nirgendwohin.
Ich bleib hier.
ZUSCH
Hey. Alles in Ordnung?
Äh ...
Äääääääääh ...
Du glühst ja.
PFSSSCH
PFSSSCH

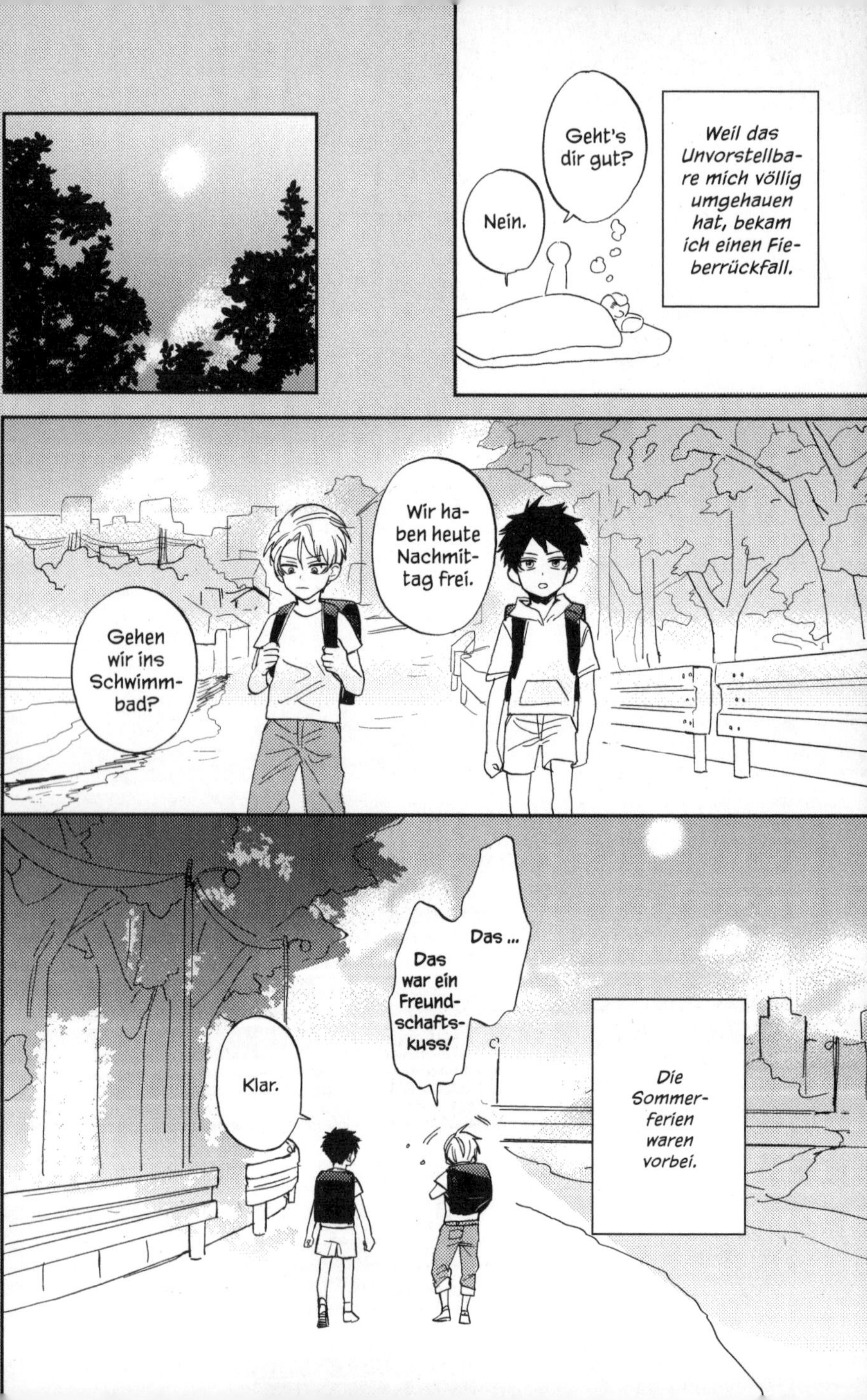
Weil das Unvorstellbare mich völlig umgehauen hat, bekam ich einen Fieberrückfall.
Geht's dir gut?
Nein.
Wir haben heute Nachmittag frei.
Gehen wir ins Schwimmbad?
Die Sommerferien waren vorbei.
Das ...
Das war ein Freundschaftskuss!
Klar.

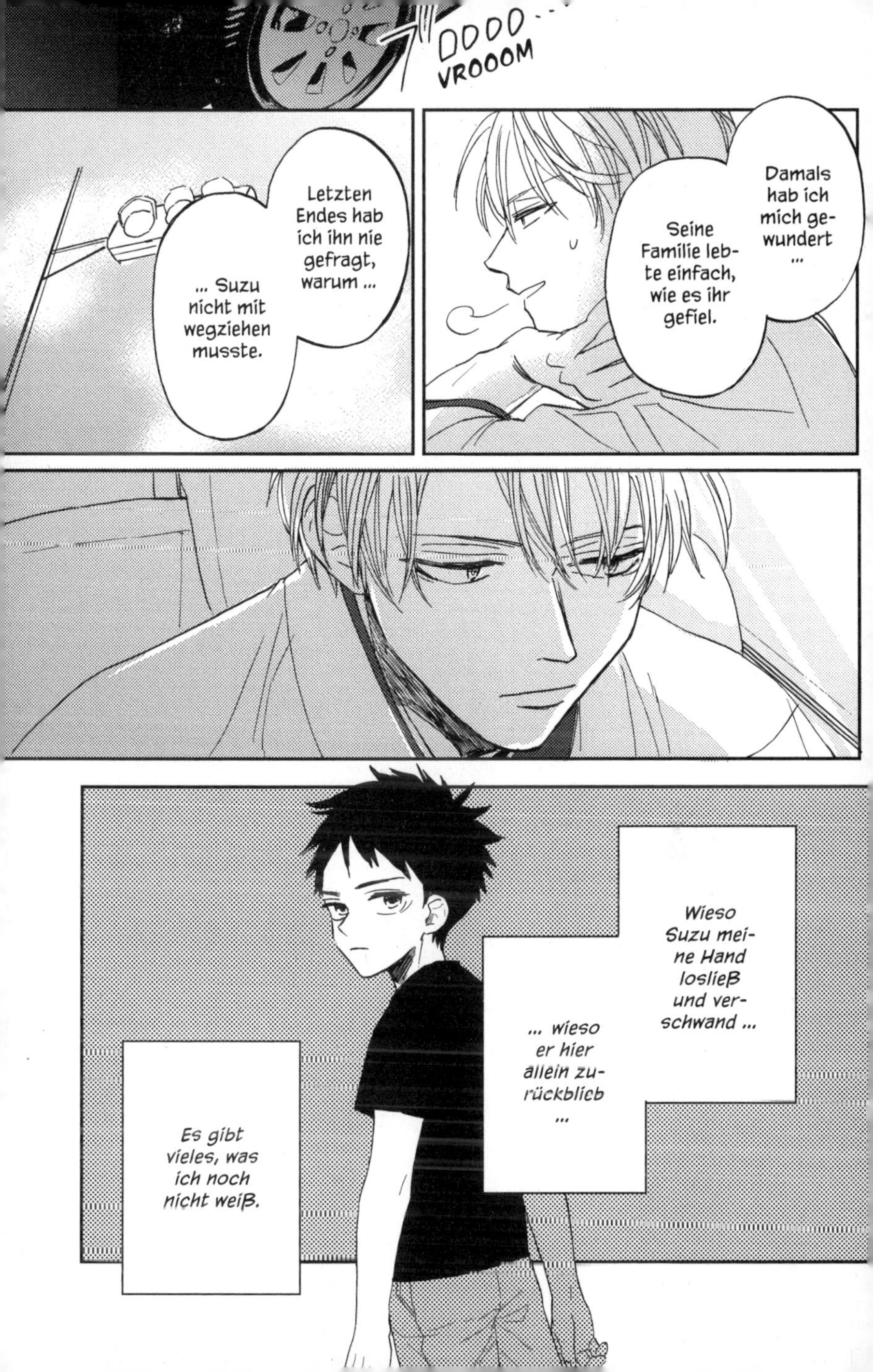
DDDD ...
VROOOM
Damals hab ich mich gewundert ...
Seine Familie lebte einfach, wie es ihr gefiel.
Letzten Endes hab ich ihn nie gefragt, warum ...
... Suzu nicht mit wegziehen musste.
Wieso Suzu meine Hand losließ und verschwand ...
... wieso er hier allein zurückblieb ...
Es gibt vieles, was ich noch nicht weiß.

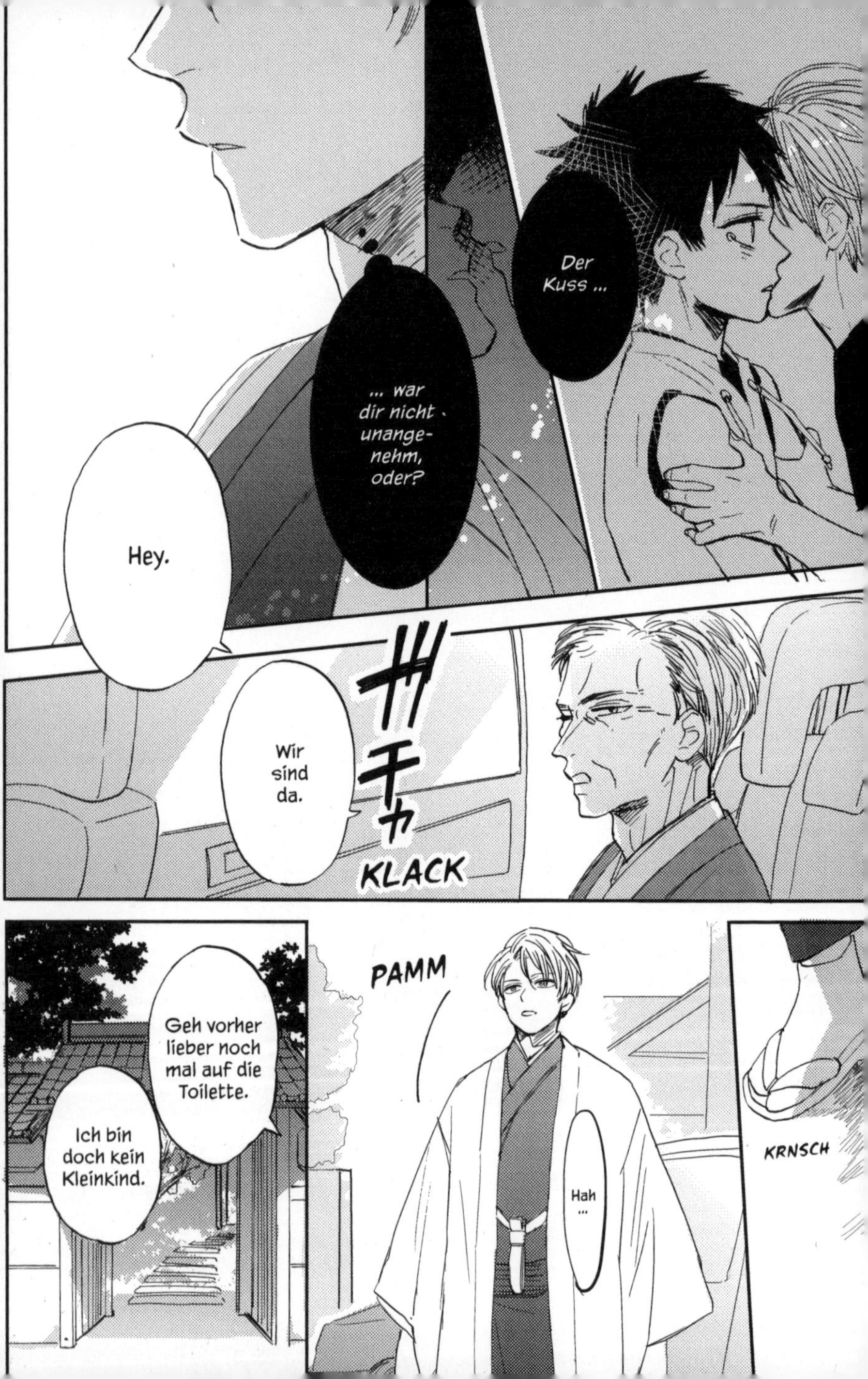

Der Kuss ...
... war dir nicht unangenehm, oder?
Hey.
KLACK
Wir sind da.
KRNSCH
Hah ...
PAMM
Geh vorher lieber noch mal auf die Toilette.
Ich bin doch kein Kleinkind.

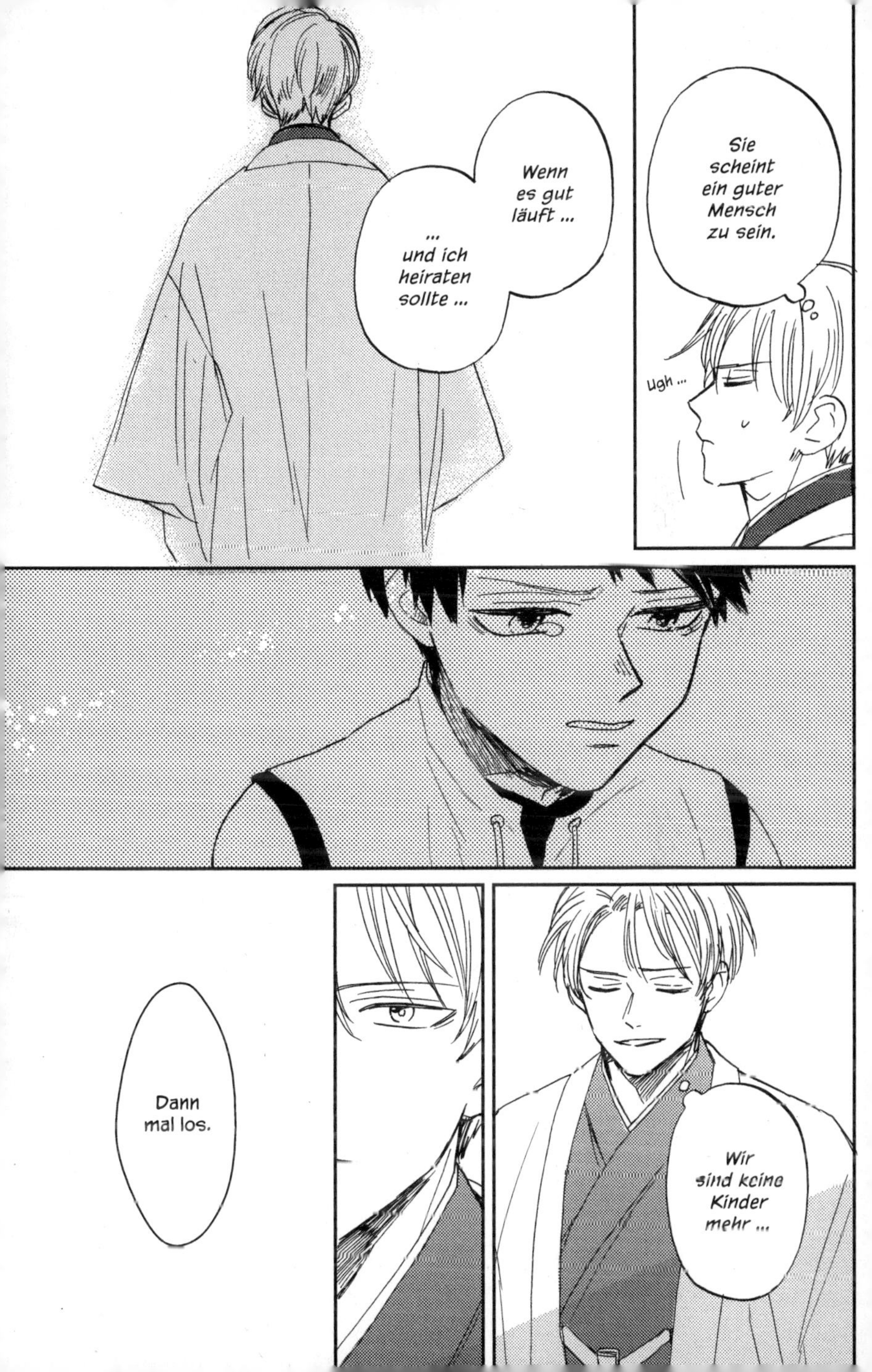
Sie scheint ein guter Mensch zu sein.
Ugh ...
Wenn es gut läuft ...
... und ich heiraten sollte ...
Wir sind keine Kinder mehr ...
Dann mal los.

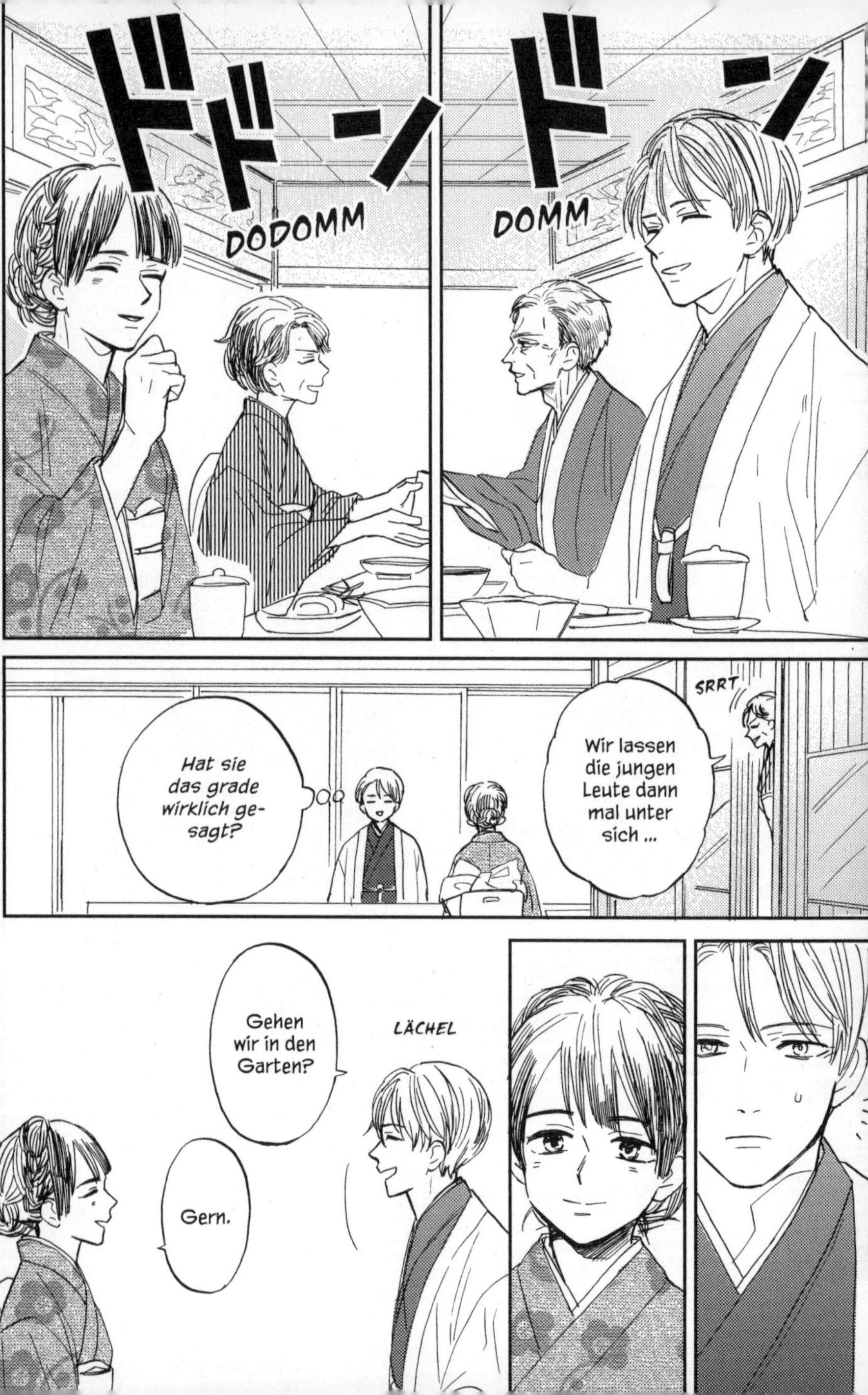

ドドーンドーン
DODOMM
DOMM
SRRT
Wir lassen die jungen Leute dann mal unter sich ...
Hat sie das grade wirklich gesagt?
LÄCHEL
Gehen wir in den Garten?
Gern.

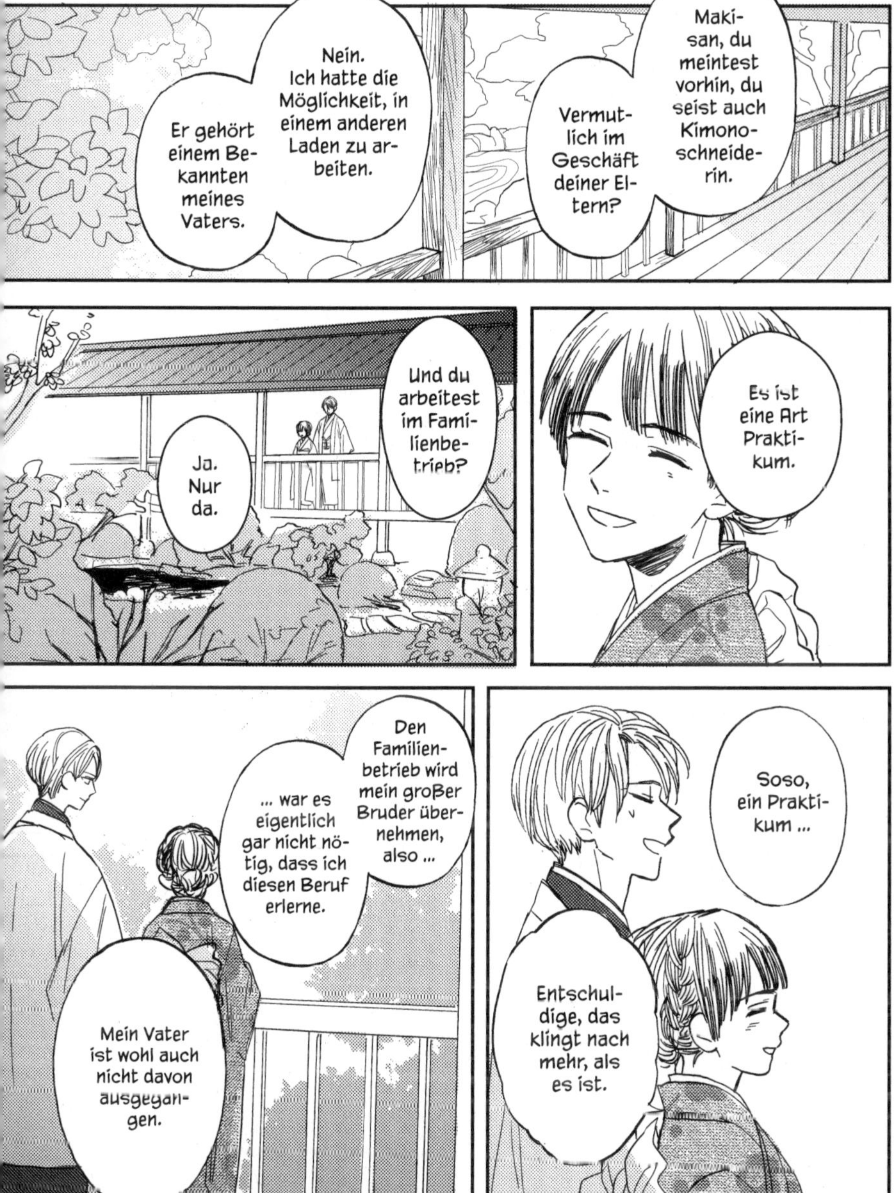
Maki-san, du meintest vorhin, du seist auch Kimonoschneiderin.
Vermutlich im Geschäft deiner Eltern?
Nein. Ich hatte die Möglichkeit, in einem anderen Laden zu arbeiten.
Er gehört einem Bekannten meines Vaters.
Es ist eine Art Praktikum.
Und du arbeitest im Familienbetrieb?
Ja. Nur da.
Soso, ein Praktikum ...
Entschuldige, das klingt nach mehr, als es ist.
Den Familienbetrieb wird mein großer Bruder übernehmen, also ...
... war es eigentlich gar nicht nötig, dass ich diesen Beruf erlerne.
Mein Vater ist wohl auch nicht davon ausgegangen.

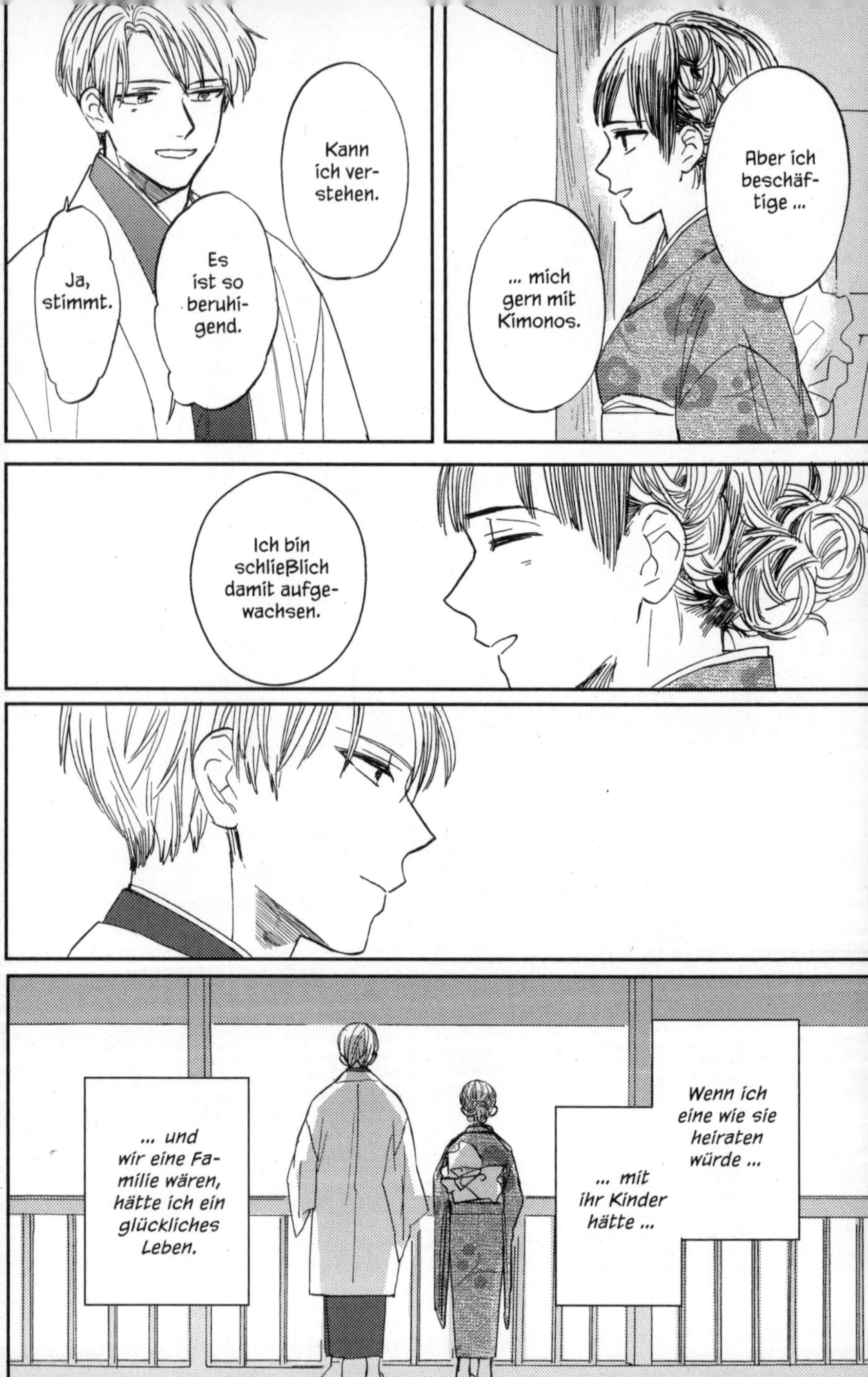
Aber ich beschäftige ...
... mich gern mit Kimonos.
Kann ich verstehen.
Es ist so beruhigend.
Ja, stimmt.
Ich bin schließlich damit aufgewachsen.
Wenn ich eine wie sie heiraten würde ...
... mit ihr Kinder hätte ...
... und wir eine Familie wären, hätte ich ein glückliches Leben.

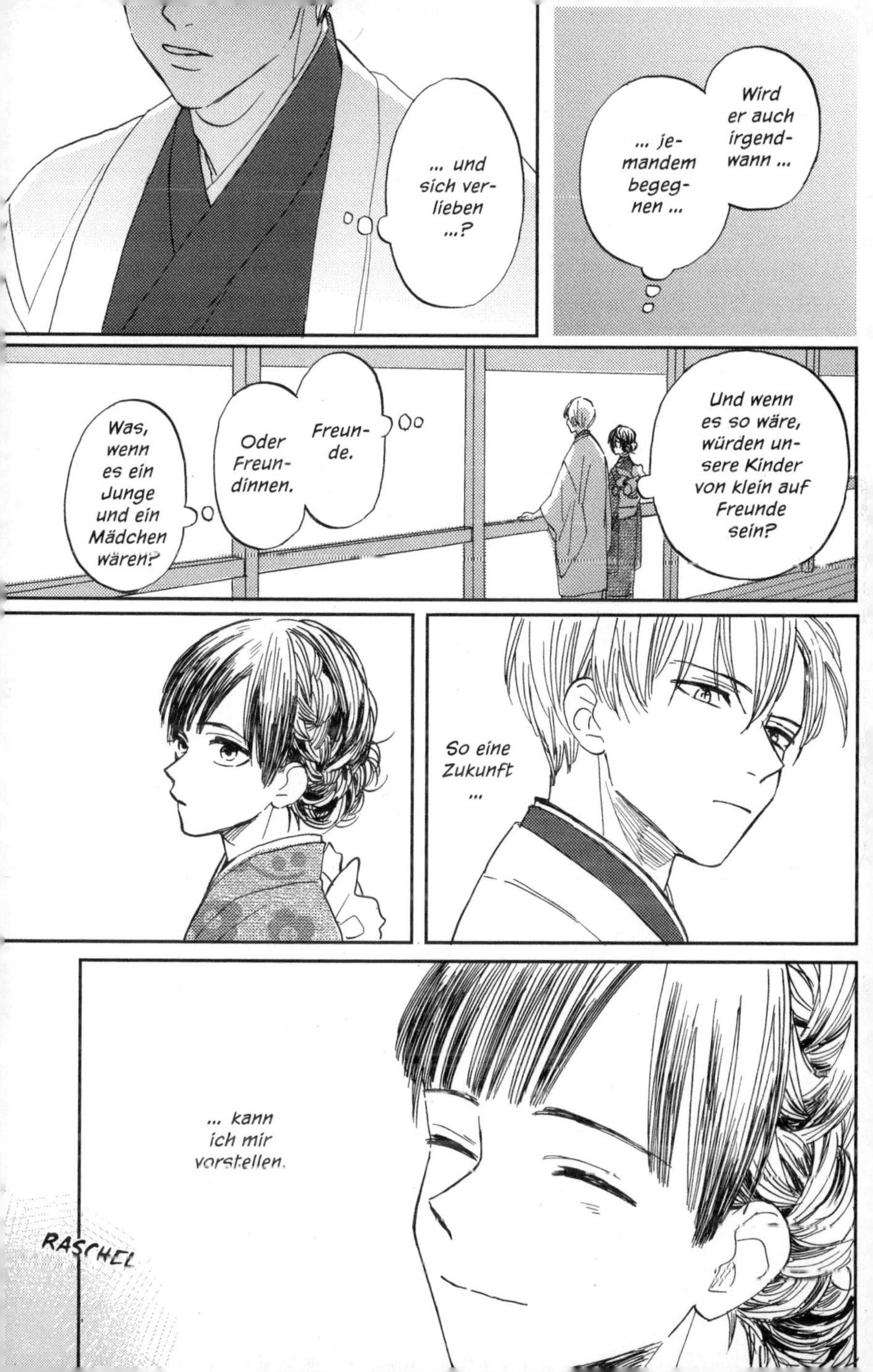
Wird er auch irgendwann ...
... jemandem begegnen ...
... und sich verlieben ...?
Und wenn es so wäre, würden unsere Kinder von klein auf Freunde sein?
Freunde.
Oder Freundinnen.
Was, wenn es ein Junge und ein Mädchen wären?
So eine Zukunft ...
... kann ich mir vorstellen.
RASCHEL

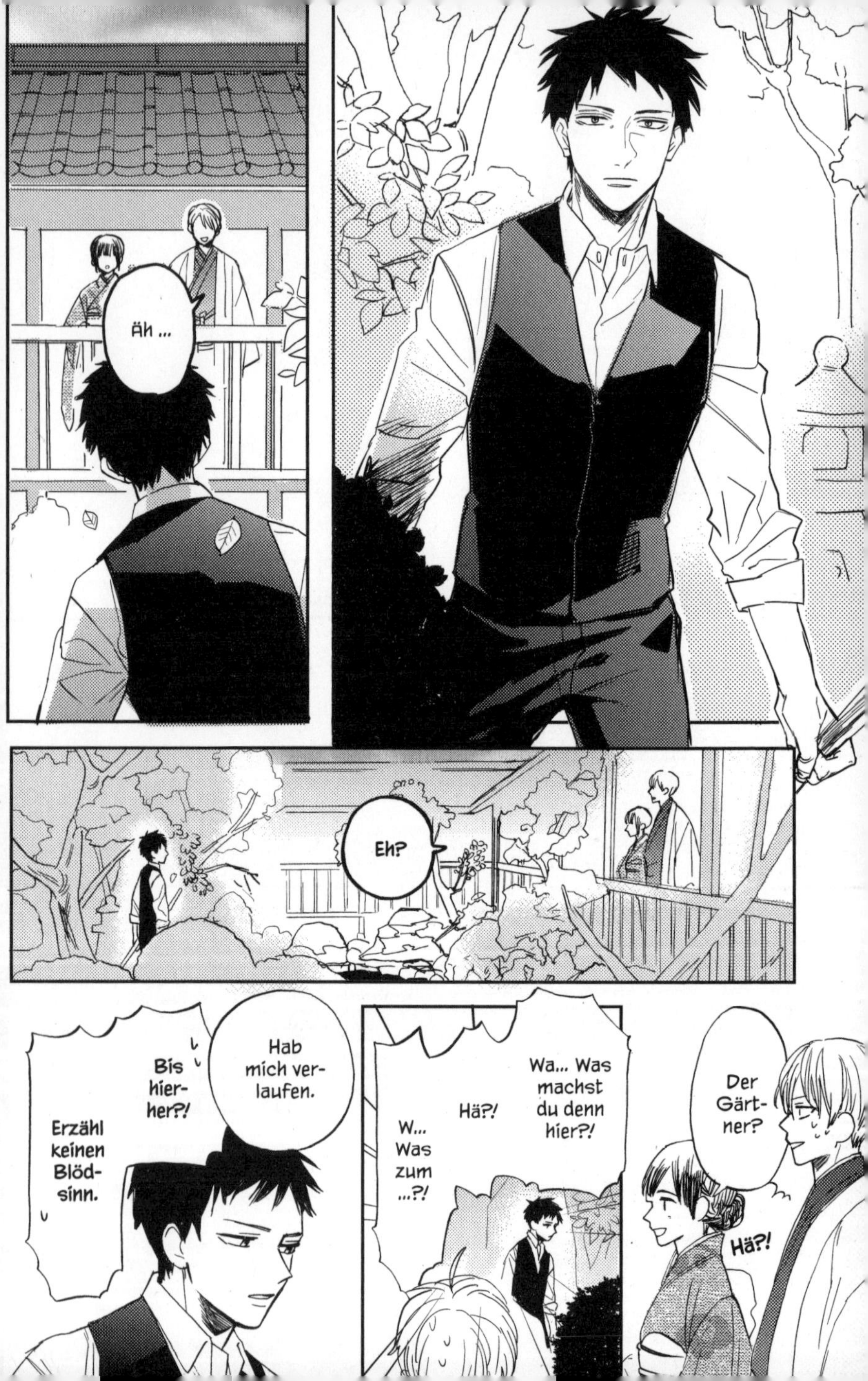
Äh ...
Eh?
Der Gärtner?
Hä?!
Wa... Was machst du denn hier?!
Hä?!
W... Was zum ...?!
Hab mich verlaufen.
Bis hierher?!
Erzähl keinen Blödsinn.

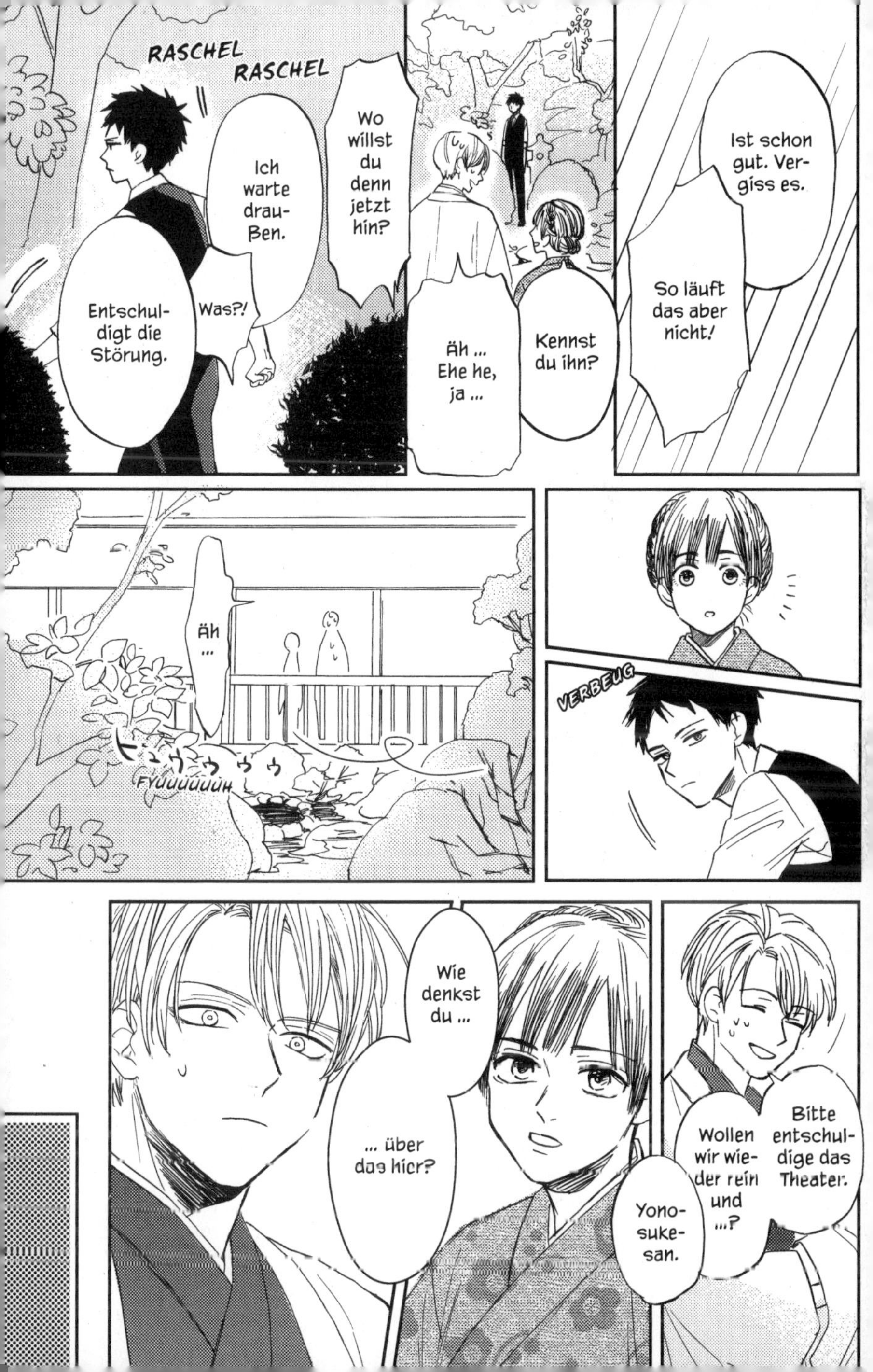
Ist schon gut. Vergiss es.
So läuft das aber nicht!
Kennst du ihn?
Äh ... Ehe he, ja ...
Wo willst du denn jetzt hin?
RASCHEL RASCHEL
Ich warte draußen.
Was?!
Entschuldigt die Störung.
VERBEUG
Äh ...
FYUUUUUUH
Bitte entschuldige das Theater.
Wollen wir wieder rein und ...?
Yonosuke-san.
Wie denkst du ...
... über das hier?

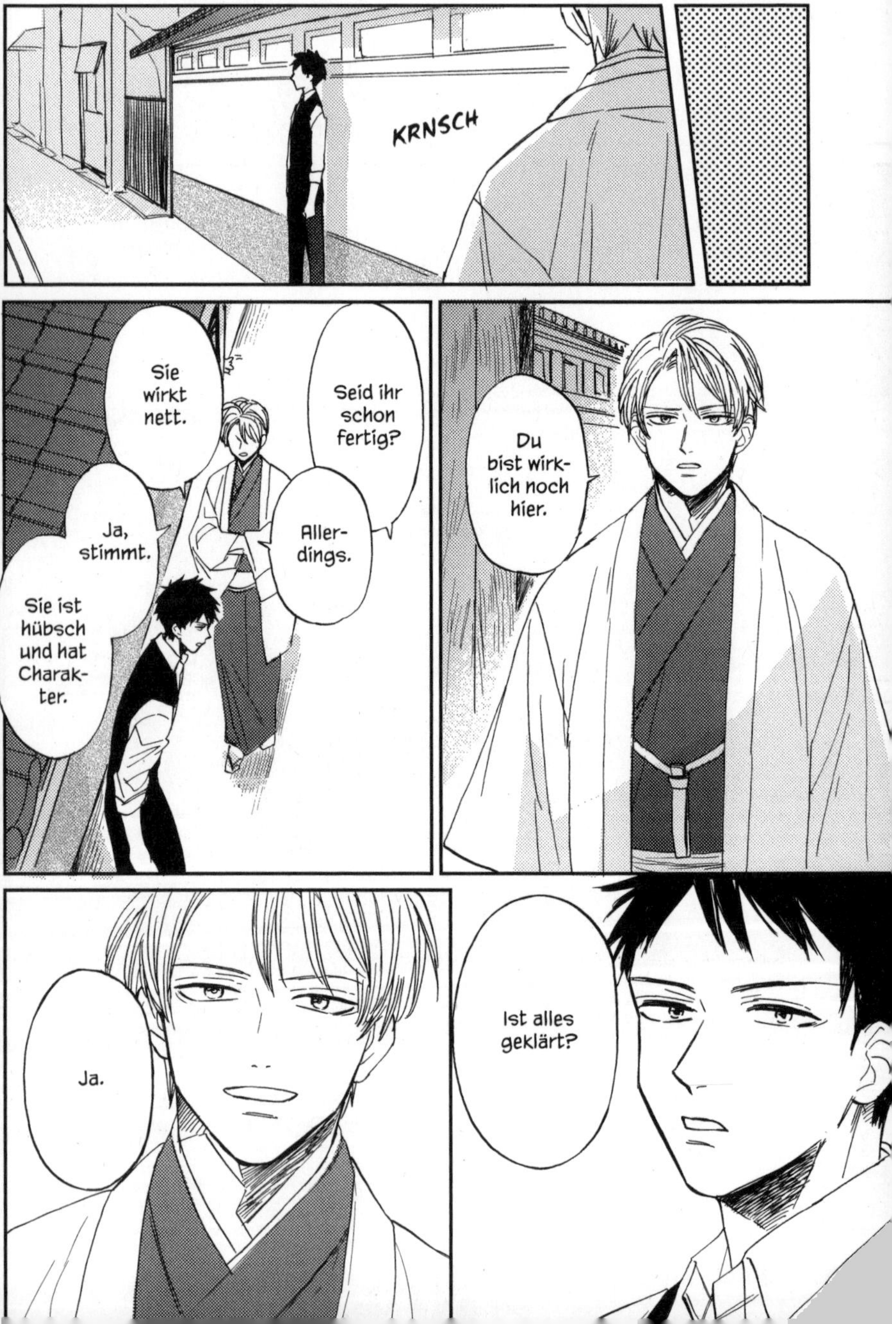
KRNSCH
Du bist wirklich noch hier.
Seid ihr schon fertig?
Allerdings.
Sie wirkt nett.
Ja, stimmt.
Sie ist hübsch und hat Charakter.
Ist alles geklärt?
Ja.

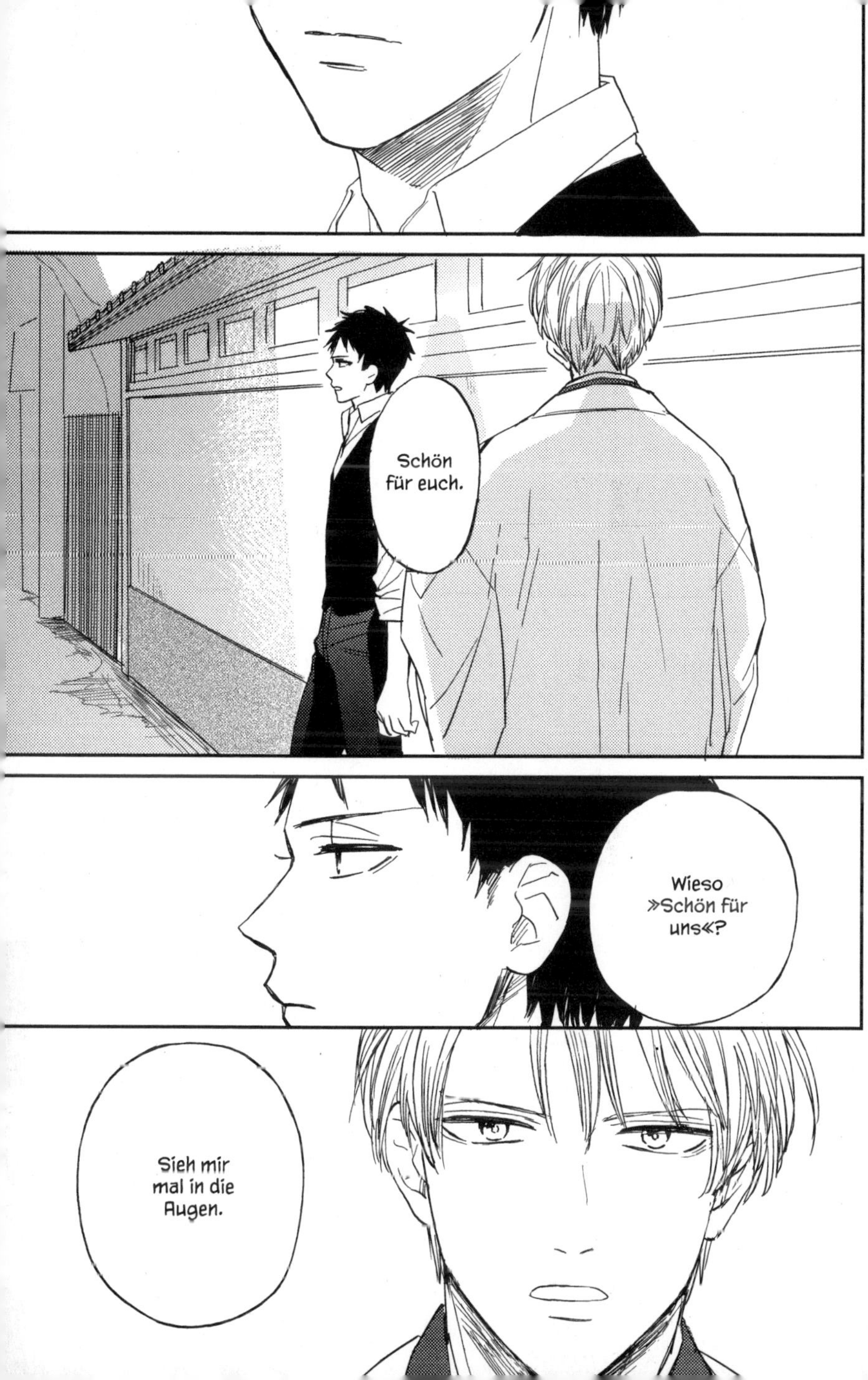
Schön für euch.
Wieso »Schön für uns«?
Sieh mir mal in die Augen.

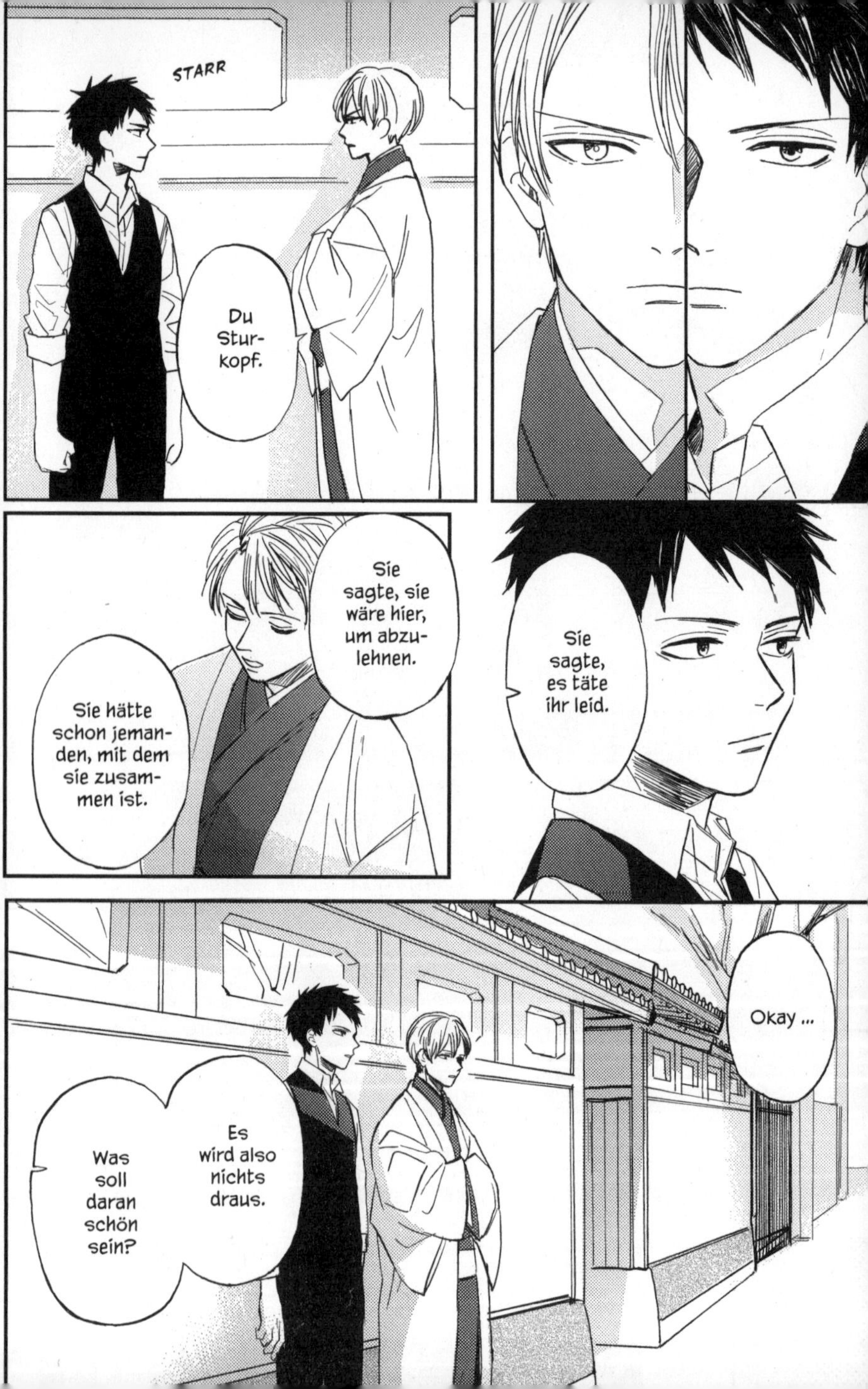
STARR
Du Sturkopf.
Sie sagte, es täte ihr leid.
Sie sagte, sie wäre hier, um abzulehnen.
Sie hätte schon jemanden, mit dem sie zusammen ist.
Okay ...
Es wird also nichts draus.
Was soll daran schön sein?

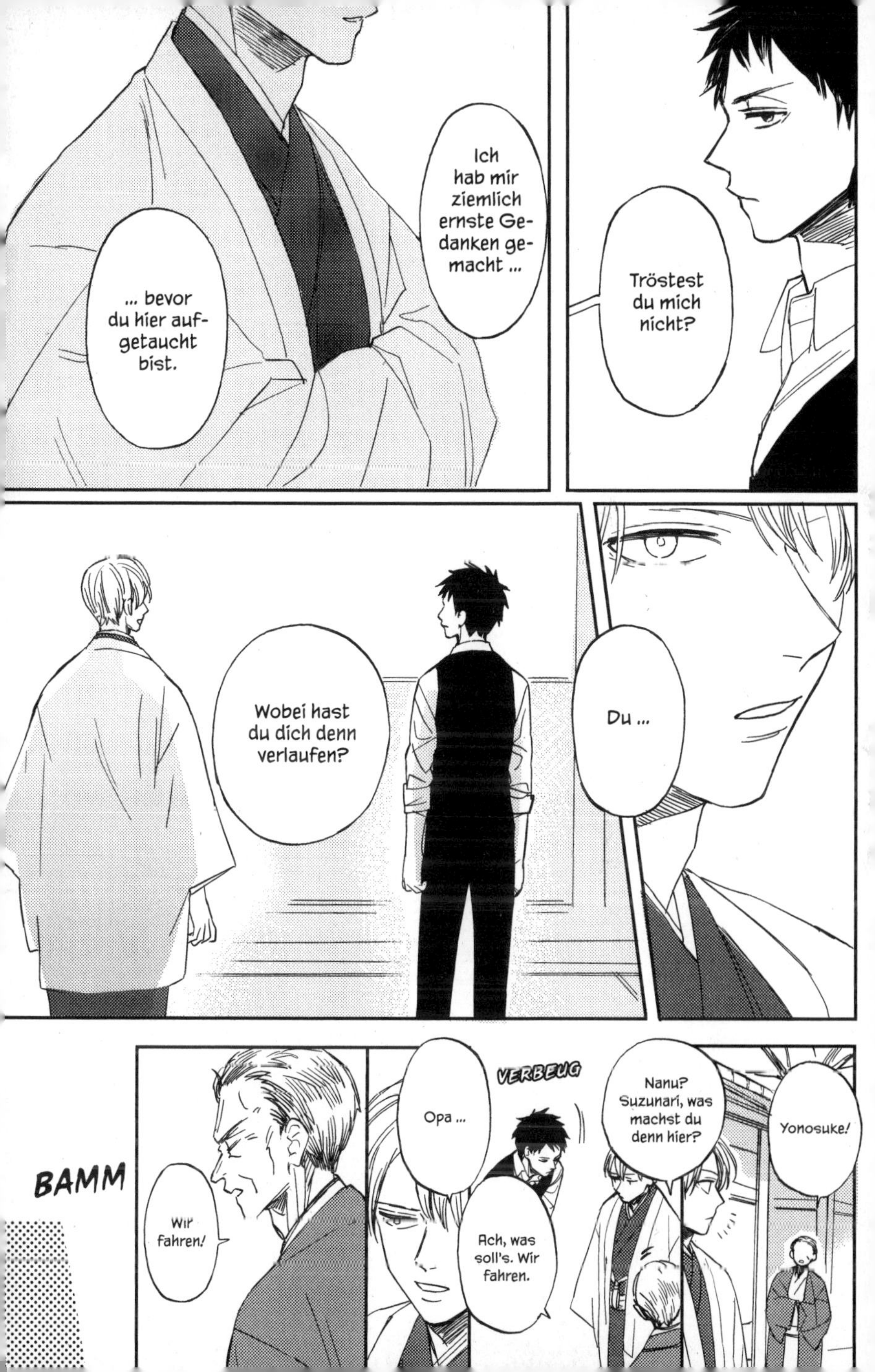
Tröstest du mich nicht?
Ich hab mir ziemlich ernste Gedanken gemacht ...
... bevor du hier aufgetaucht bist.
Du ...
Wobei hast du dich denn verlaufen?
Yonosuke!
Nanu? Suzunari, was machst du denn hier?
VERBEUG
Opa ...
Ach, was soll's. Wir fahren.
Wir fahren!
BAMM

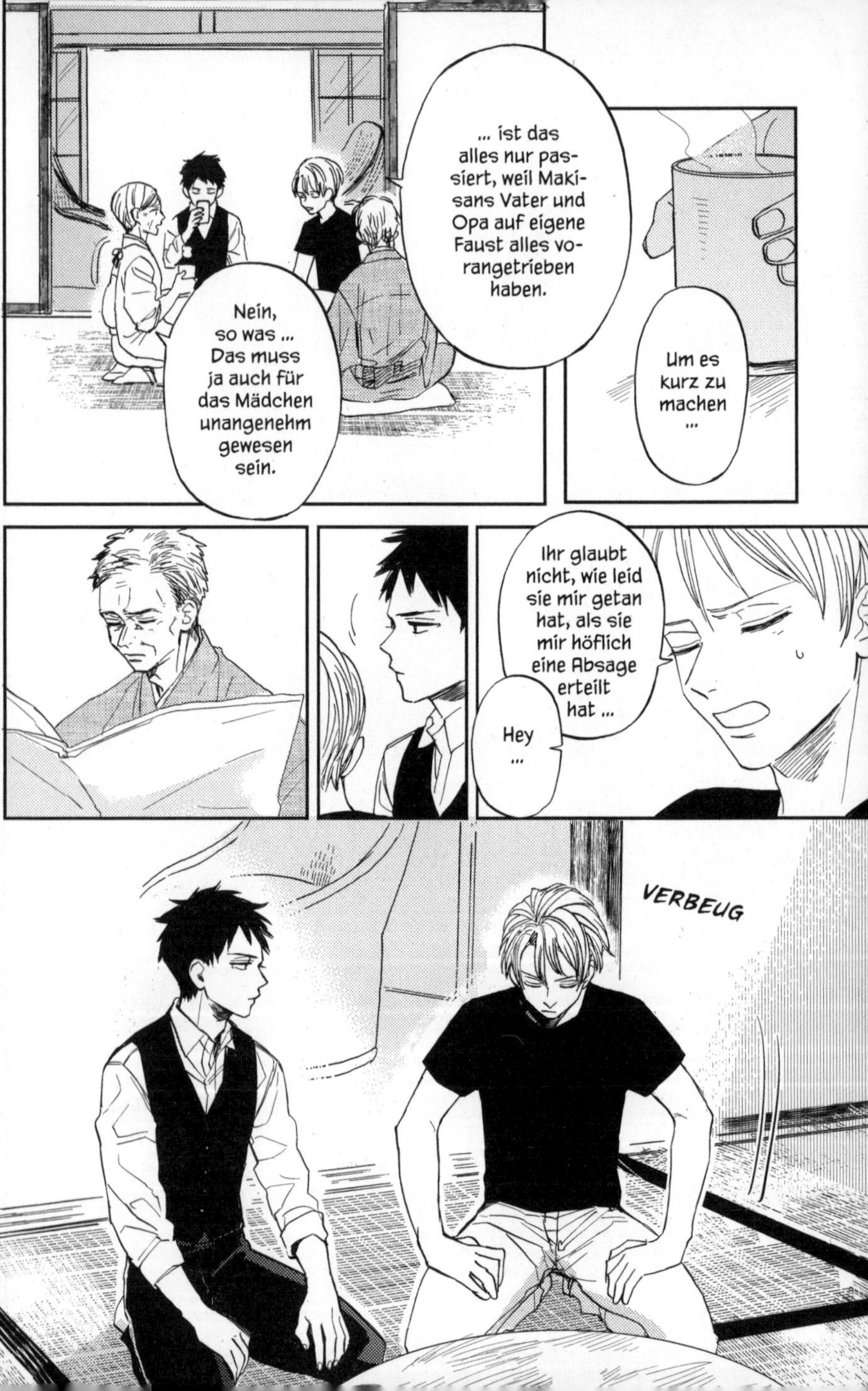
Um es kurz zu machen ...
... ist das alles nur passiert, weil Maki-sans Vater und Opa auf eigene Faust alles vorangetrieben haben.
Nein, so was ... Das muss ja auch für das Mädchen unangenehm gewesen sein.
Ihr glaubt nicht, wie leid sie mir getan hat, als sie mir höflich eine Absage erteilt hat ...
Hey ...
VERBEUG

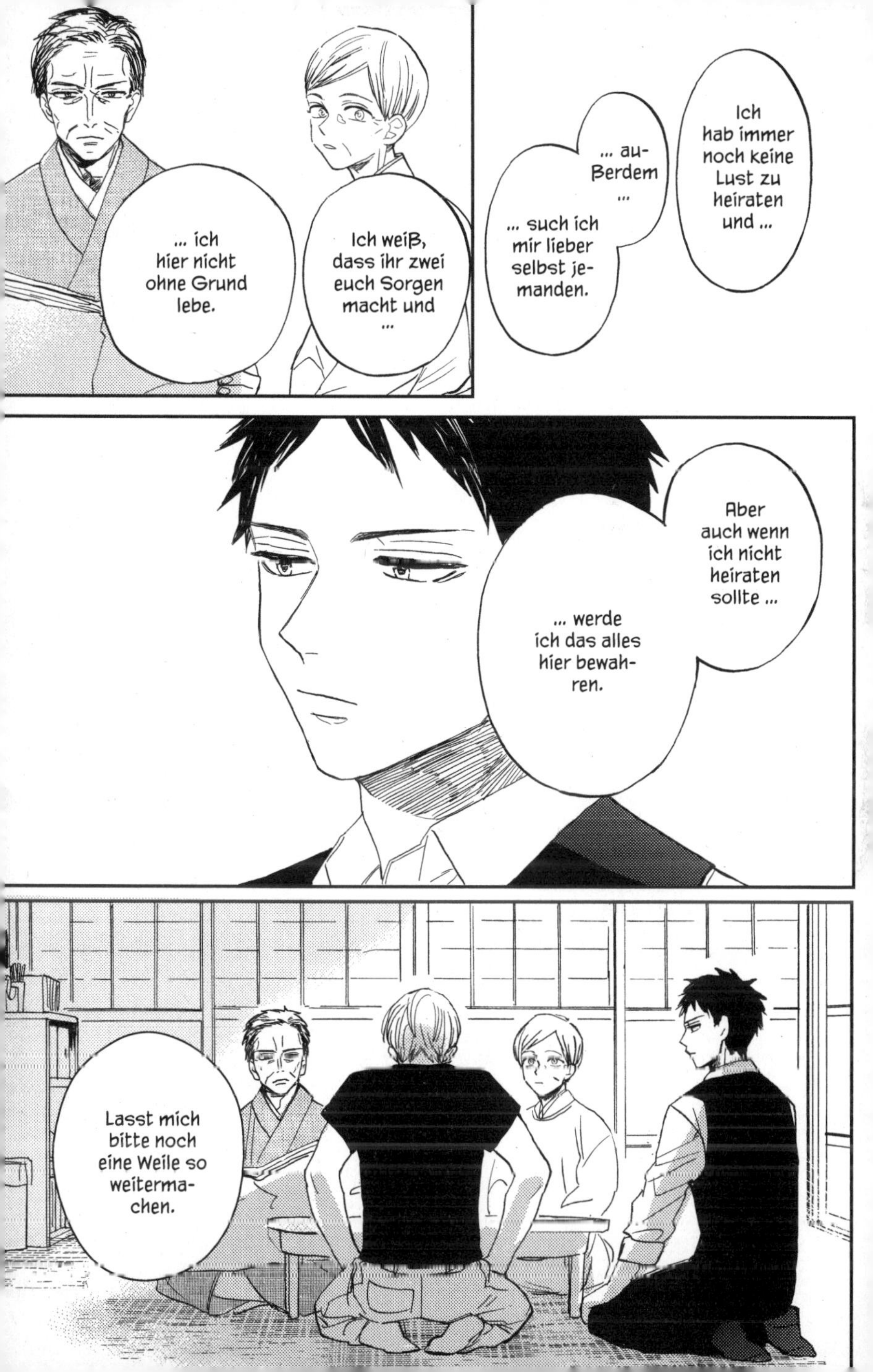
Ich hab immer noch keine Lust zu heiraten und ...
... au-ßerdem ...
... such ich mir lieber selbst je-manden.
Ich weiß, dass ihr zwei euch Sorgen macht und ...
... ich hier nicht ohne Grund lebe.
Aber auch wenn ich nicht heiraten sollte ...
... werde ich das alles hier bewah-ren.
Lasst mich bitte noch eine Weile so weiterma-chen.

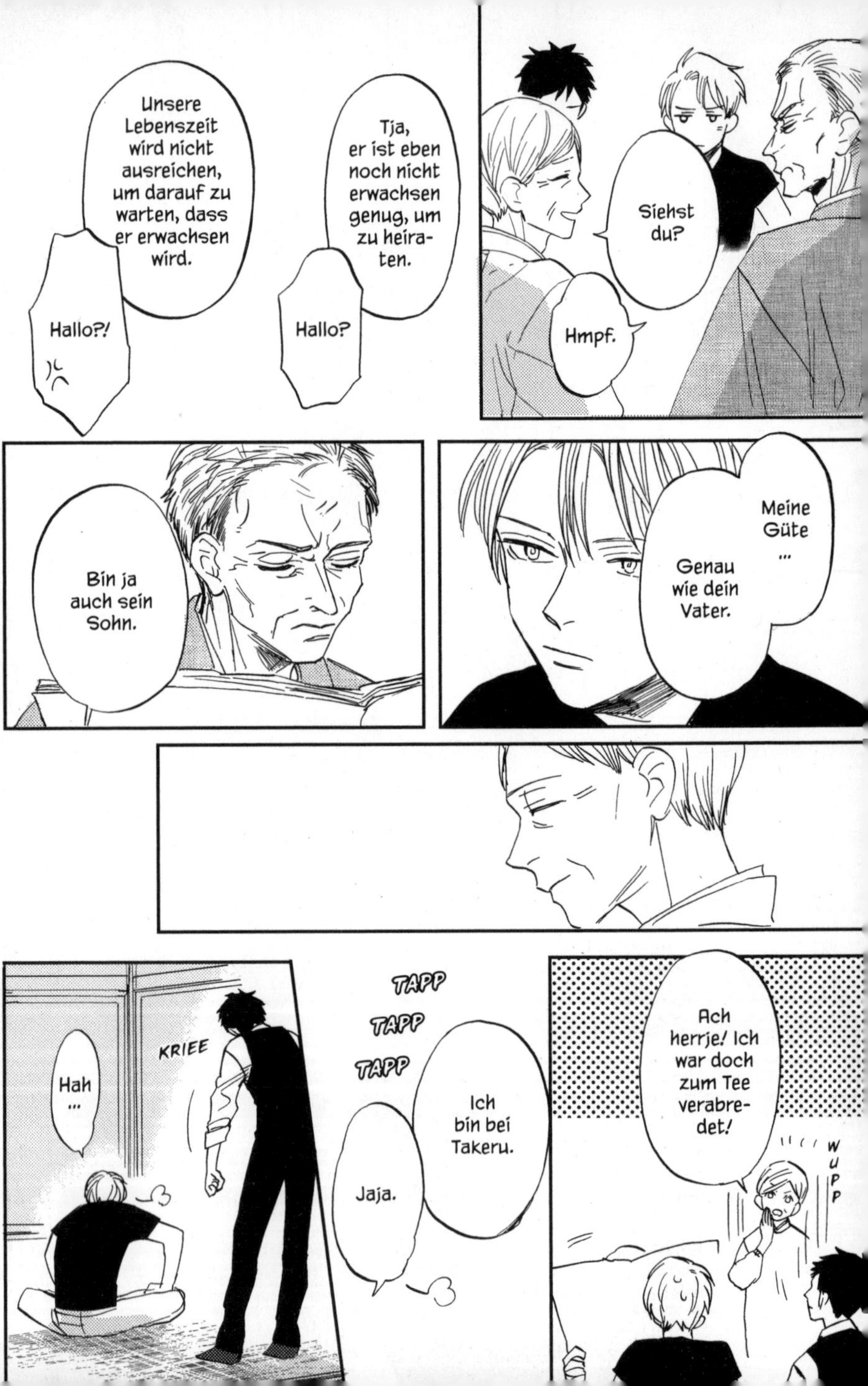
Siehst du?
Hmpf.
Tja, er ist eben noch nicht erwachsen genug, um zu heiraten.
Hallo?
Unsere Lebenszeit wird nicht ausreichen, um darauf zu warten, dass er erwachsen wird.
Hallo?!
Meine Güte ...
Genau wie dein Vater.
Bin ja auch sein Sohn.
Ach herrje! Ich war doch zum Tee verabredet!
WUPP
TAPP
TAPP
TAPP
Ich bin bei Takeru.
Jaja.
KRIEE
Hah ...

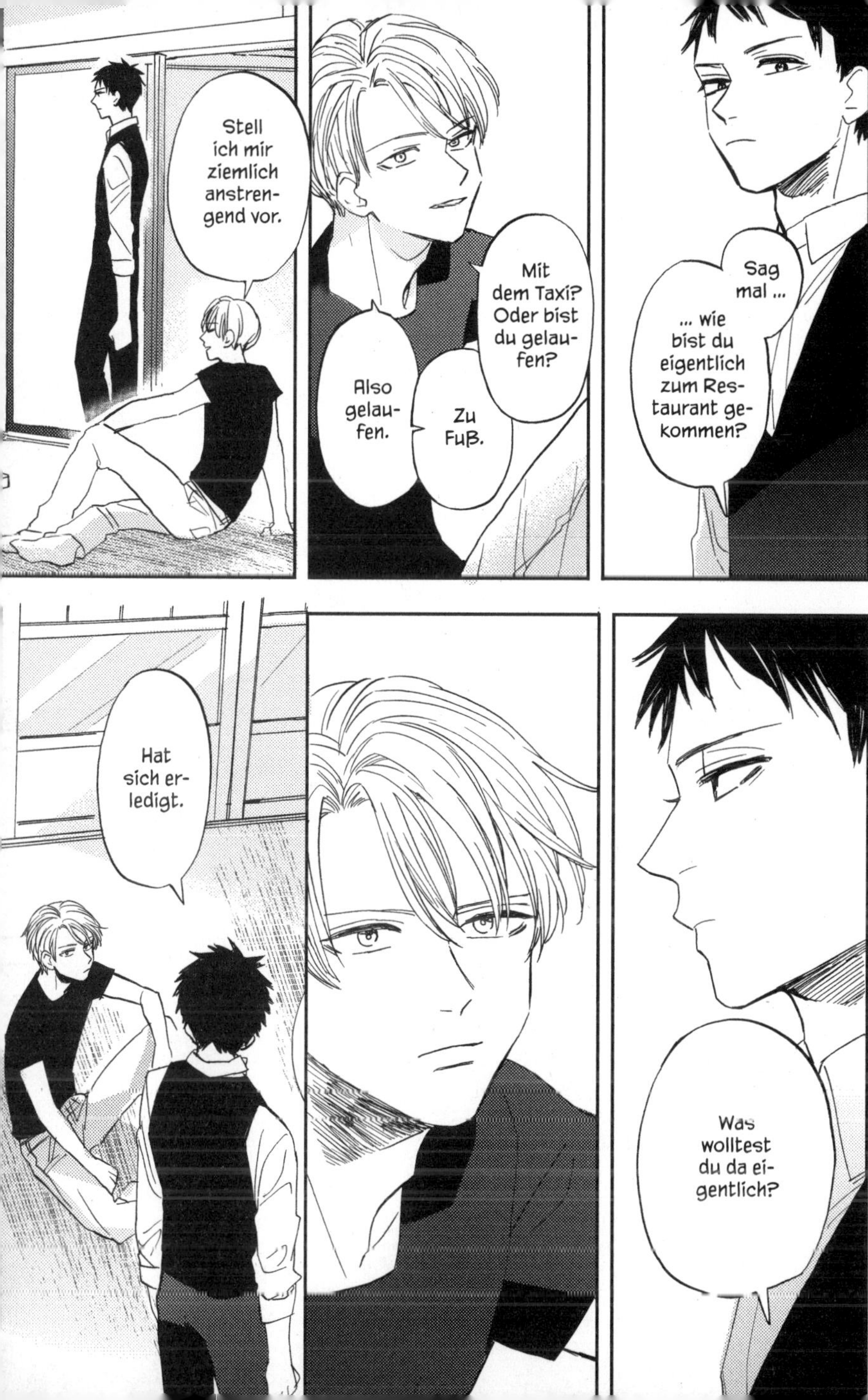
Sag mal ...
... wie bist du eigentlich zum Restaurant gekommen?
Mit dem Taxi? Oder bist du gelaufen?
Zu Fuß.
Also gelaufen.
Stell ich mir ziemlich anstrengend vor.
Was wolltest du da eigentlich?
Hat sich erledigt.

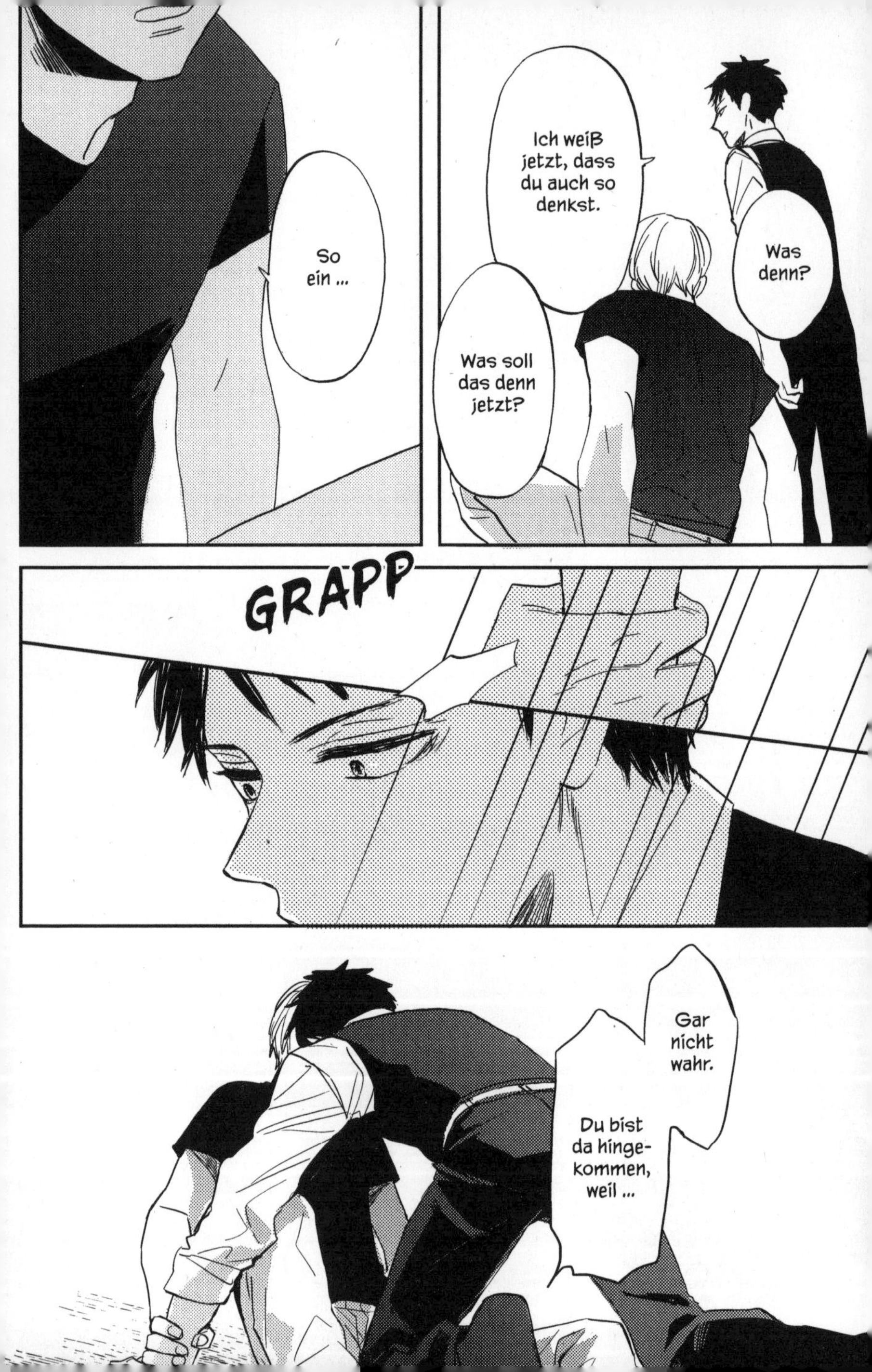
Was denn?
Ich weiß jetzt, dass du auch so denkst.
Was soll das denn jetzt?
So ein ...
GRAPP
Gar nicht wahr.
Du bist da hingekommen, weil ...

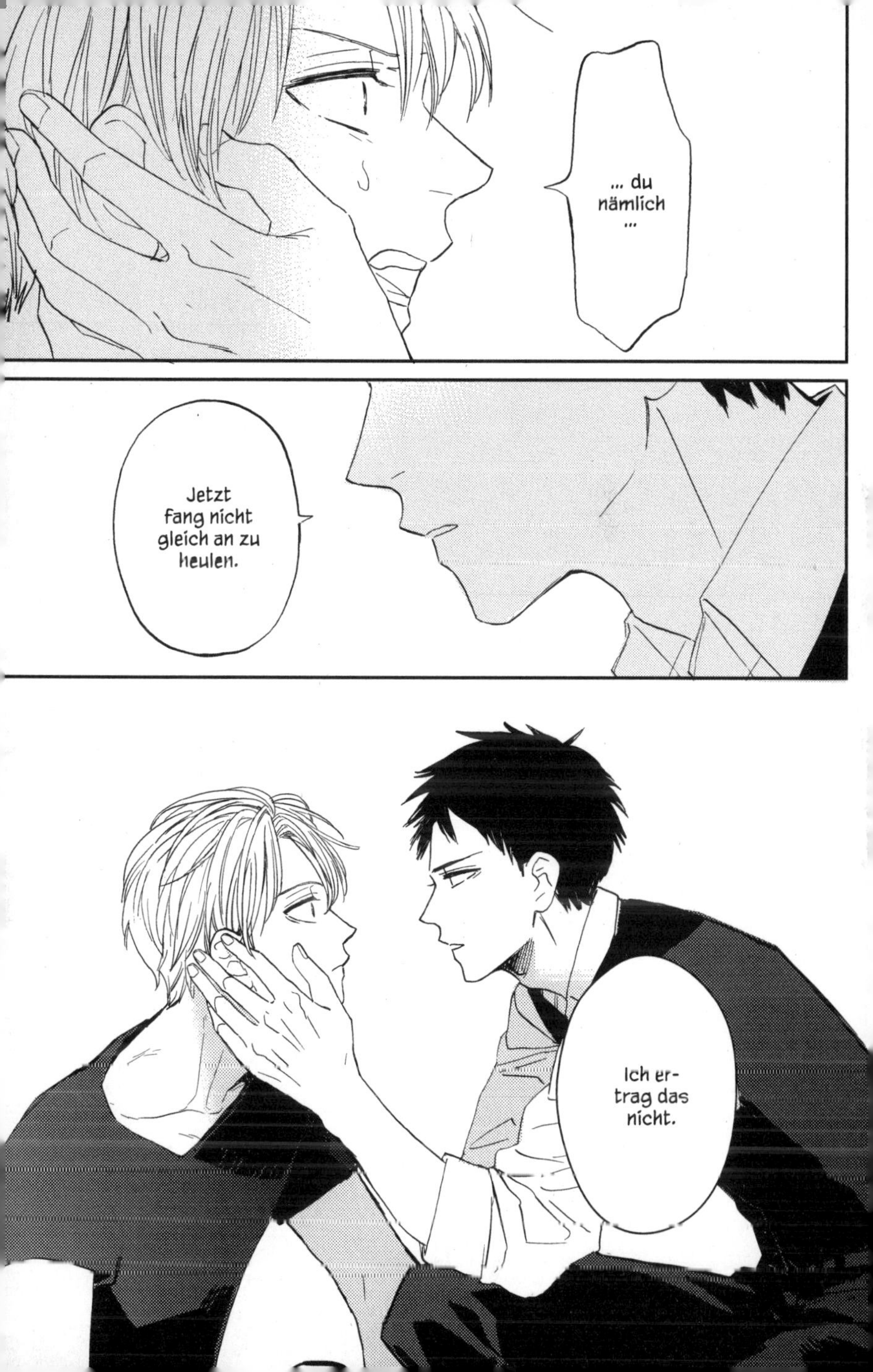
... du
nämlich
...
Jetzt
fang nicht
gleich an zu
heulen.
Ich er-
trag das
nicht.

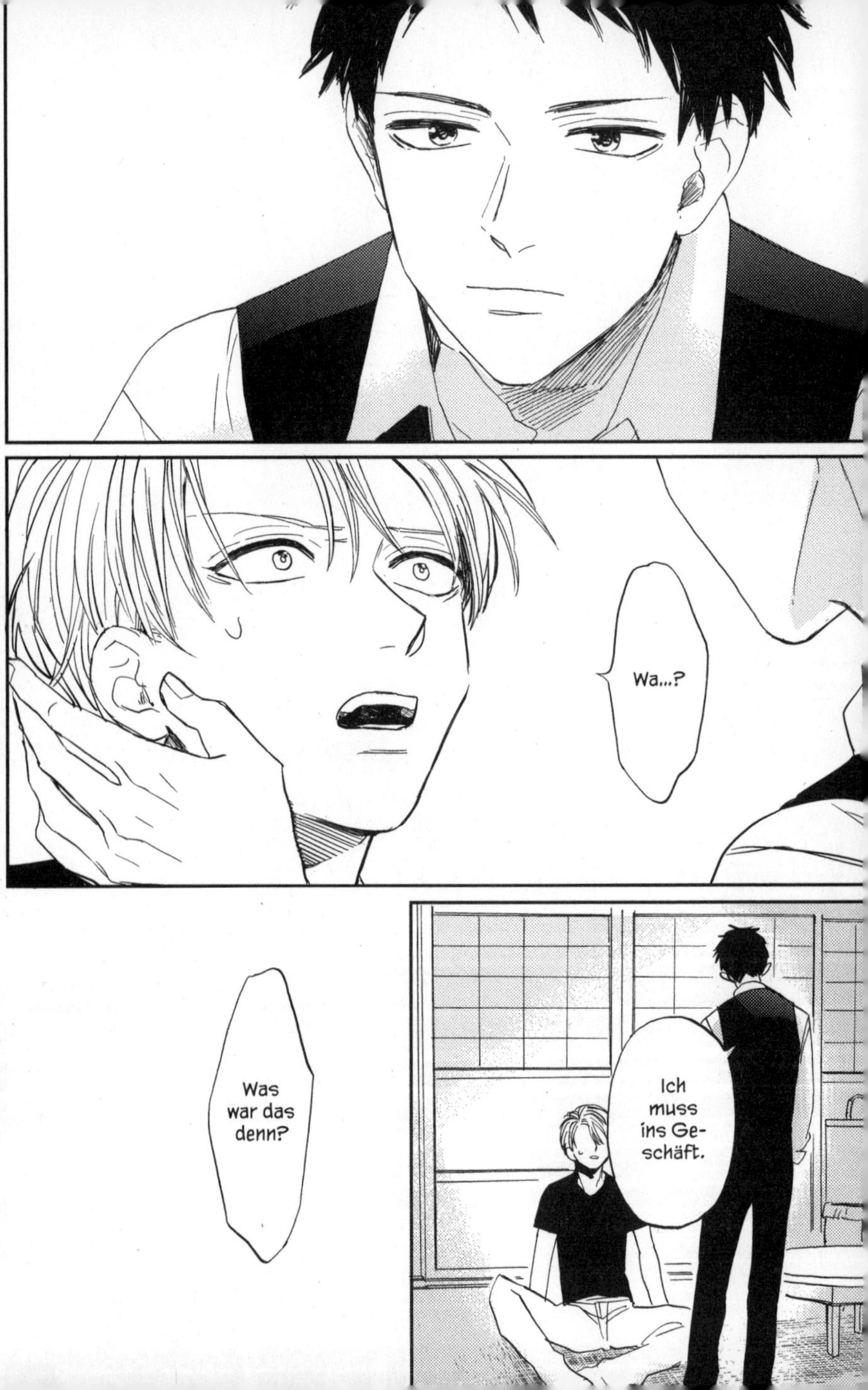
Wa...?
Ich muss ins Geschäft.
Was war das denn?

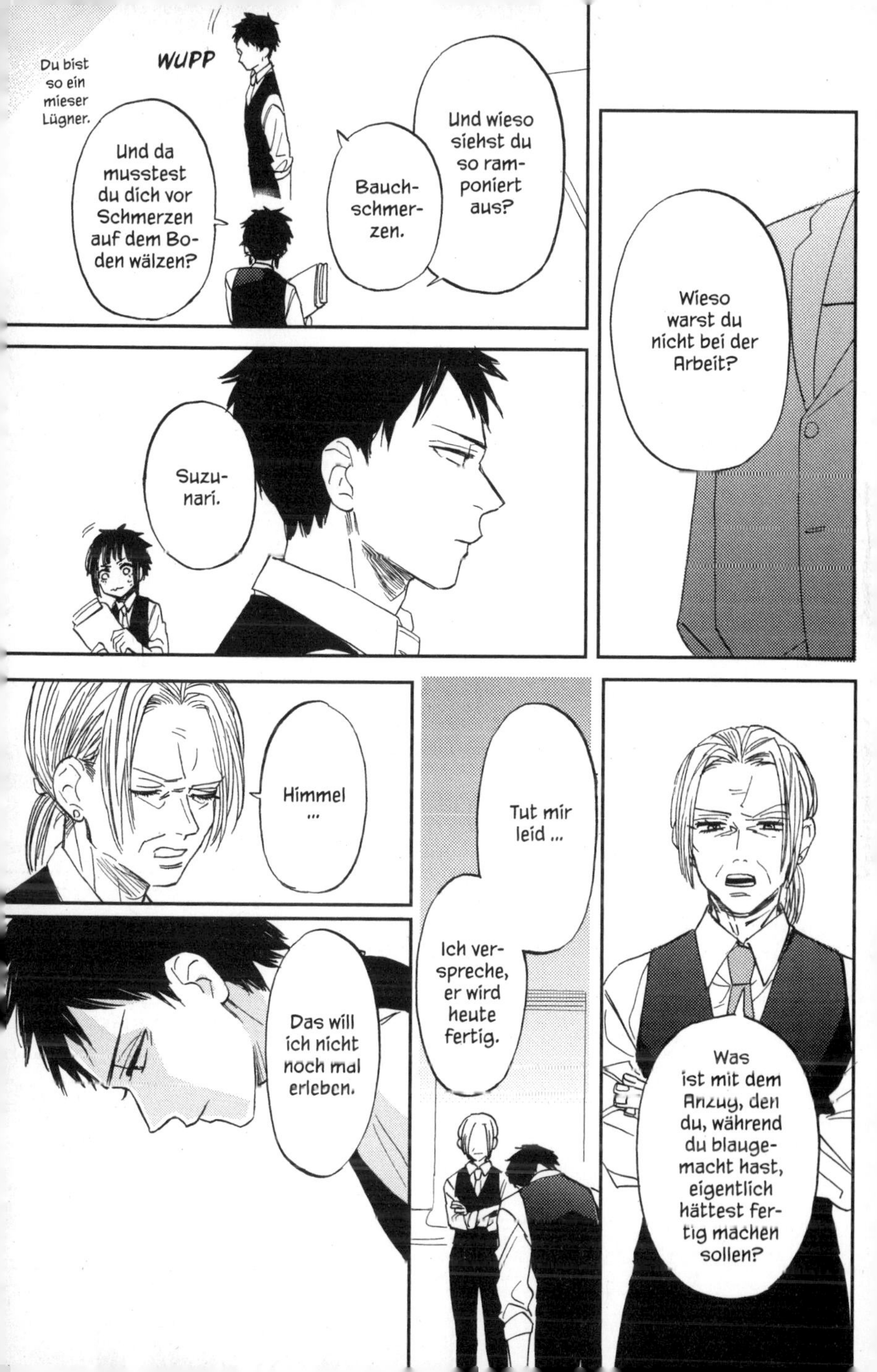
Wieso warst du nicht bei der Arbeit?
Und wieso siehst du so ramponiert aus?
Bauchschmerzen.
Und da musstest du dich vor Schmerzen auf dem Boden wälzen?
WUPP
Du bist so ein mieser Lügner.
Suzunari.
Was ist mit dem Anzug, den du, während du blaugemacht hast, eigentlich hättest fertig machen sollen?
Tut mir leid ...
Ich verspreche, er wird heute fertig.
Himmel ...
Das will ich nicht noch mal erleben.

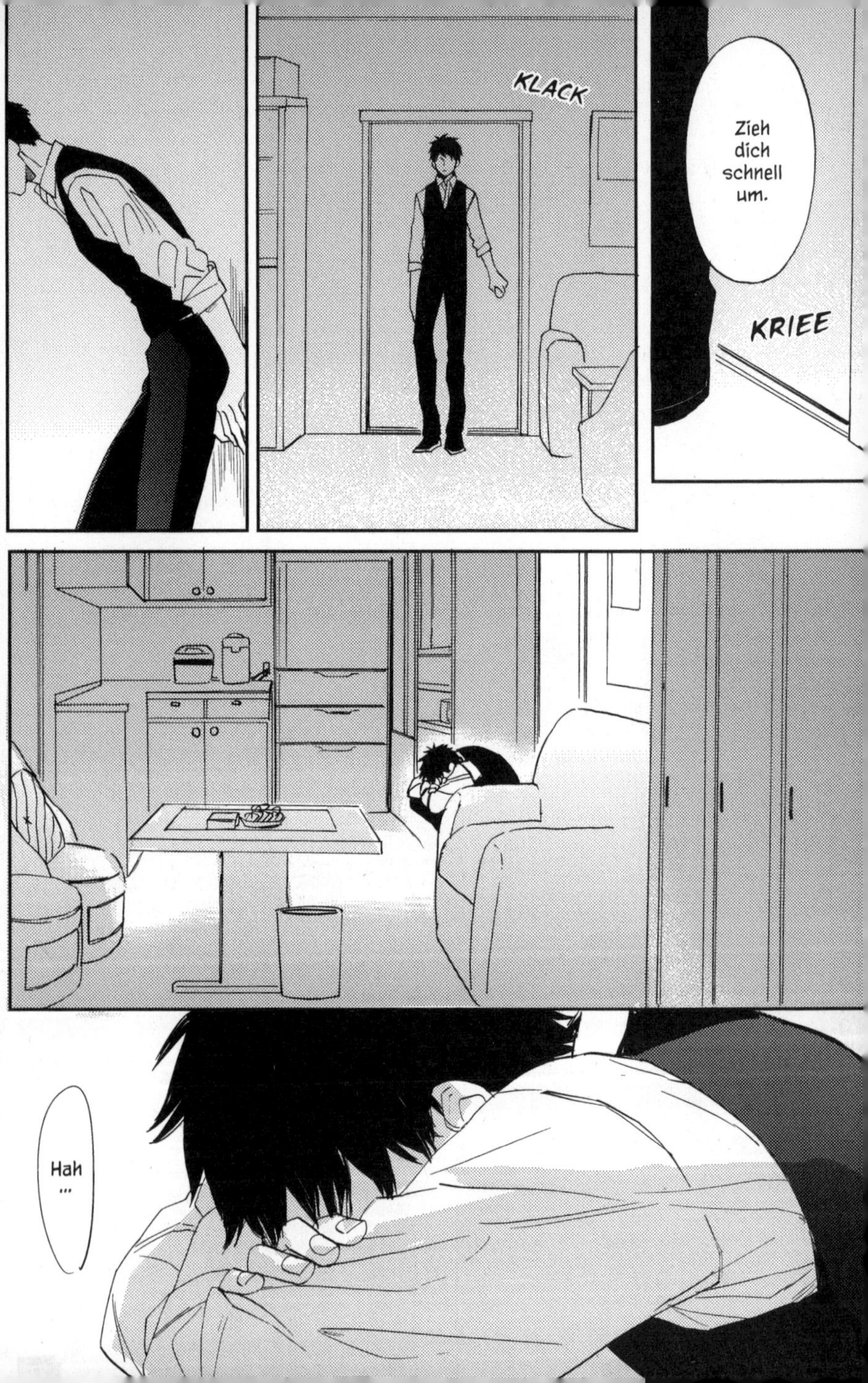
Zieh dich schnell um.
KRIEE
KLACK
Hah ...

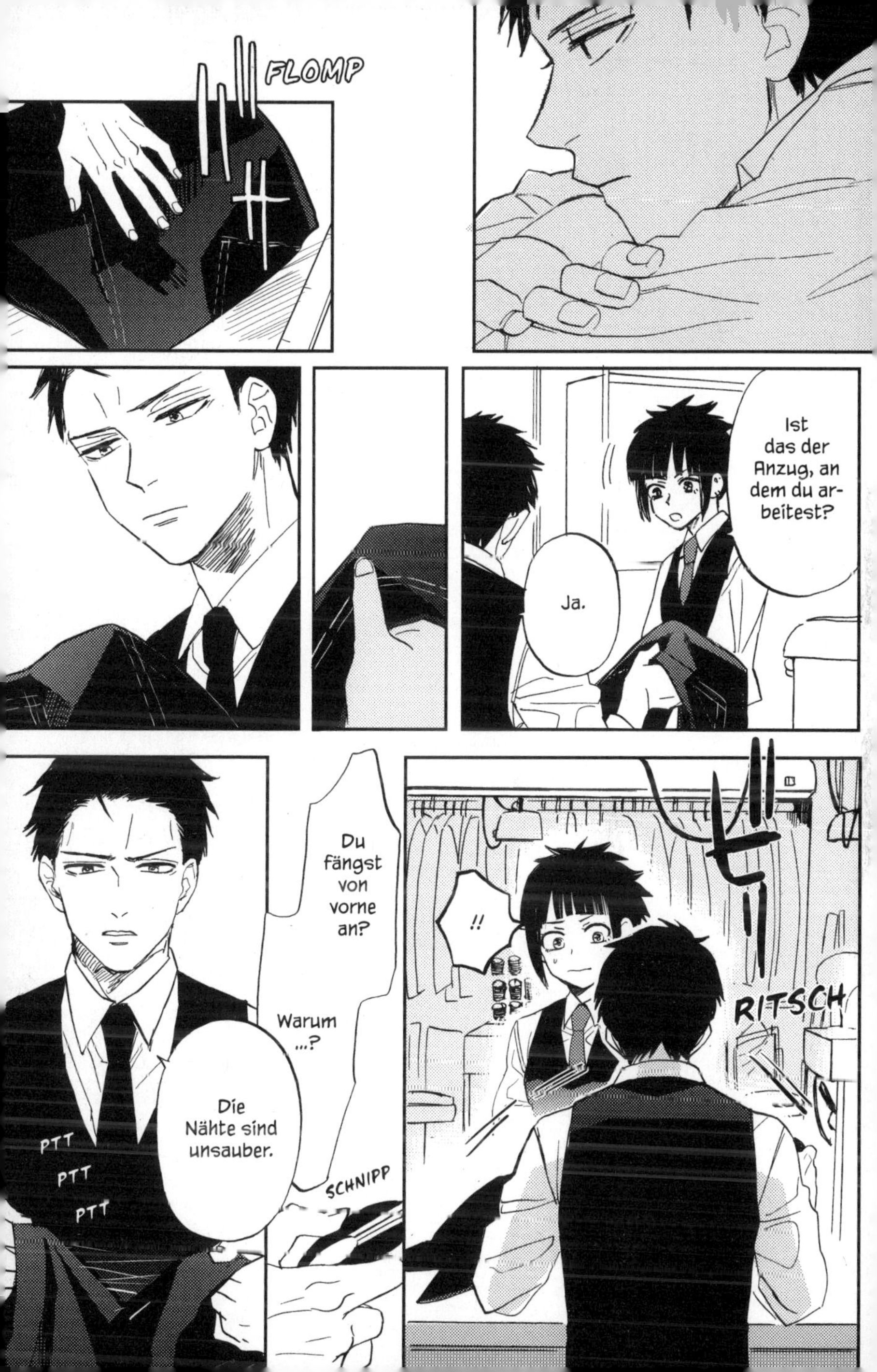
FLOMP
Ist das der Anzug, an dem du arbeitest?
Ja.
RITSCH
!!
Du fängst von vorne an?
Warum ...?
Die Nähte sind unsauber.
SCHNIPP
PTT
PTT
PTT

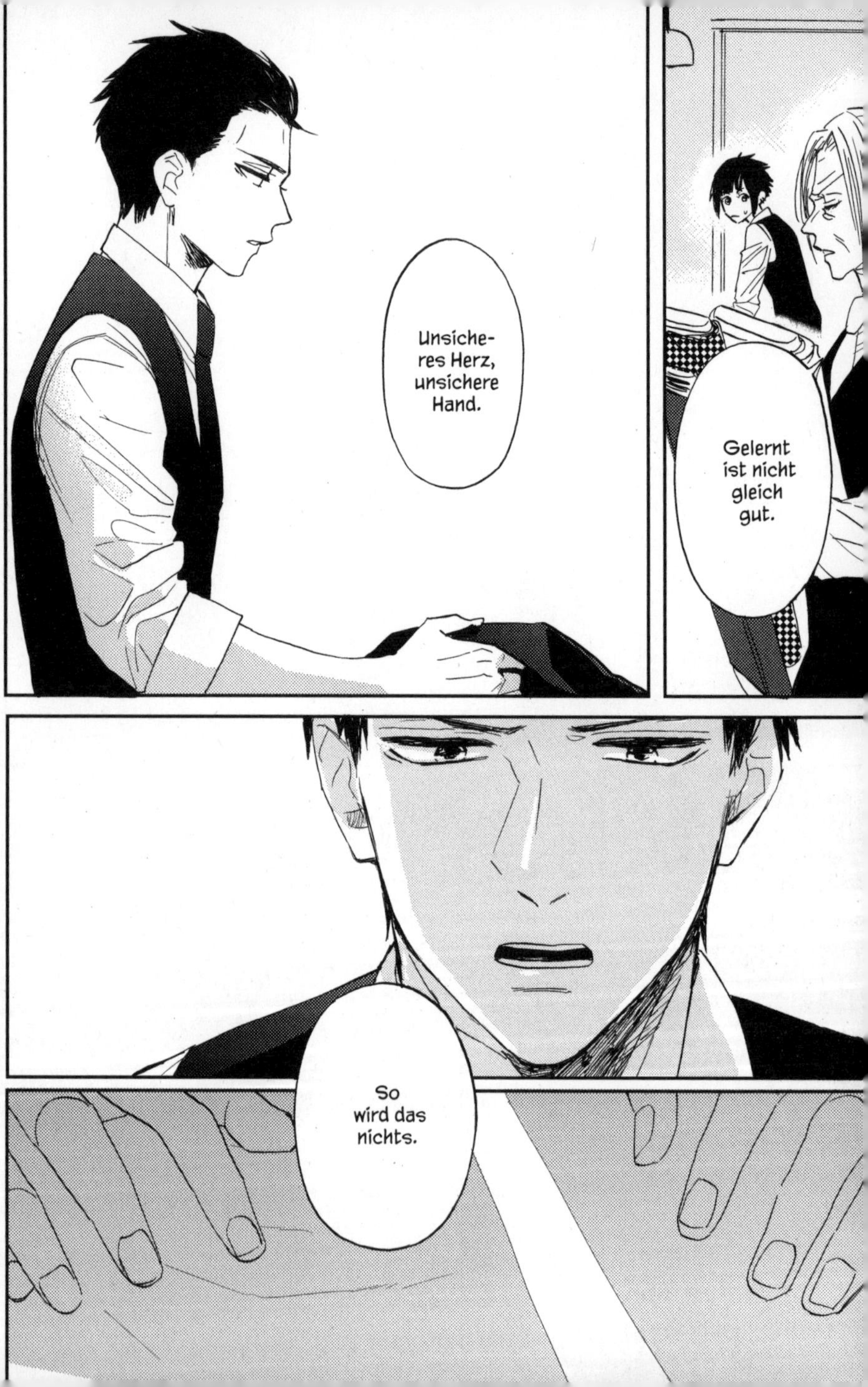
Gelernt ist nicht gleich gut.
Unsichere-res Herz, unsichere Hand.
So wird das nichts.

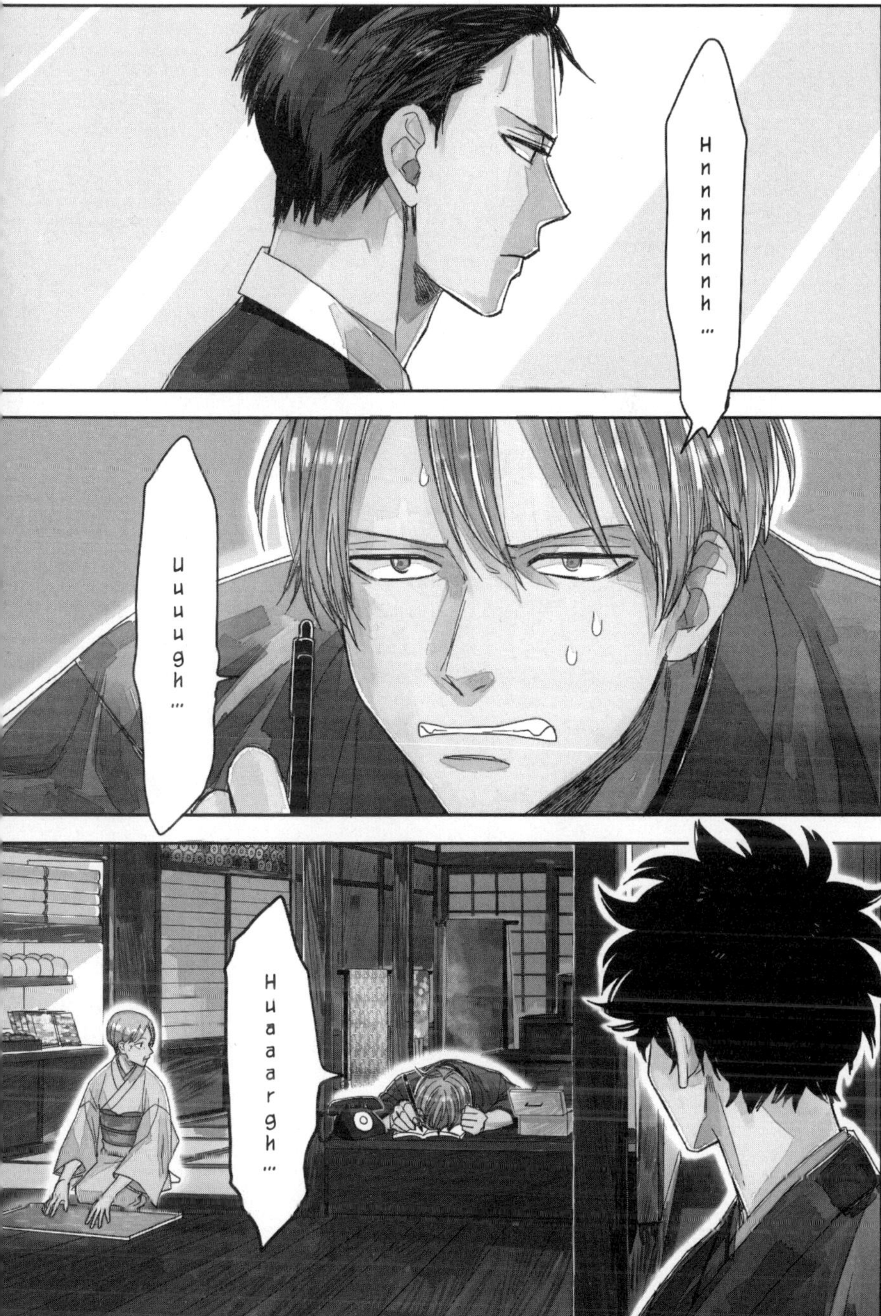
Hnnnnnnh...
Uuuugh...
Huaaargh...

Kapitel 4

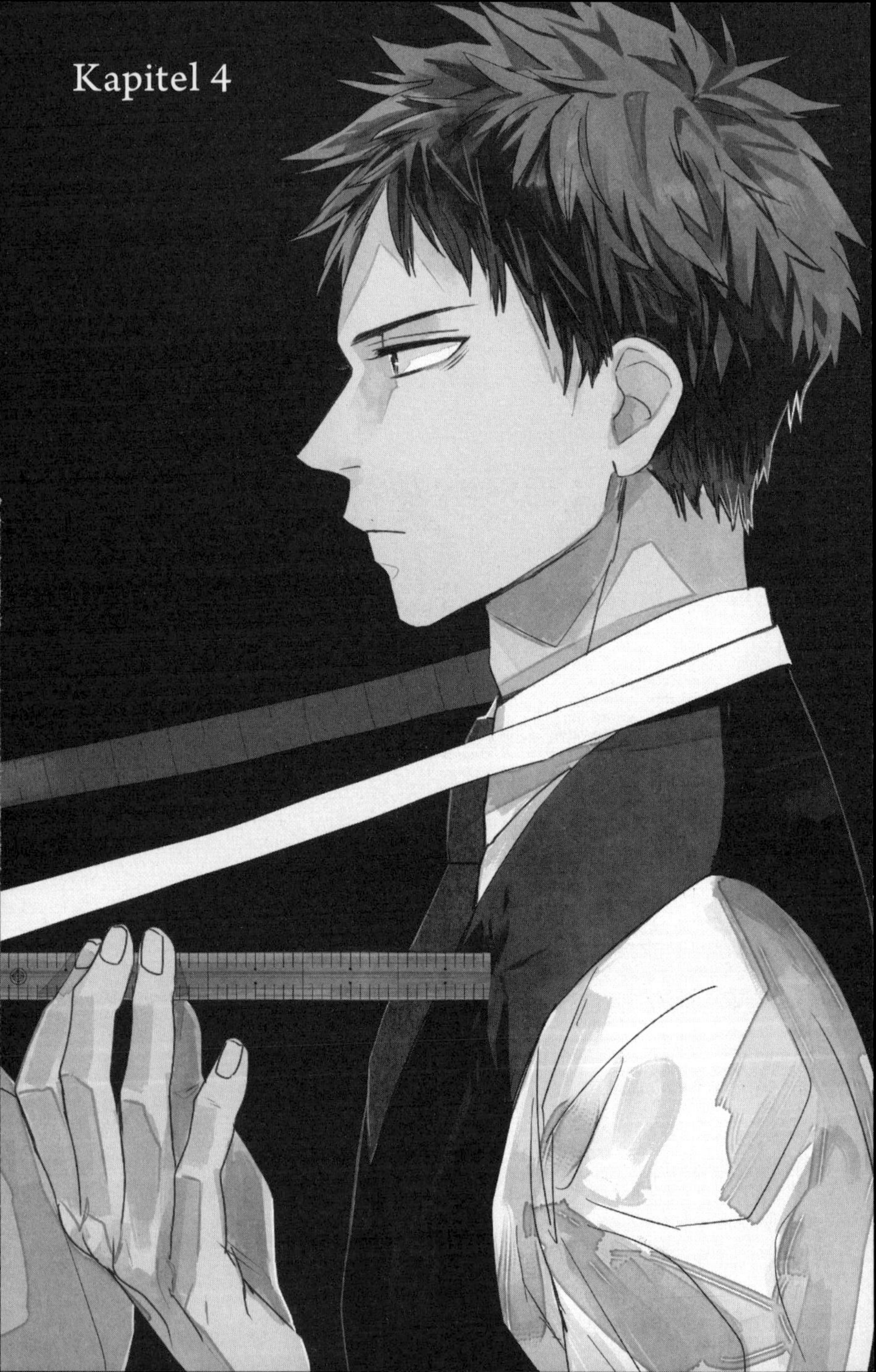

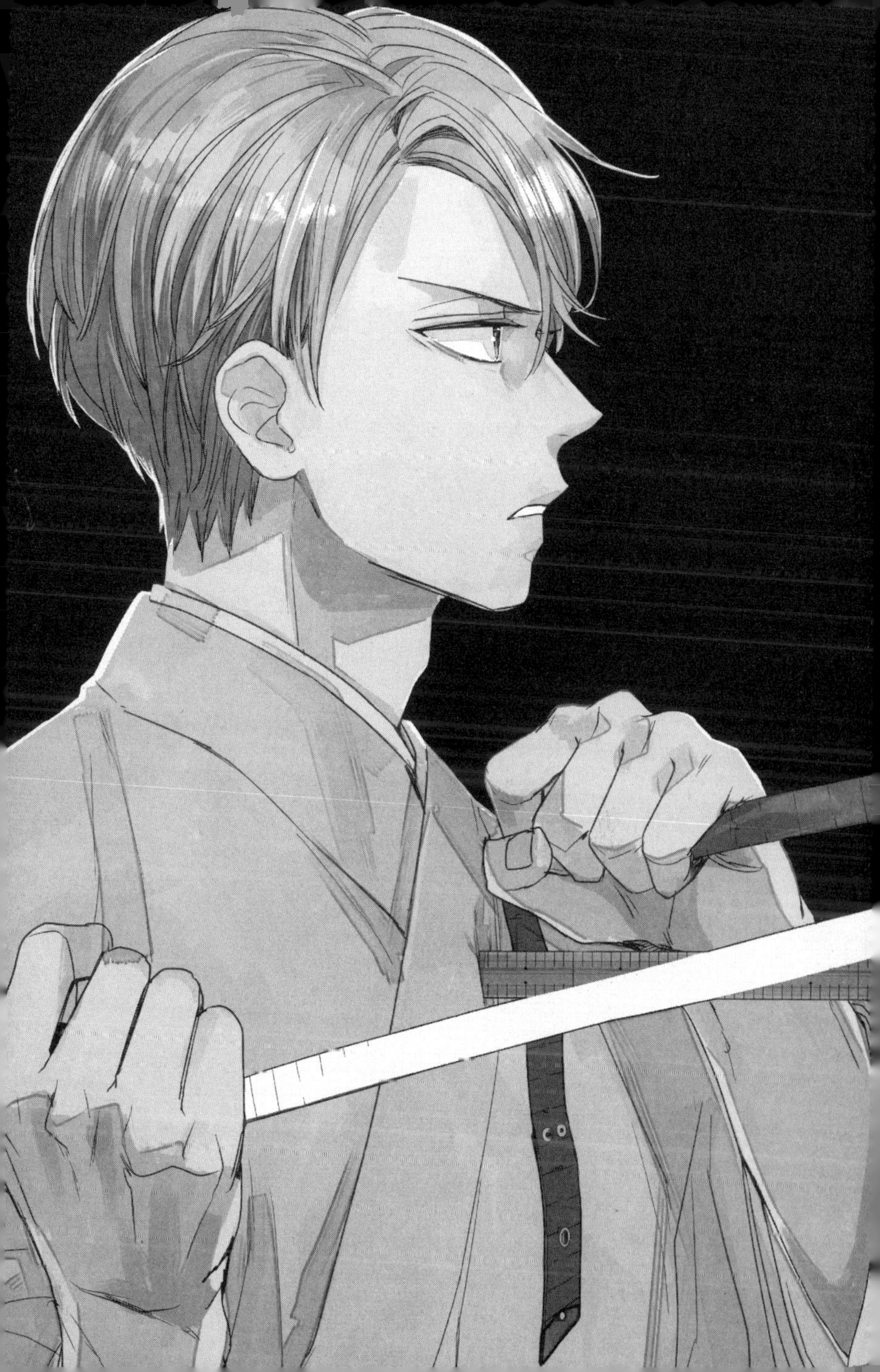

Zwei Schneider wie Nadel und Faden

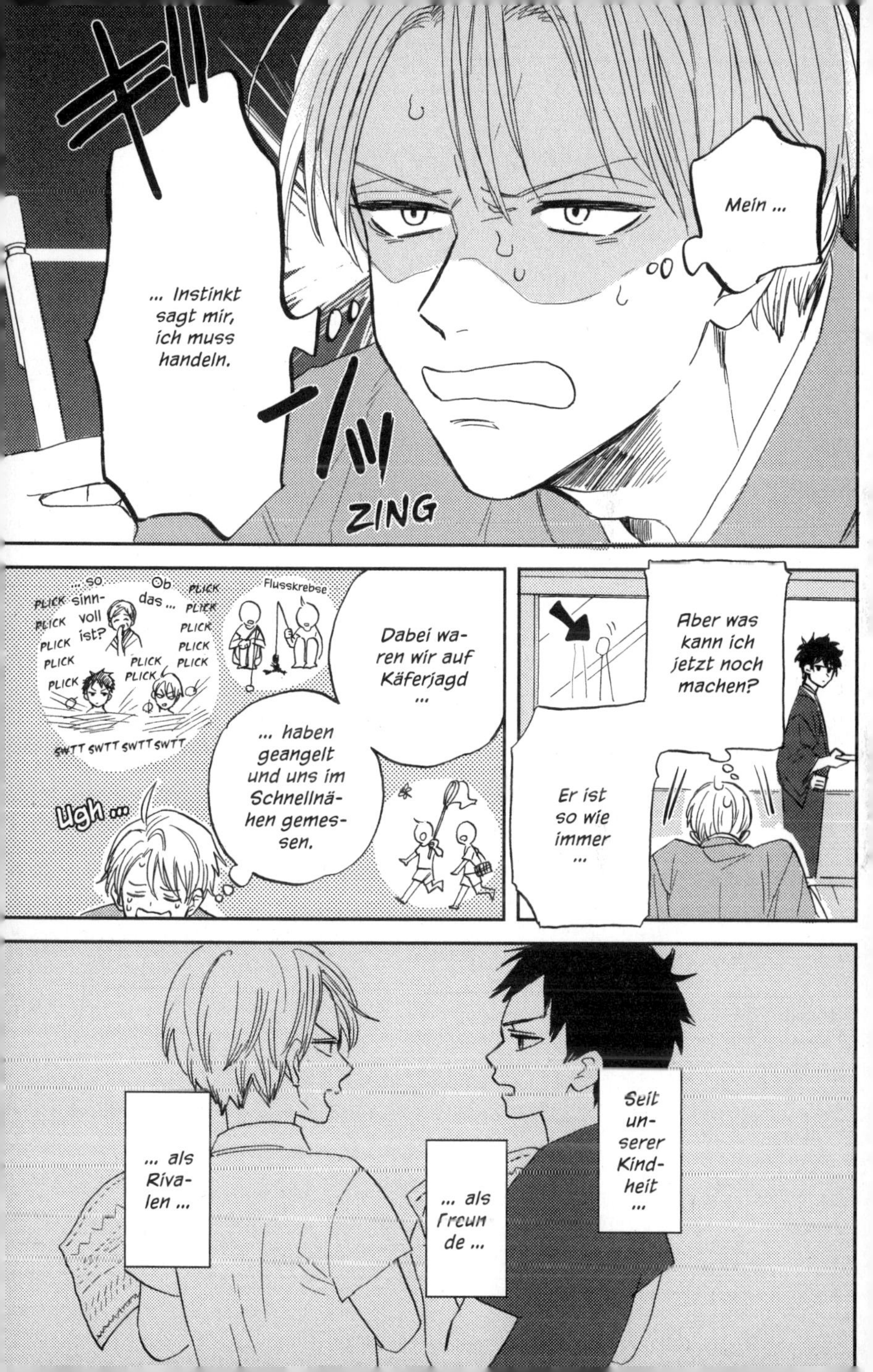

Mein ...
... Instinkt sagt mir, ich muss handeln.
ZING
Aber was kann ich jetzt noch machen?
Er ist so wie immer ...
Dabei waren wir auf Käferjagd ...
... haben geangelt und uns im Schnellnähen gemessen.
Flusskrebse
PLICK PLICK PLICK PLICK PLICK
... so sinnvoll ist?
Ob das ...
PLICK PLICK PLICK PLICK PLICK
PLICK PLICK
SWTT SWTT SWTT SWTT
Ugh ...
Seit unserer Kindheit ...
... als Freunde ...
... als Rivalen ...

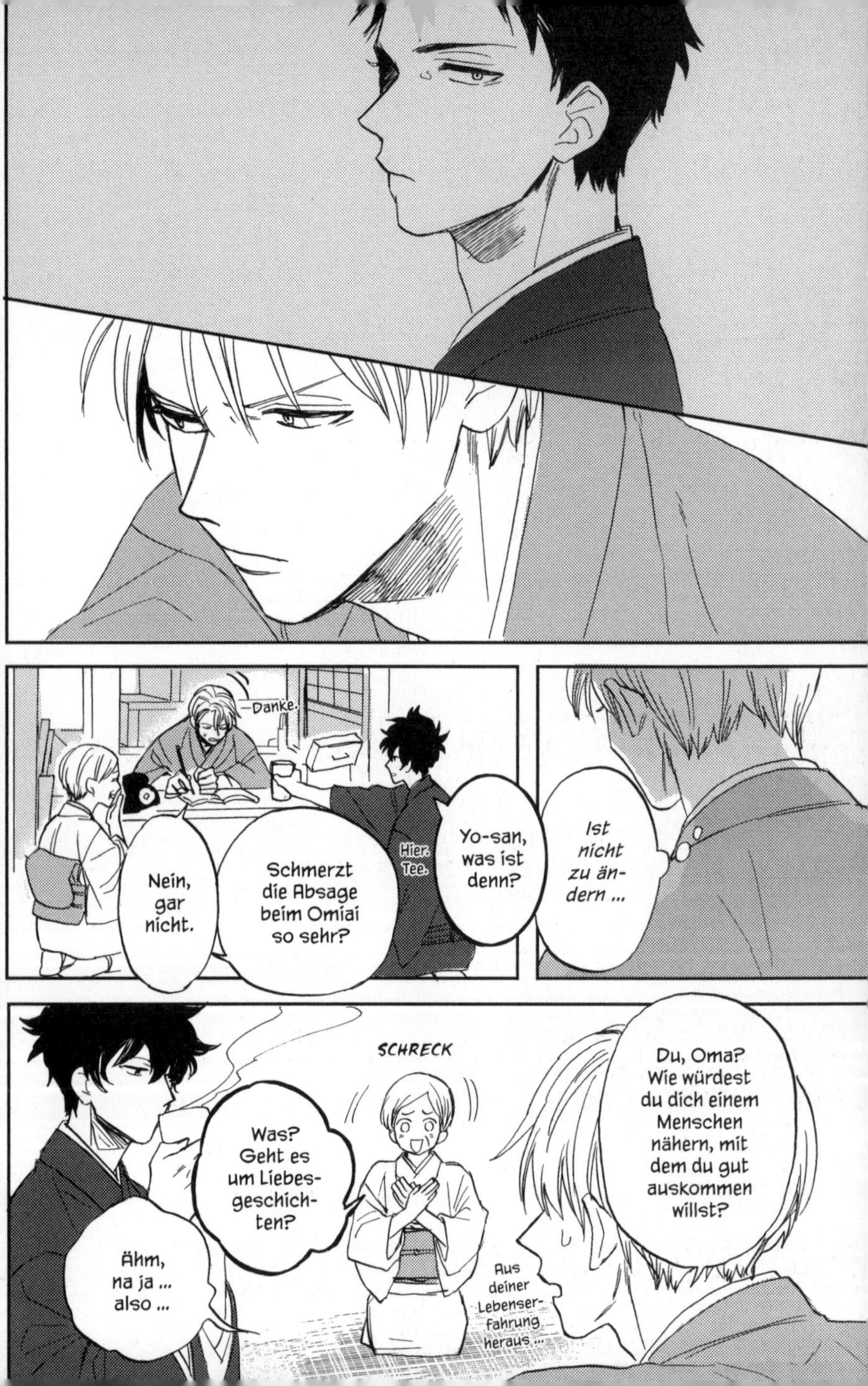
Ist nicht zu ändern ...
Yo-san, was ist denn?
Hier. Tee.
—Danke.
Schmerzt die Absage beim Omiai so sehr?
Nein, gar nicht.
Du, Oma? Wie würdest du dich einem Menschen nähern, mit dem du gut auskommen willst?
Aus deiner Lebenserfahrung heraus ...
SCHRECK
Was? Geht es um Liebesgeschichten?
Ähm, na ja ... also ...

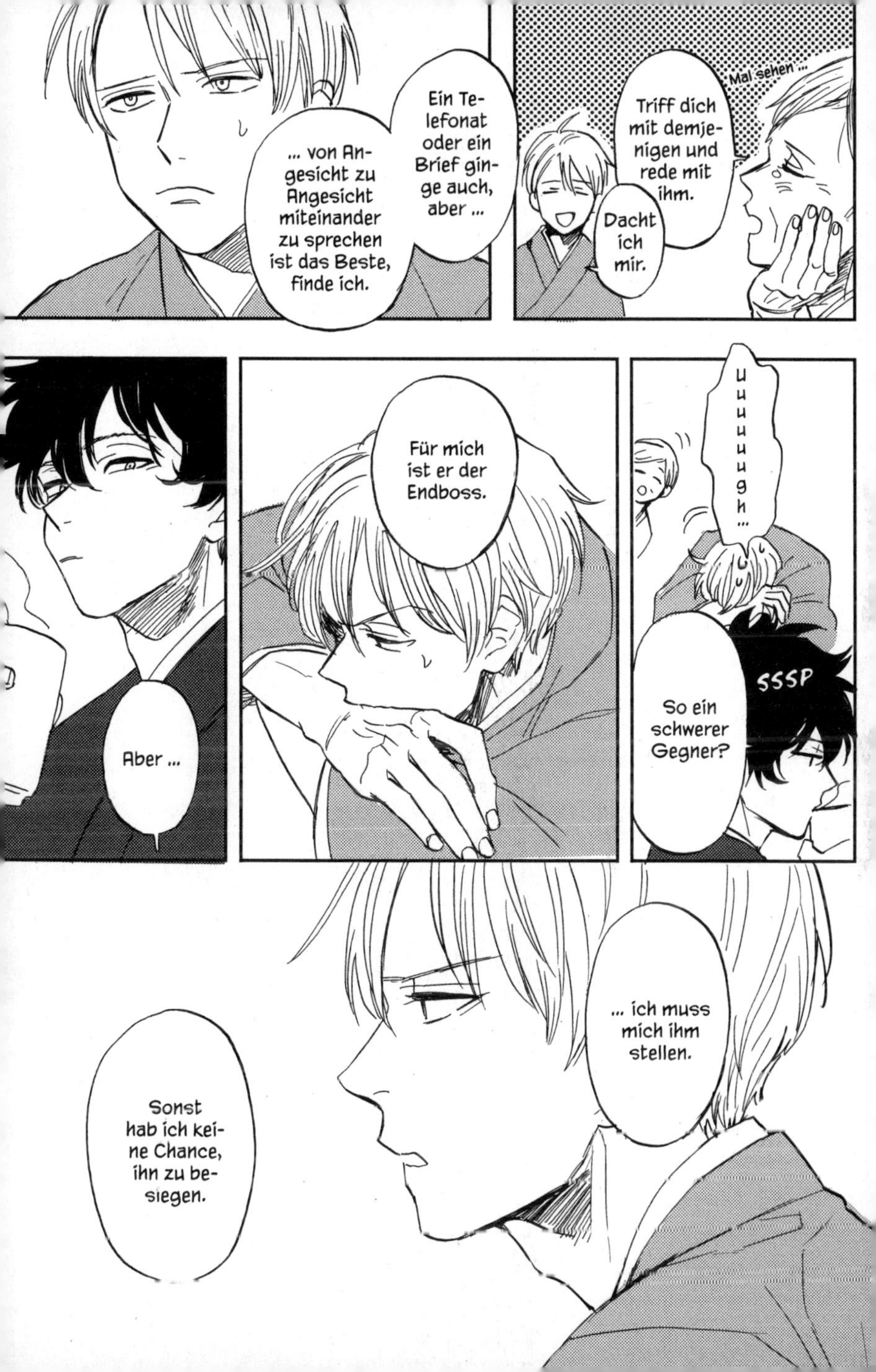
Mal sehen ...
Triff dich mit demjenigen und rede mit ihm.
Dacht ich mir.
Ein Telefonat oder ein Brief ginge auch, aber ...
... von Angesicht zu Angesicht miteinander zu sprechen ist das Beste, finde ich.
Uuuuuuugh ...
SSSP
So ein schwerer Gegner?
Für mich ist er der Endboss.
Aber ...
... ich muss mich ihm stellen.
Sonst hab ich keine Chance, ihn zu besiegen.

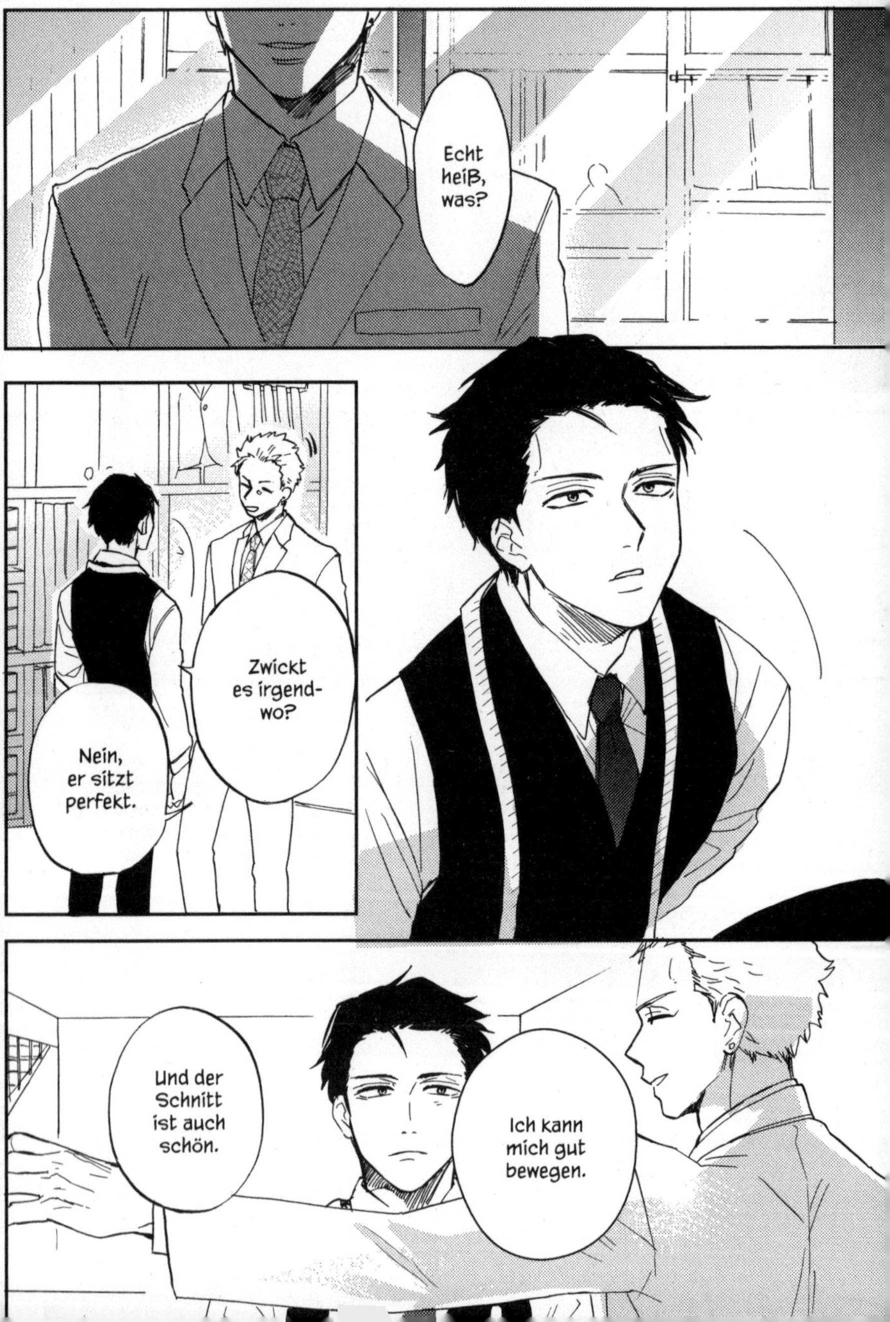
Echt heiß, was?
Zwickt es irgendwo?
Nein, er sitzt perfekt.
Ich kann mich gut bewegen.
Und der Schnitt ist auch schön.

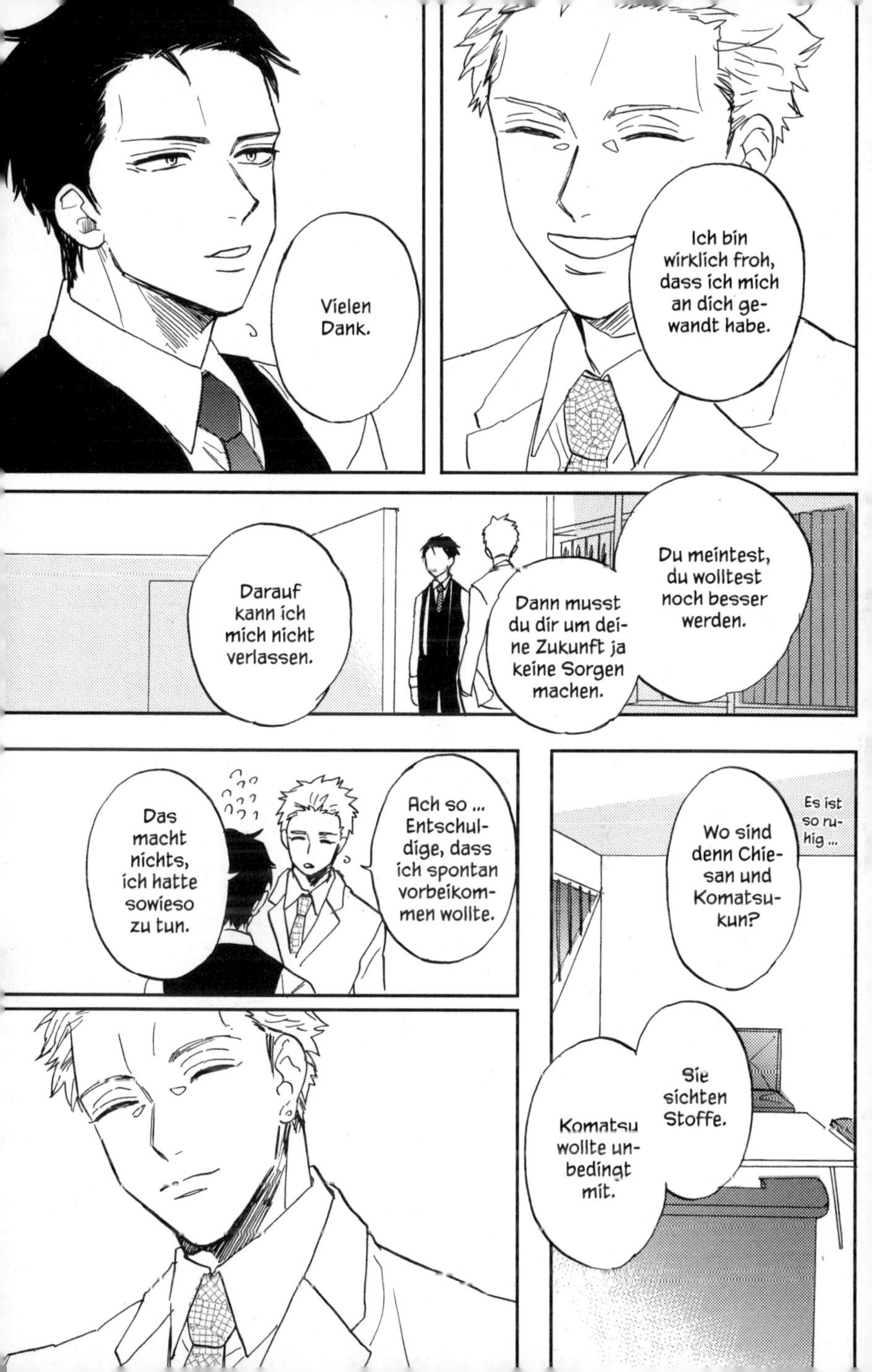

Ich bin wirklich froh, dass ich mich an dich gewandt habe.
Vielen Dank.
Du meintest, du wolltest noch besser werden.
Dann musst du dir um deine Zukunft ja keine Sorgen machen.
Darauf kann ich mich nicht verlassen.
Es ist so ruhig ...
Wo sind denn Chie-san und Komatsu-kun?
Ach so ... Entschuldige, dass ich spontan vorbeikommen wollte.
Das macht nichts, ich hatte sowieso zu tun.
Sie sichten Stoffe.
Komatsu wollte unbedingt mit.

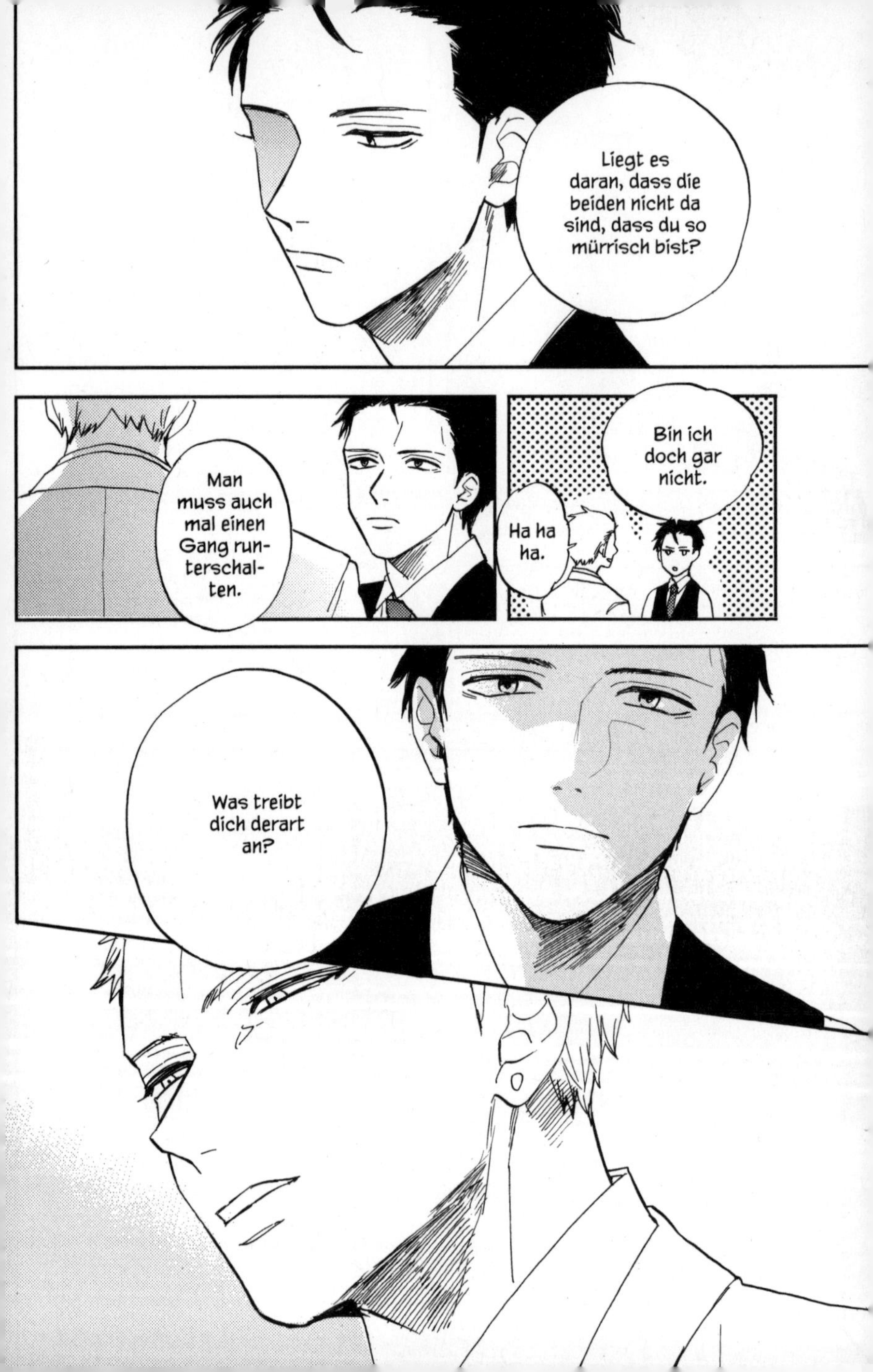

Liegt es daran, dass die beiden nicht da sind, dass du so mürrisch bist?
Bin ich doch gar nicht.
Ha ha ha.
Man muss auch mal einen Gang runterschalten.
Was treibt dich derart an?

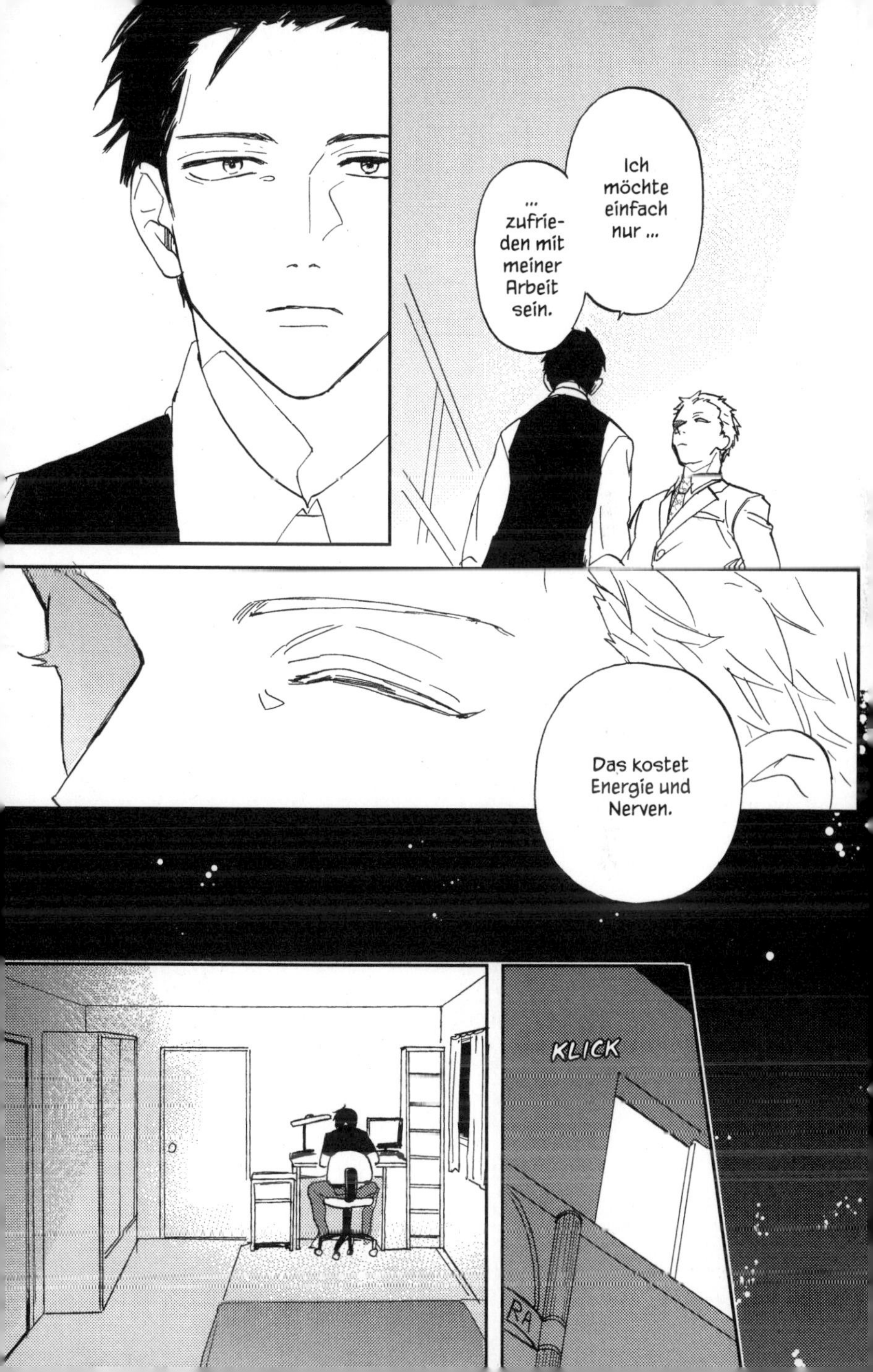
Ich möchte einfach nur ...
... zufrieden mit meiner Arbeit sein.
Das kostet Energie und Nerven.
KLICK
RA

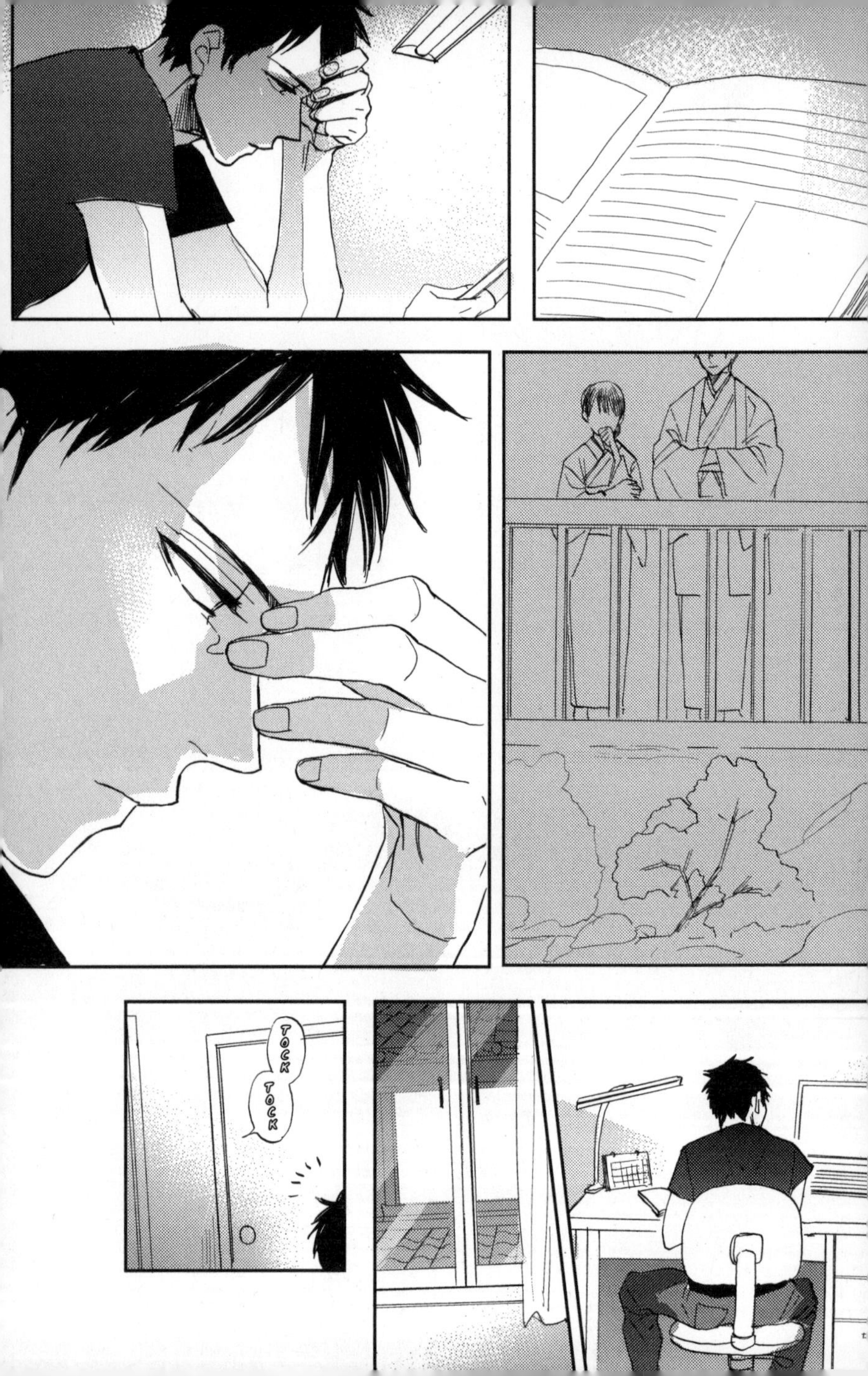
TOCK
TOCK

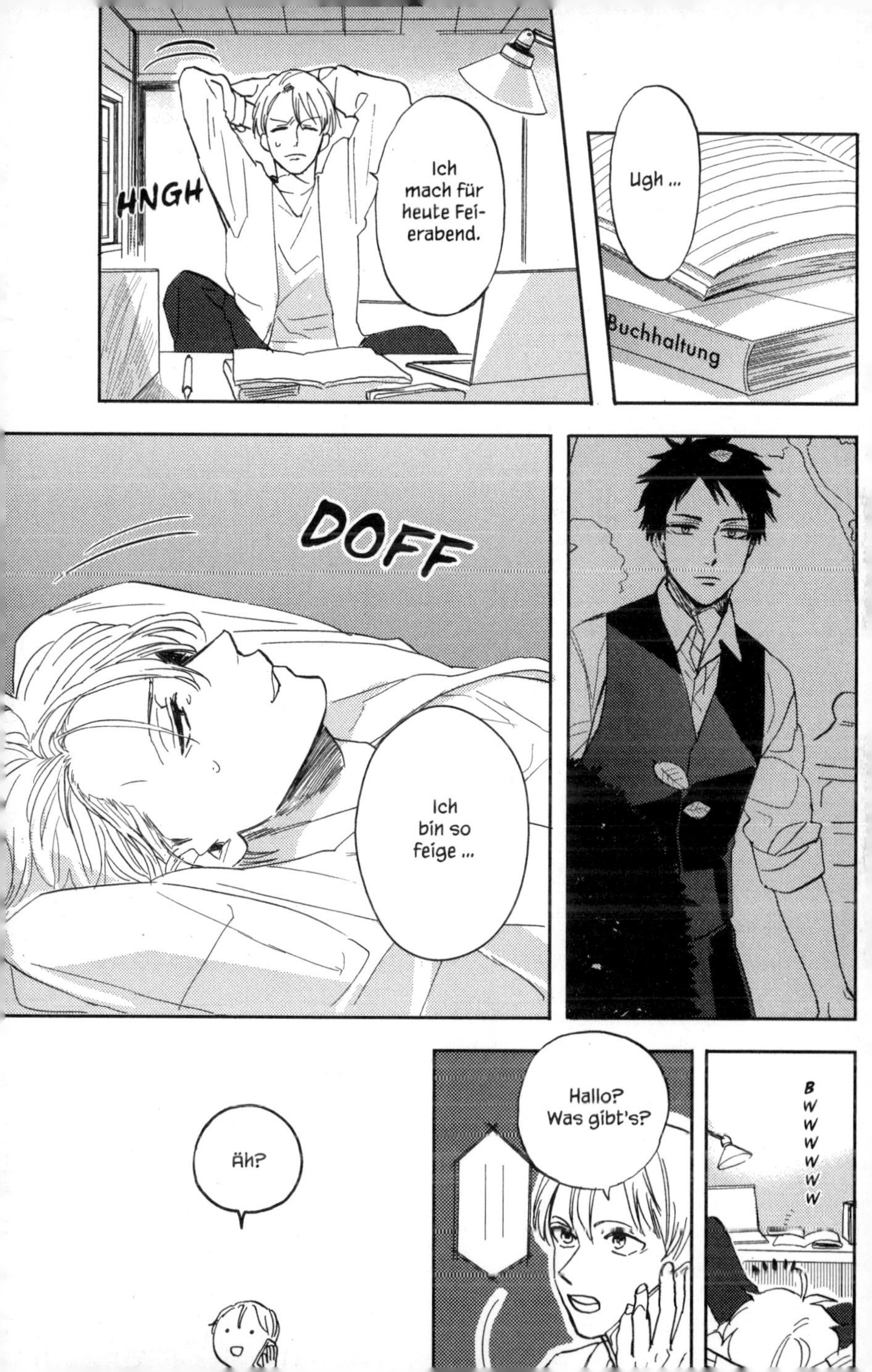
Ugh ...
Buchhaltung
Ich mach für heute Feierabend.
HNGH
DOFF
Ich bin so feige ...
BWWWWWW
Hallo? Was gibt's?
Äh?

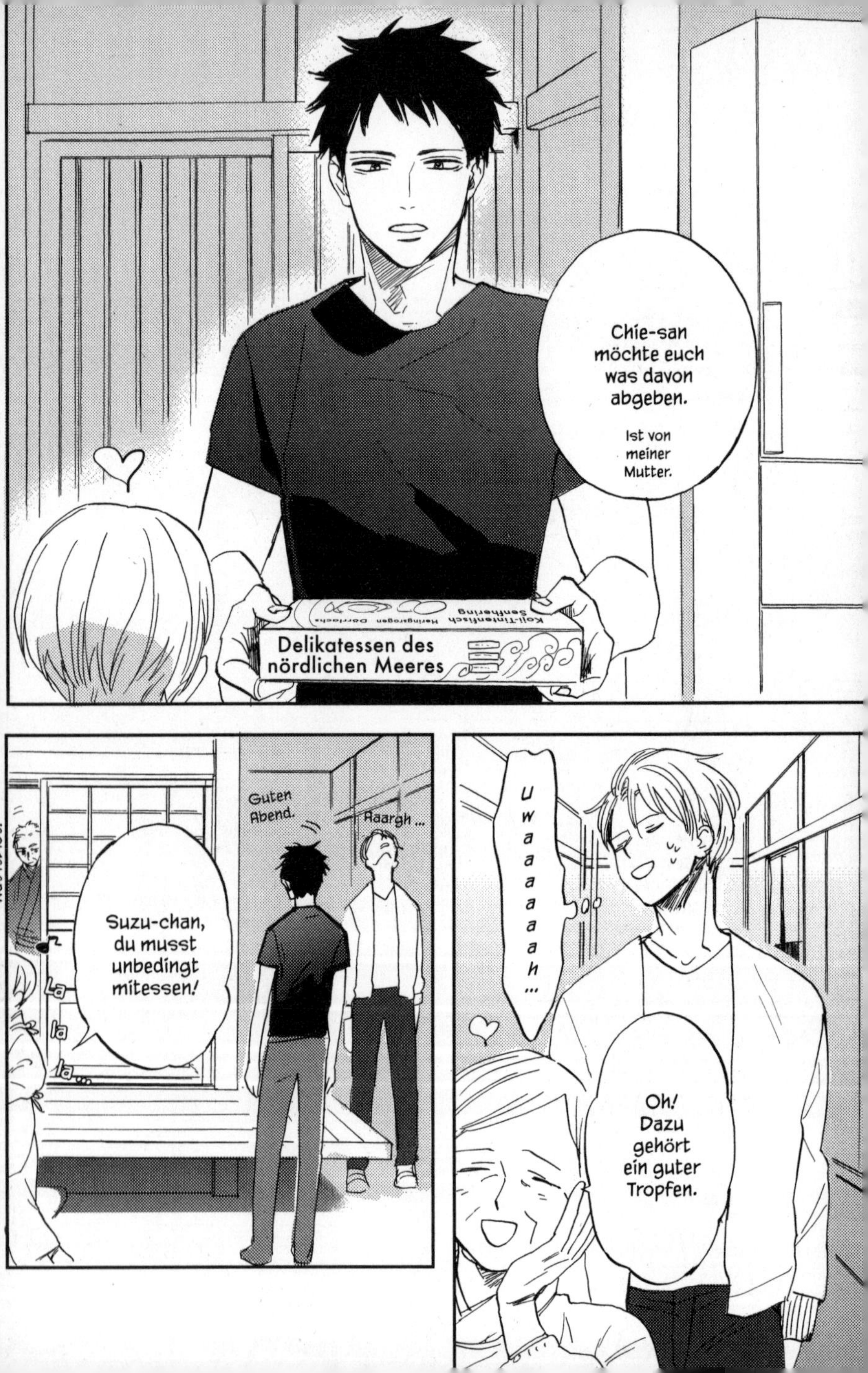
Chie-san möchte euch was davon abgeben.
Ist von meiner Mutter.
Delikatessen des nördlichen Meeres
Koji-Tintenfisch Senfhering Heringsrogen Dörrlachs
Uwaaaaaaah ...
Oh! Dazu gehört ein guter Tropfen.
Guten Abend.
Aaargh ...
Suzu-chan, du musst unbedingt mitessen!
La la la ...
Was ist los!?

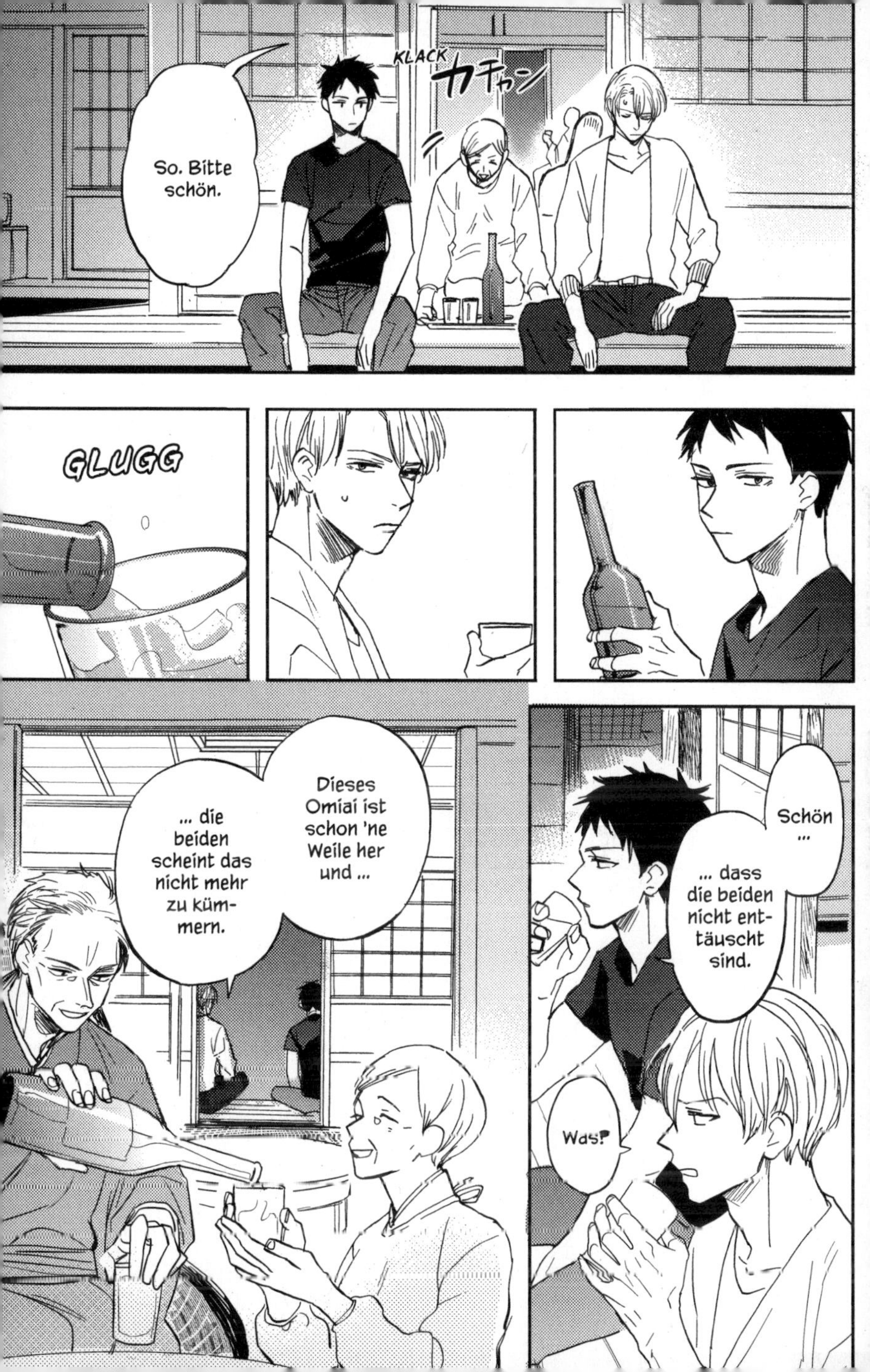

KLACK
カチャン
So. Bitte schön.
GLUGG
Dieses Omiai ist schon 'ne Weile her und ...
... die beiden scheint das nicht mehr zu kümmern.
Schön ...
... dass die beiden nicht enttäuscht sind.
Was?

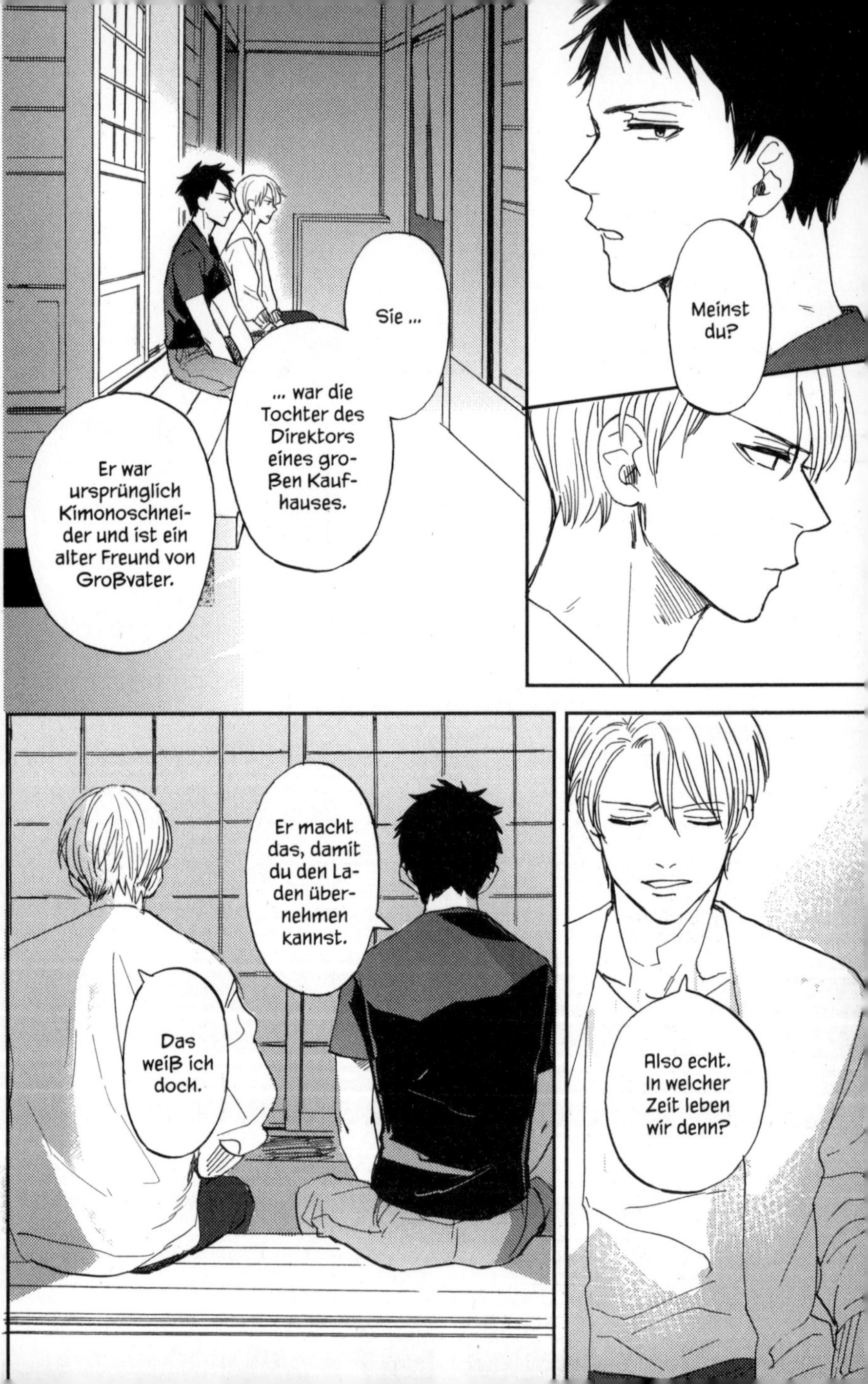
Sie ...
... war die Tochter des Direktors eines großen Kaufhauses.
Er war ursprünglich Kimonoschneider und ist ein alter Freund von Großvater.
Meinst du?
Er macht das, damit du den Laden übernehmen kannst.
Das weiß ich doch.
Also echt. In welcher Zeit leben wir denn?

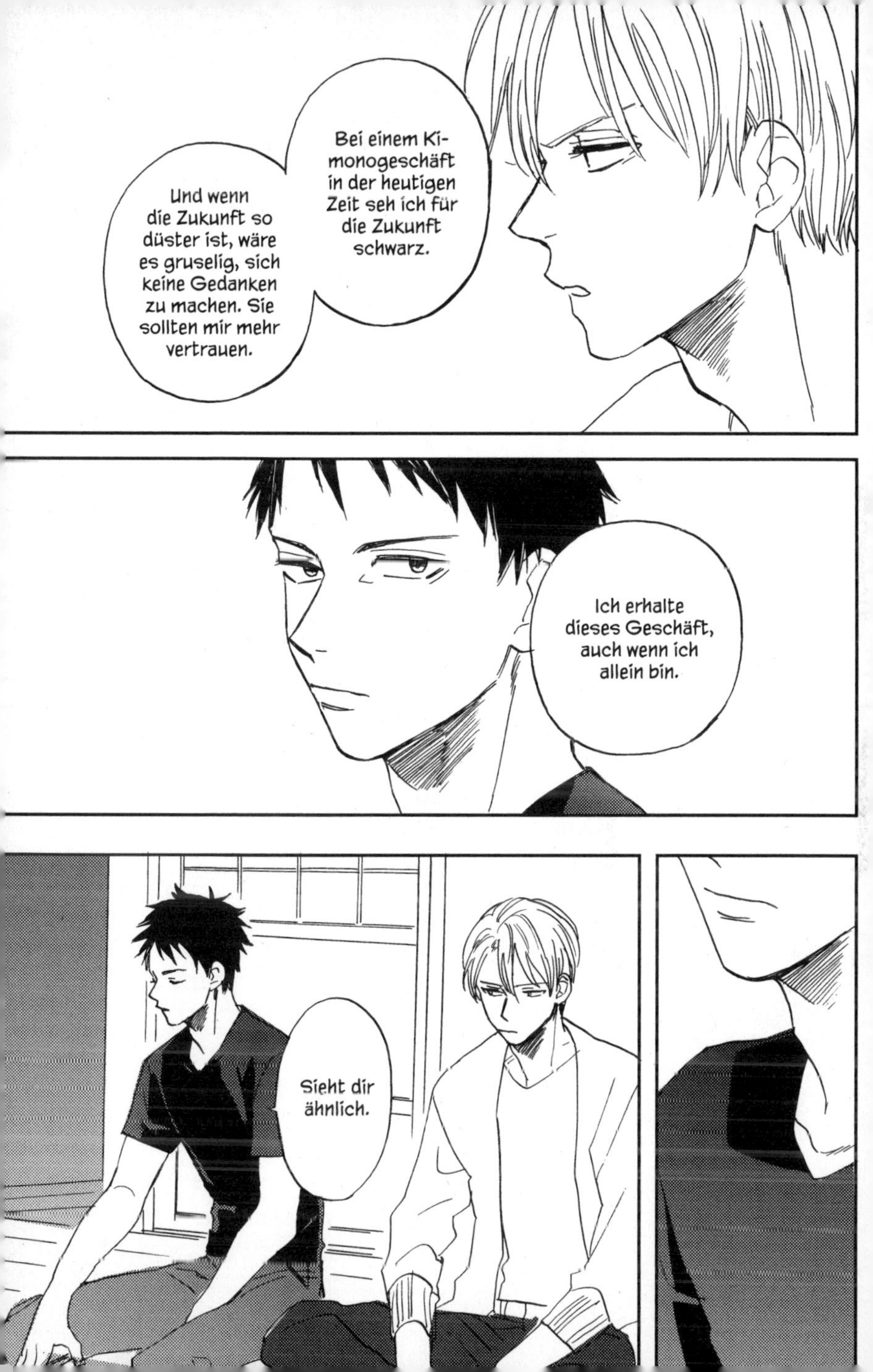
Bei einem Kimonogeschäft in der heutigen Zeit seh ich für die Zukunft schwarz.
Und wenn die Zukunft so düster ist, wäre es gruselig, sich keine Gedanken zu machen. Sie sollten mir mehr vertrauen.
Ich erhalte dieses Geschäft, auch wenn ich allein bin.
Sieht dir ähnlich.

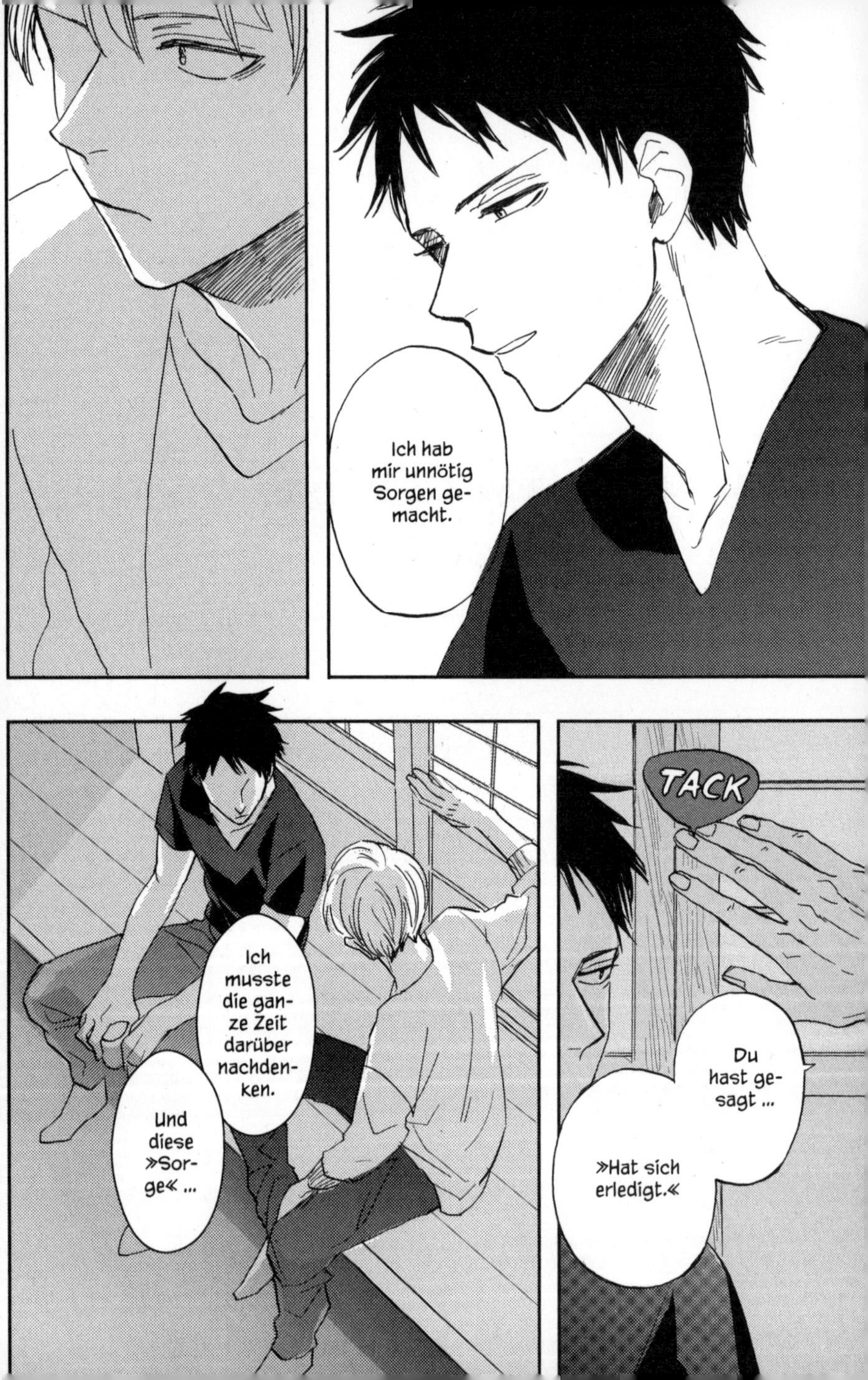
Ich hab mir unnötig Sorgen gemacht.
TACK
Du hast gesagt ...
»Hat sich erledigt.«
Ich musste die ganze Zeit darüber nachdenken.
Und diese »Sorge« ...

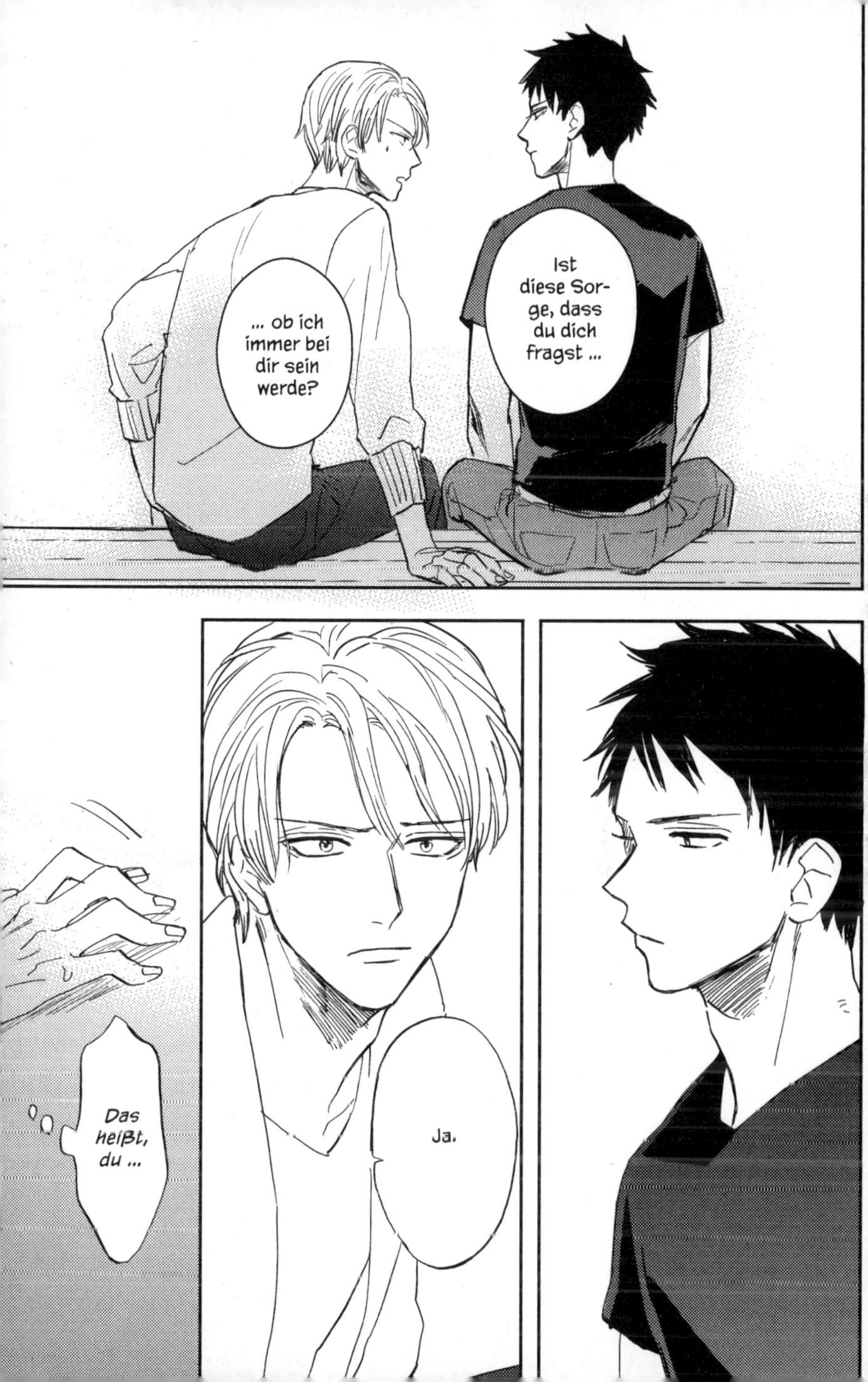
Ist diese Sorge, dass du dich fragst ...
... ob ich immer bei dir sein werde?
Ja.
Das heißt, du ...

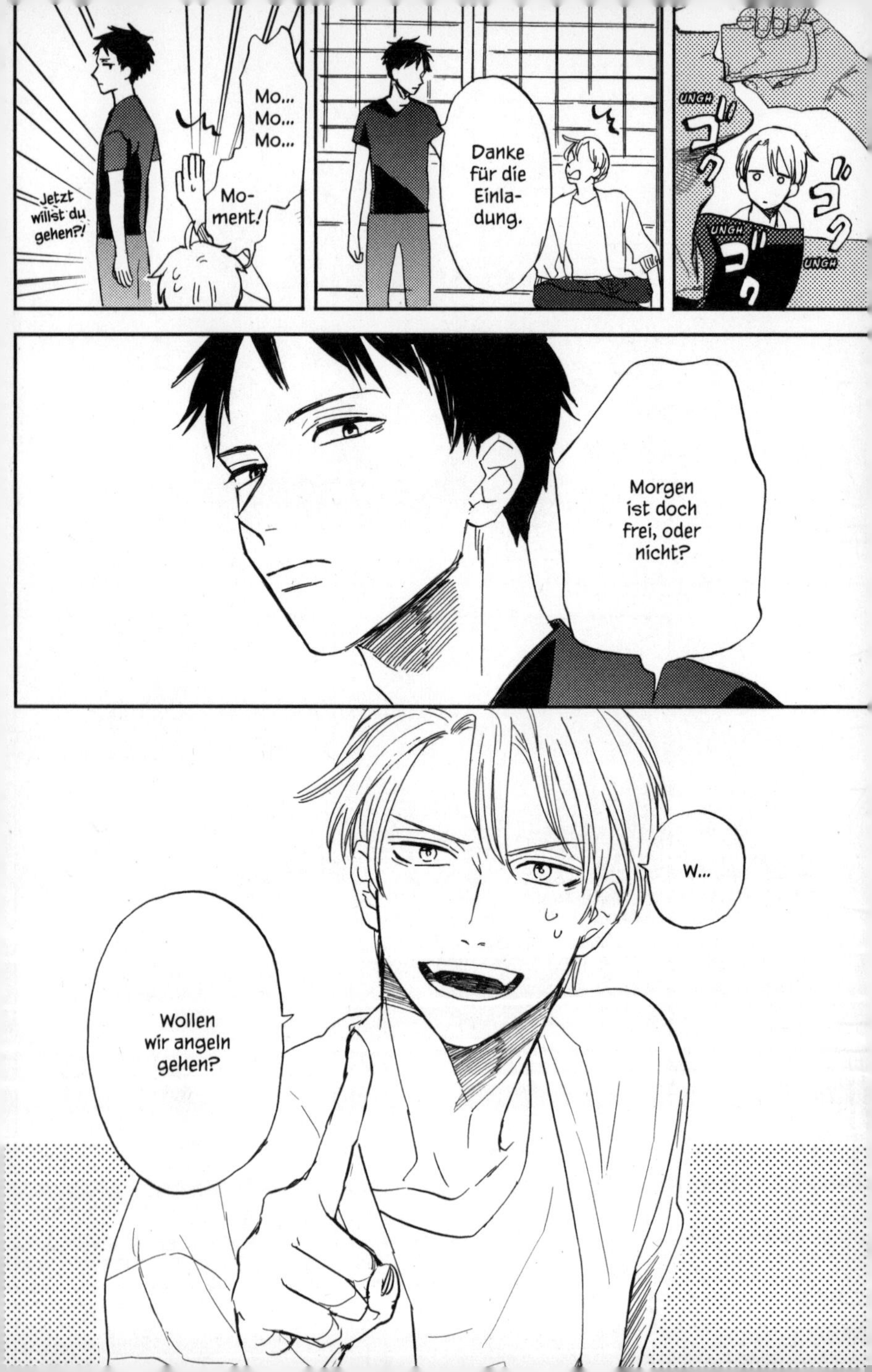
UNGH
UNGH
UNGH
Danke für die Einladung.
Mo... Mo... Mo...
Mo-ment!
Jetzt willst du gehen?!
Morgen ist doch frei, oder nicht?
W...
Wollen wir angeln gehen?

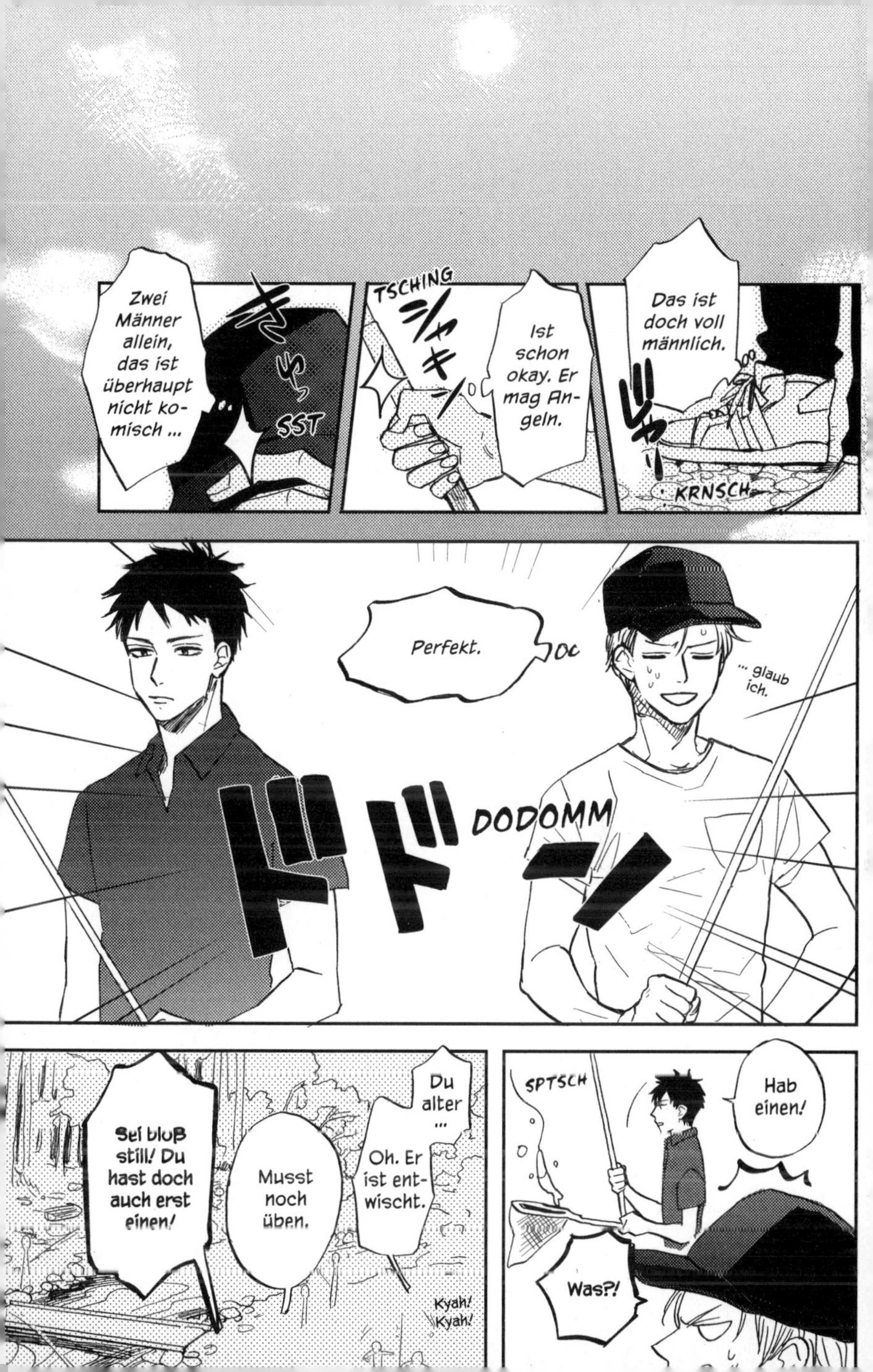
Zwei Männer allein, das ist überhaupt nicht ko- misch ...
SST
TSCHING
Ist schon okay. Er mag An- geln.
Das ist doch voll männlich.
KRNSCH
Perfekt.
... glaub ich.
DODOMM
Sei bloß still! Du hast doch auch erst einen!
Musst noch üben.
Du alter ...
Oh. Er ist ent- wischt.
Kyah! Kyah!
SPTSCH
Hab einen!
Was?!

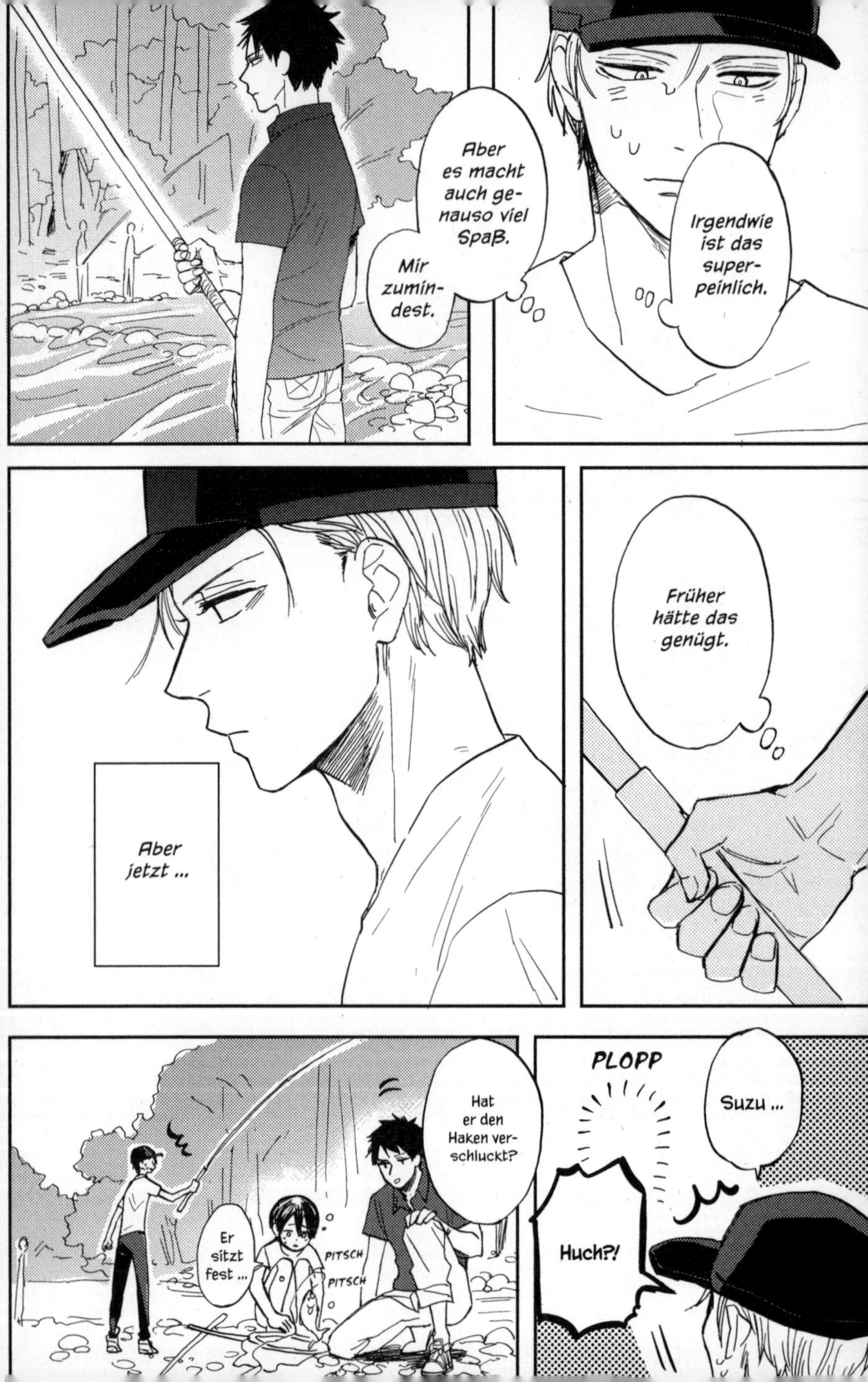
Irgendwie ist das superpeinlich.
Aber es macht auch genauso viel Spaß.
Mir zumindest.
Früher hätte das genügt.
Aber jetzt ...
PLOPP
Suzu ...
Huch?!
Hat er den Haken verschluckt?
Er sitzt fest ...
PITSCH PITSCH

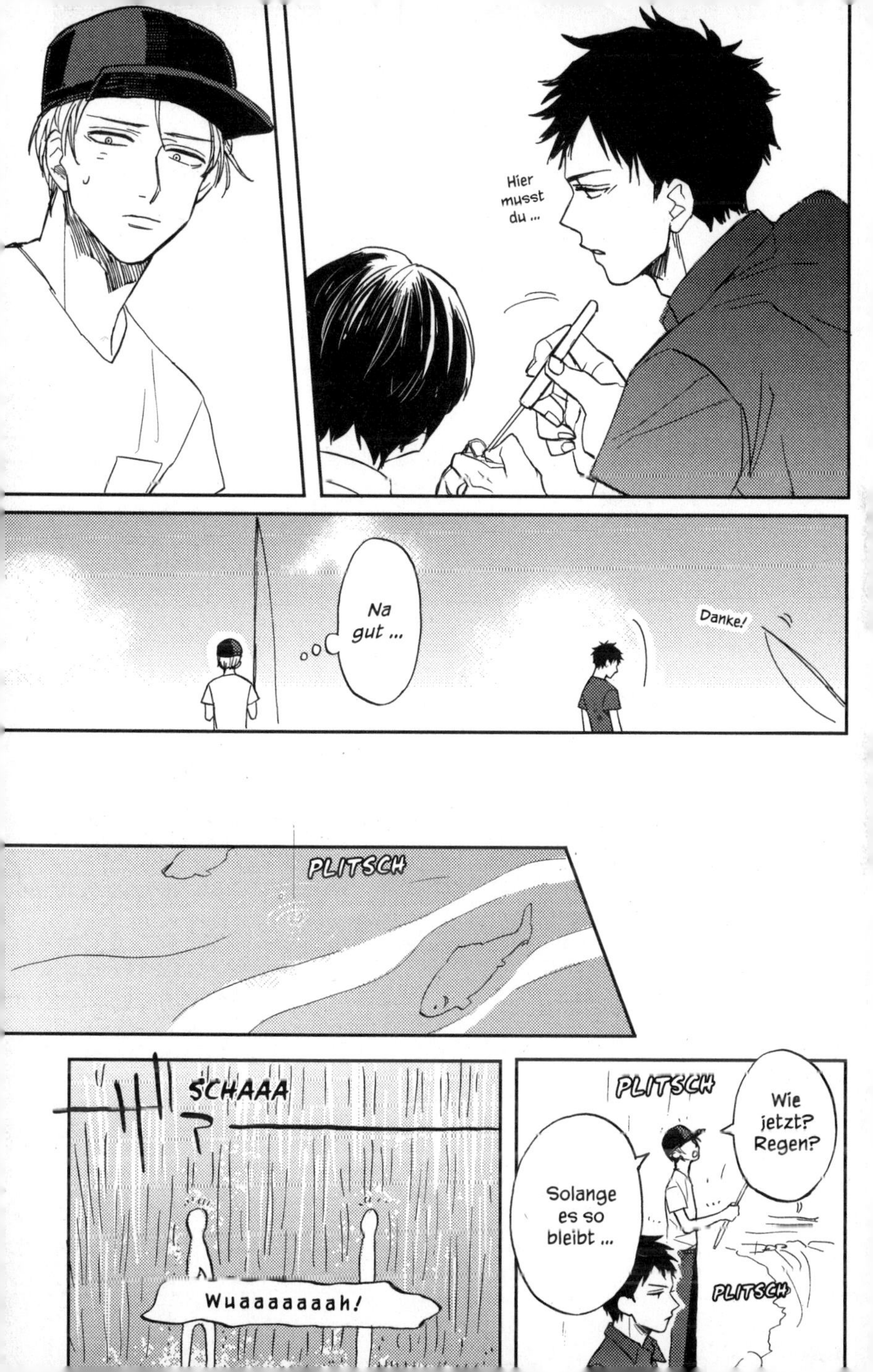
Hier musst du ...
Danke!
Na gut ...
PLITSCH
SCHAAA
Wuaaaaaaah!
PLITSCH
Wie jetzt? Regen?
Solange es so bleibt ...
PLITSCH

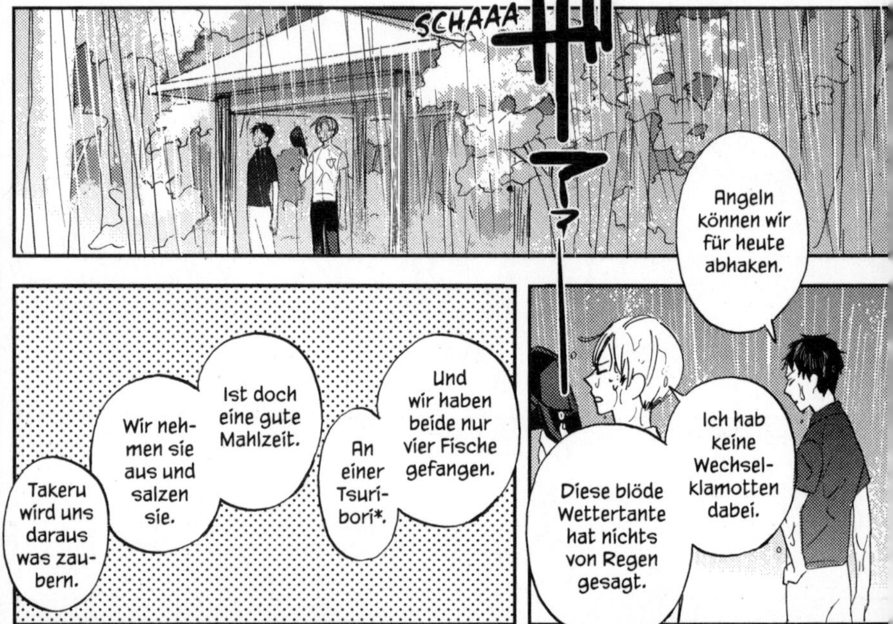

*künstliche angelegte Angelstelle mit vielen Fischen

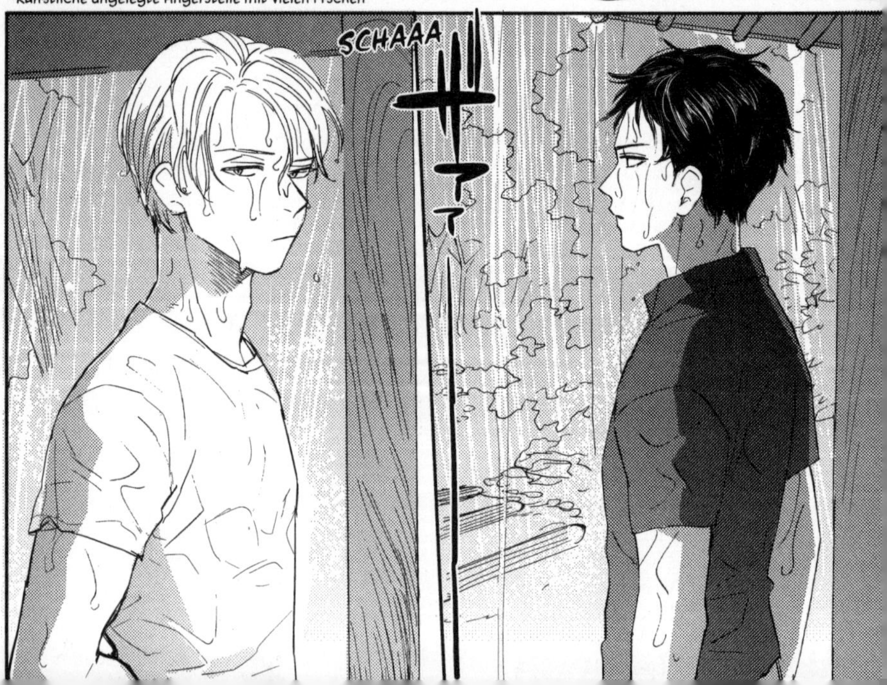

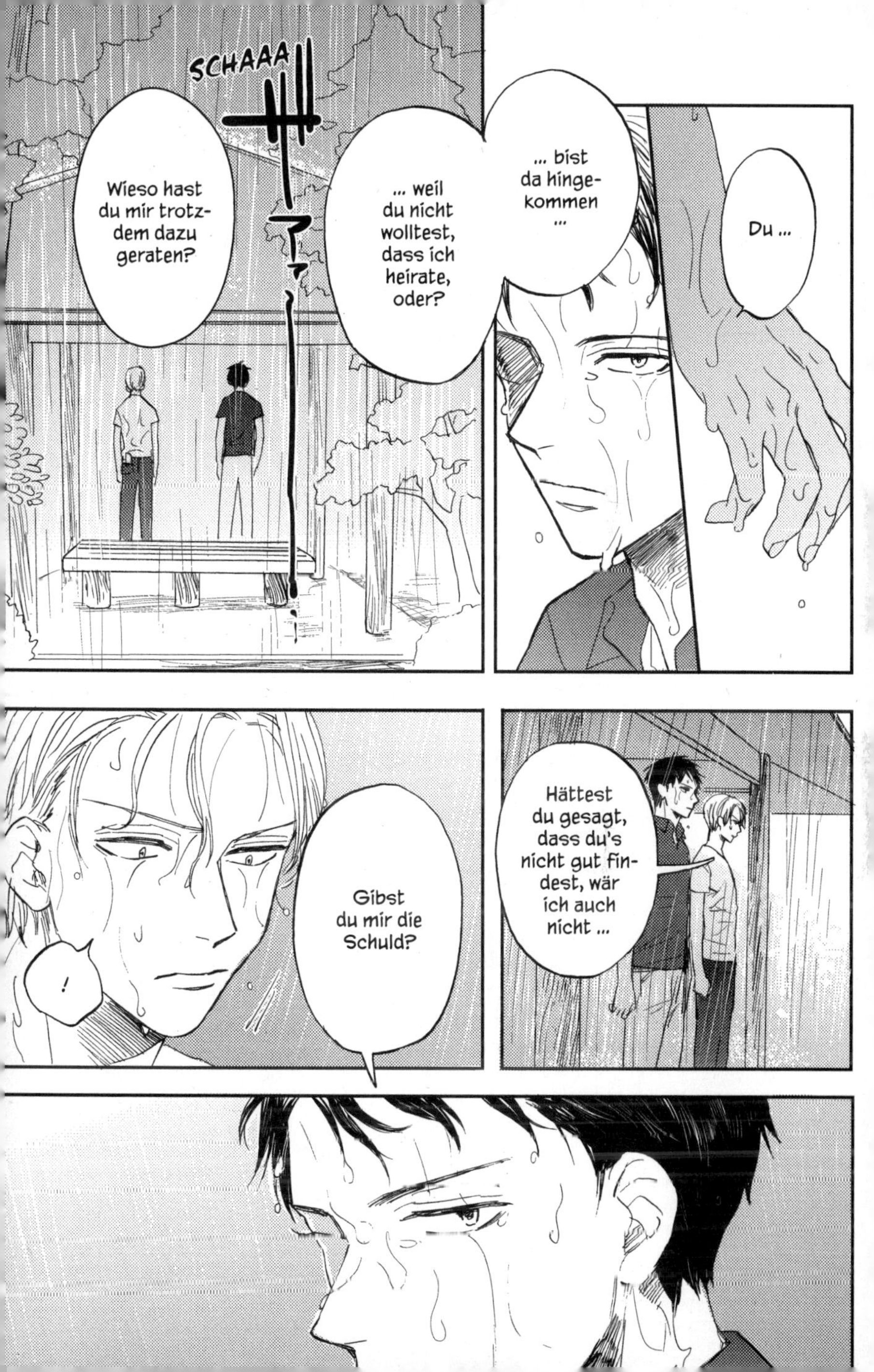
Du ...
... bist da hingekommen ...
... weil du nicht wolltest, dass ich heirate, oder?
SCHAAA
Wieso hast du mir trotzdem dazu geraten?
Hättest du gesagt, dass du's nicht gut findest, wär ich auch nicht ...
Gibst du mir die Schuld?
!

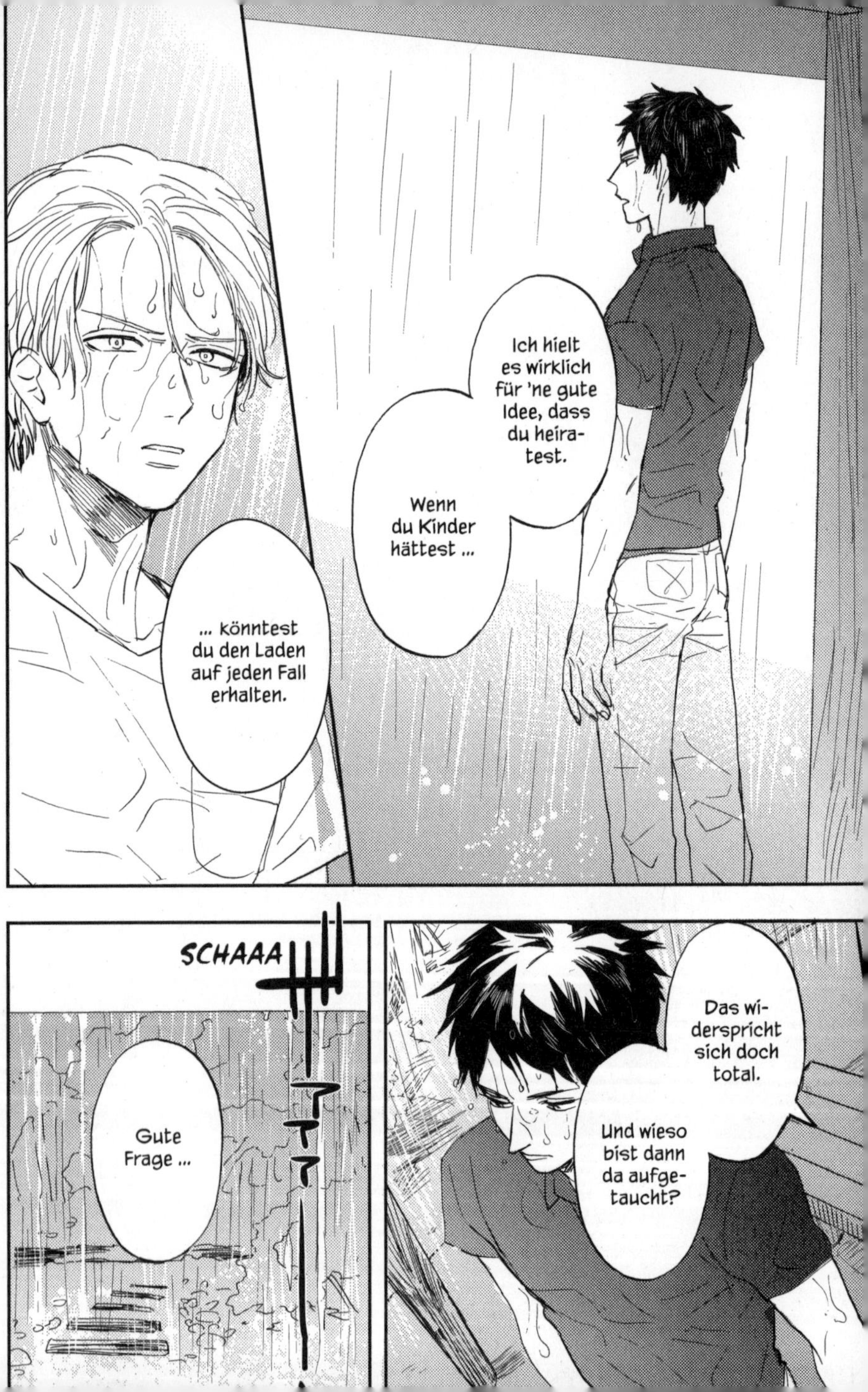
Ich hielt es wirklich für 'ne gute Idee, dass du heiratest.
Wenn du Kinder hättest ...
... könntest du den Laden auf jeden Fall erhalten.
Das widerspricht sich doch total.
Und wieso bist dann da aufgetaucht?
SCHAAA
Gute Frage ...

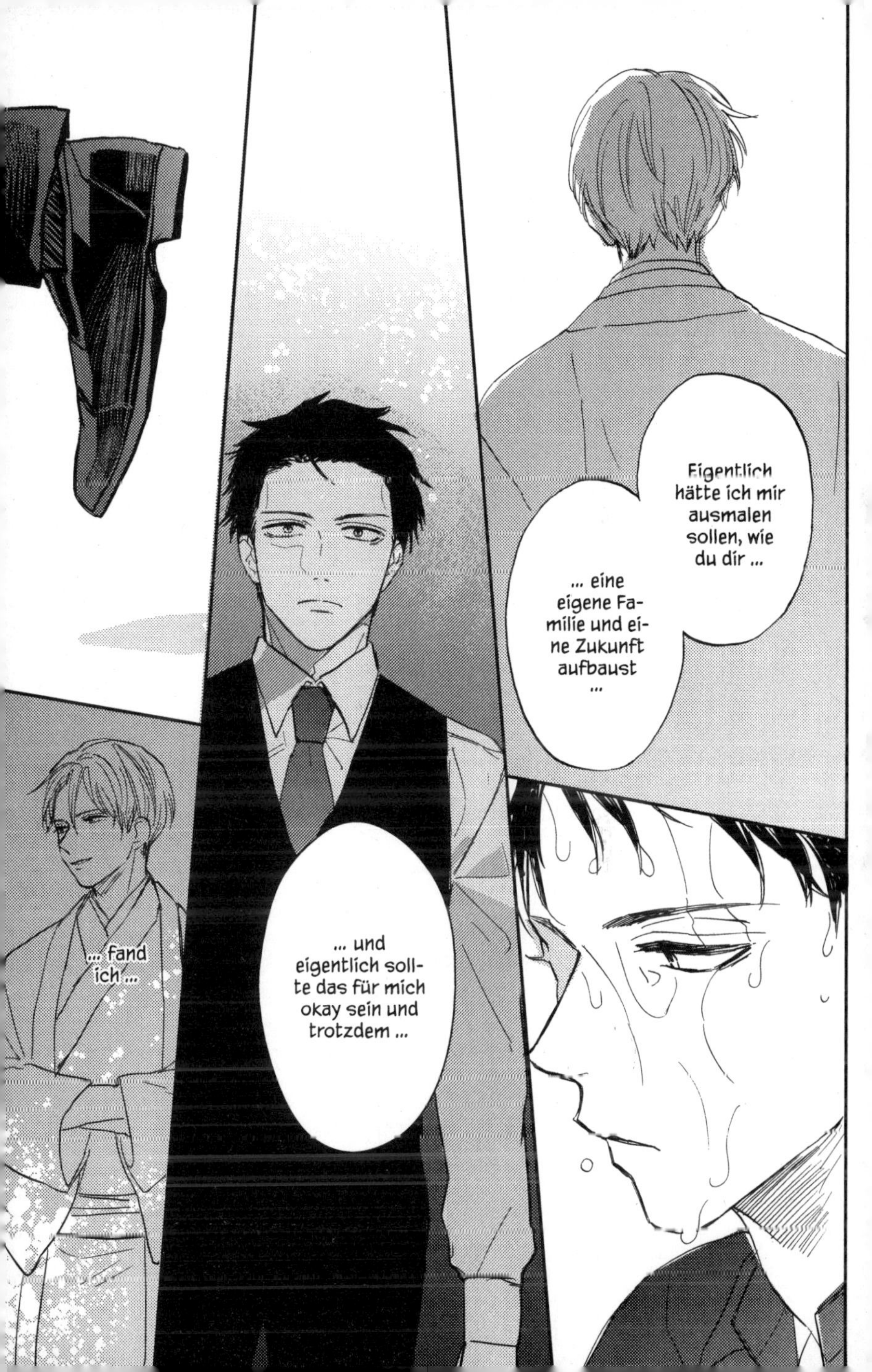
Eigentlich hätte ich mir ausmalen sollen, wie du dir ...
... eine eigene Familie und eine Zukunft aufbaust ...
... und eigentlich sollte das für mich okay sein und trotzdem ...
... fand ich ...

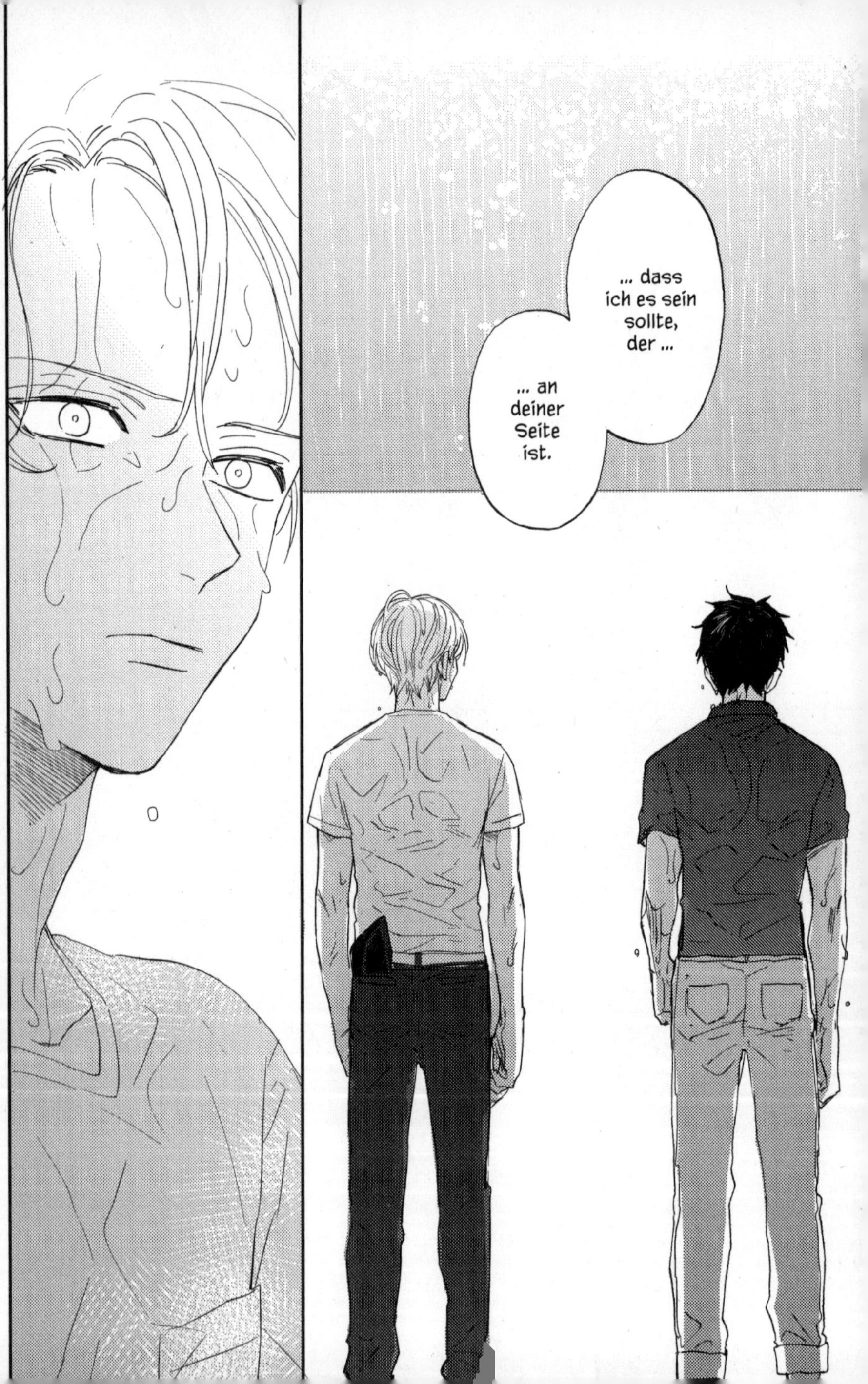
... dass ich es sein sollte, der ...
... an deiner Seite ist.

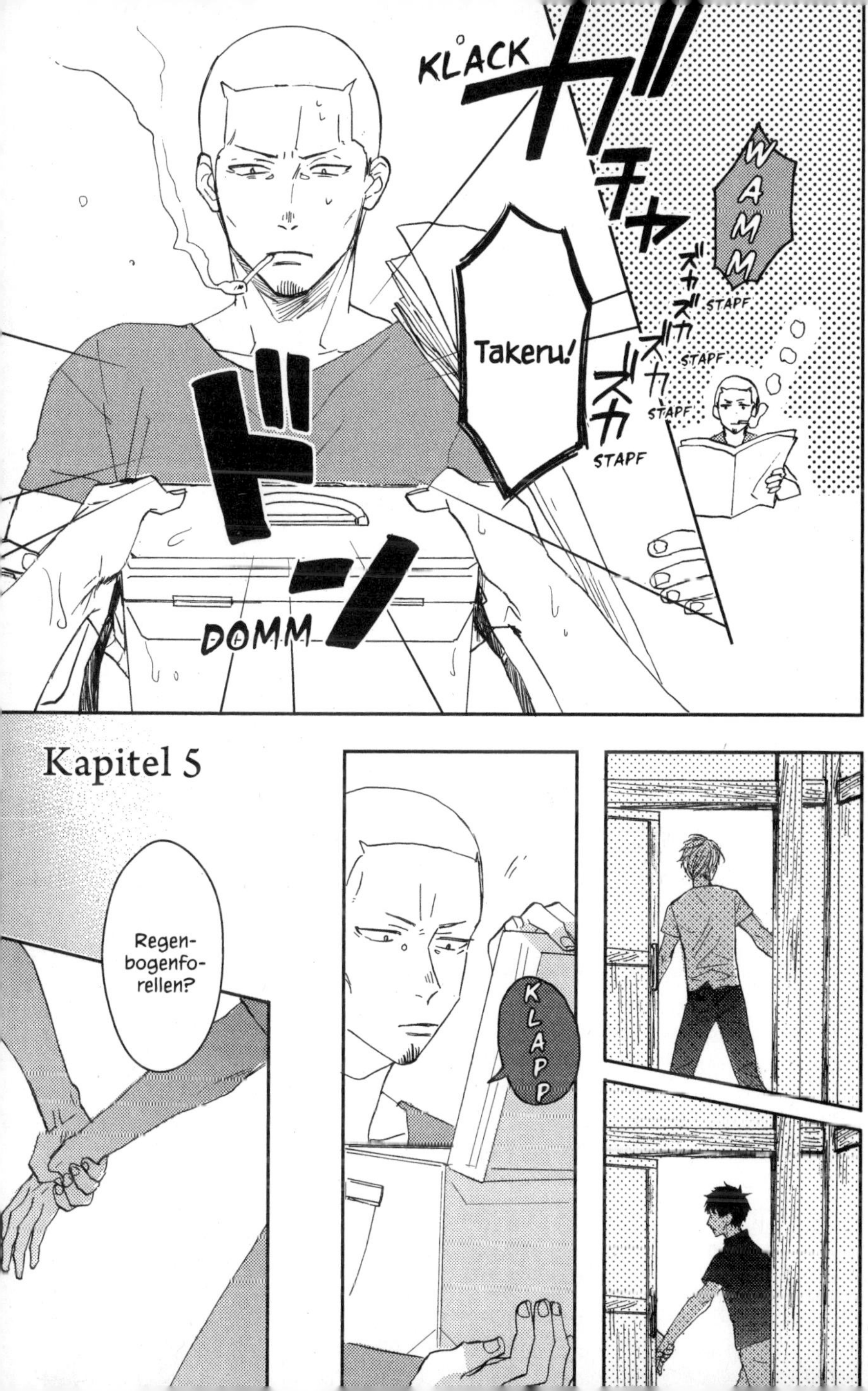
KLACK
WAMM
STAPF
STAPF
STAPF
STAPF
Takeru!
DOMM
Kapitel 5
KLAPP
Regen-bogenfo-rellen?

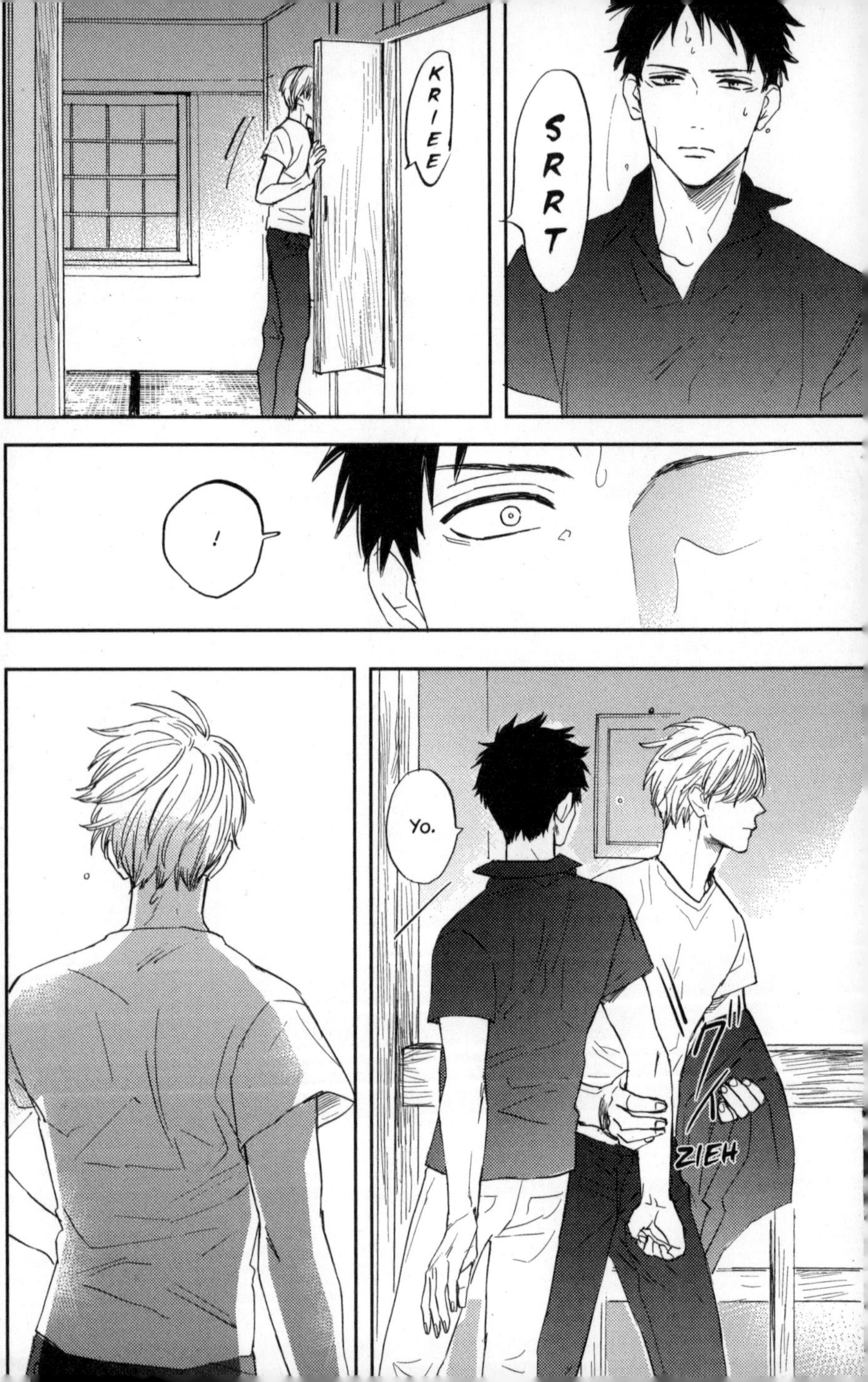
SRRT
KRIEE
!
Yo.
ZIEH

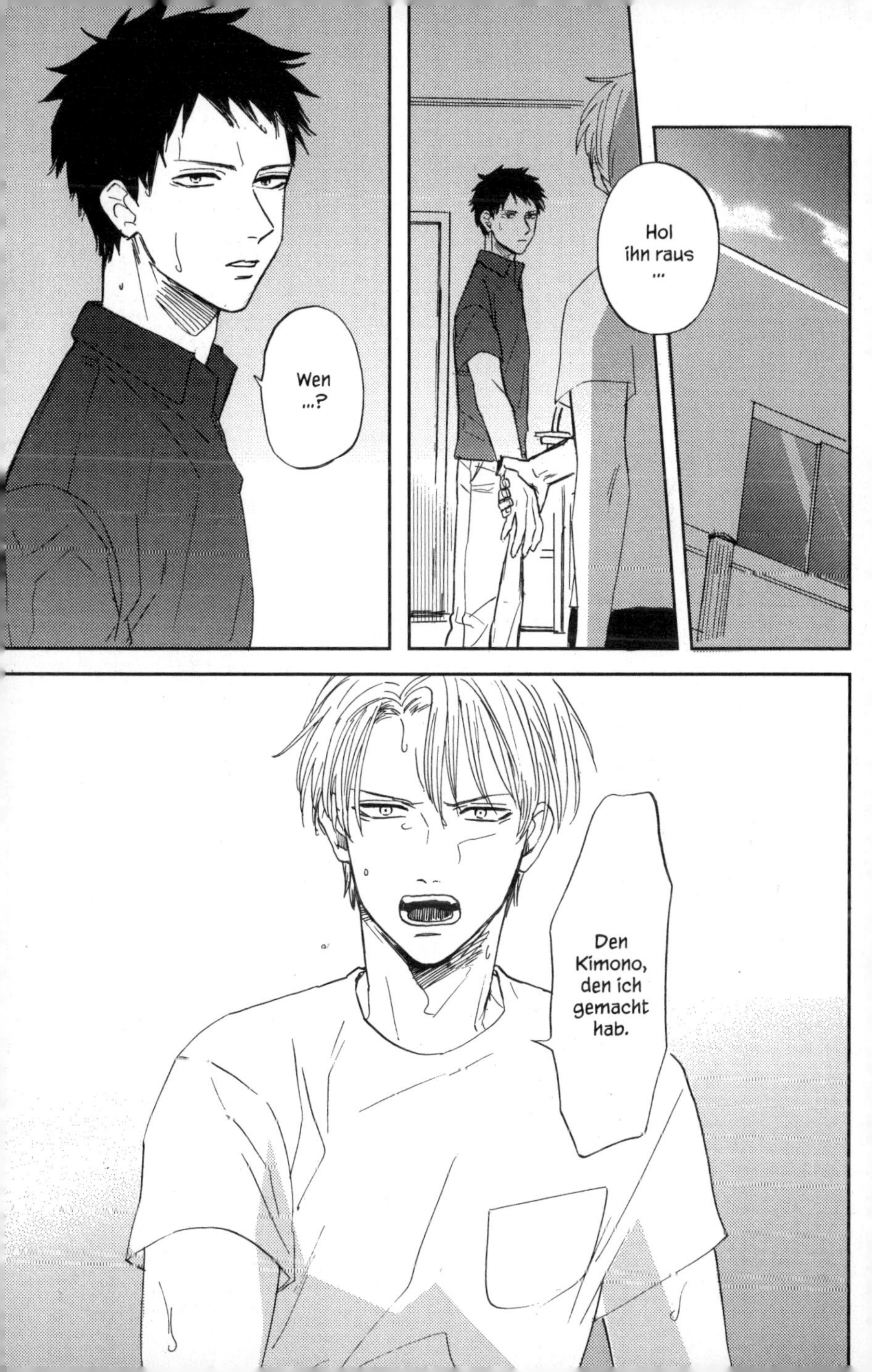

Hol ihn raus ...
Wen ...?
Den Kimono, den ich gemacht hab.

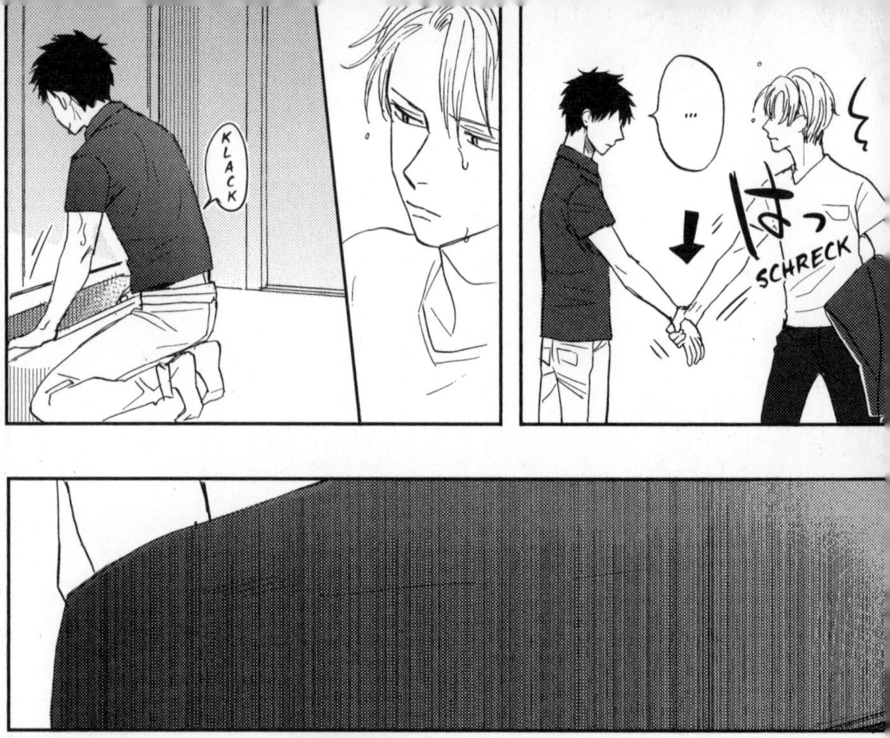

*Bis 2022 wurde man in Japan mit 20 volljährig.

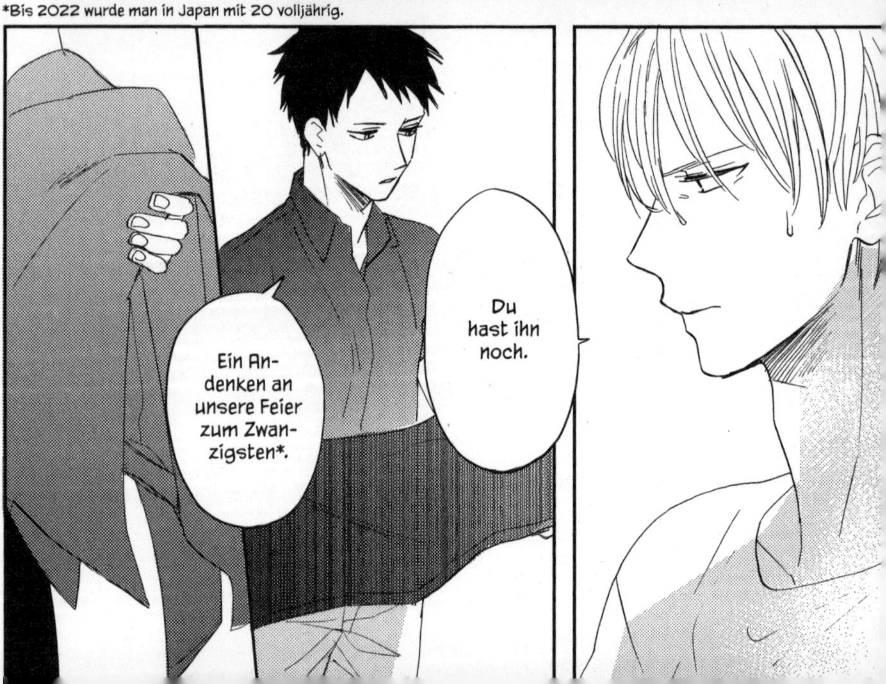

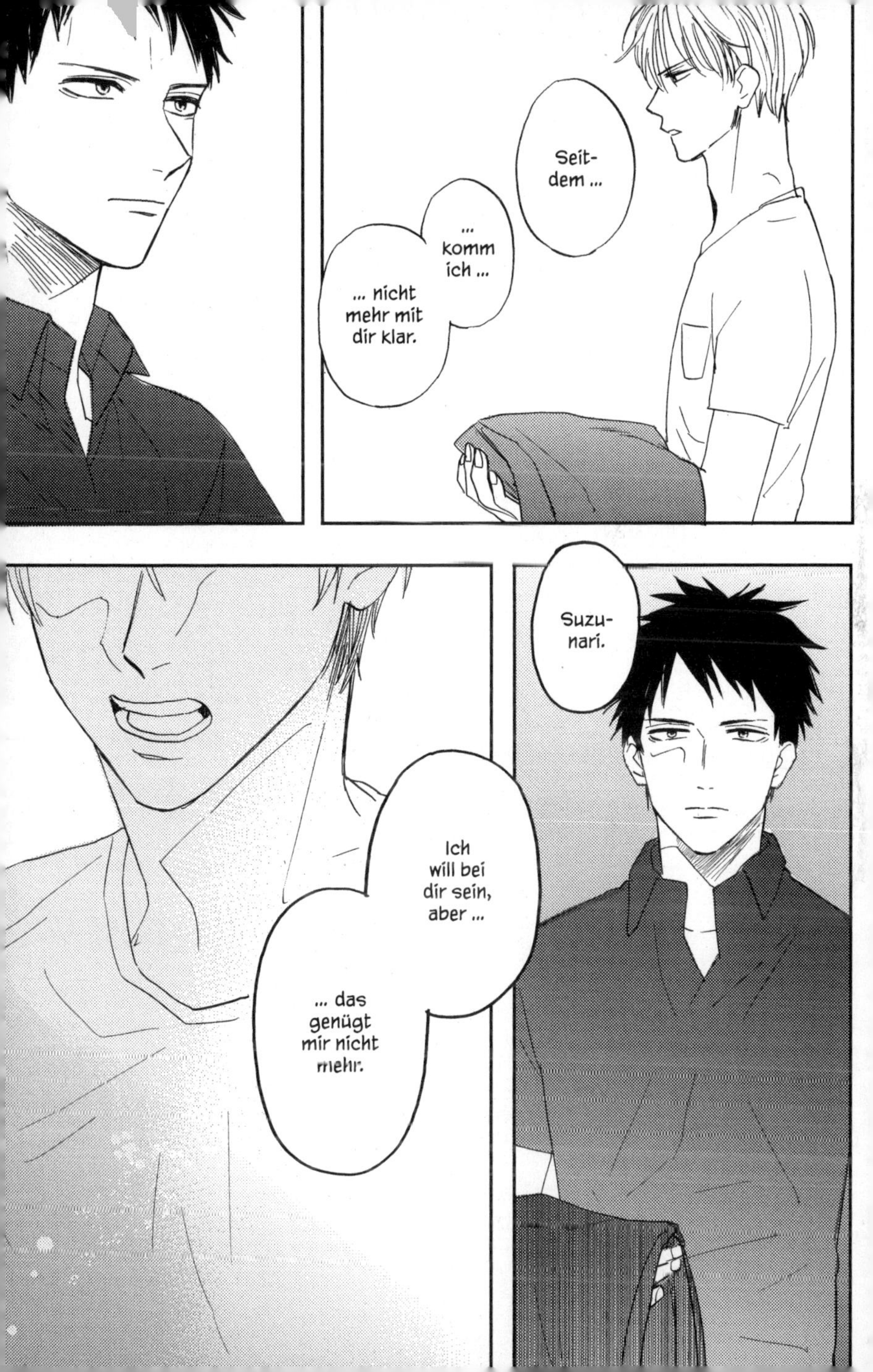

Seit-dem ...
... komm ich ...
... nicht mehr mit dir klar.
Suzu-nari.
Ich will bei dir sein, aber ...
... das genügt mir nicht mehr.

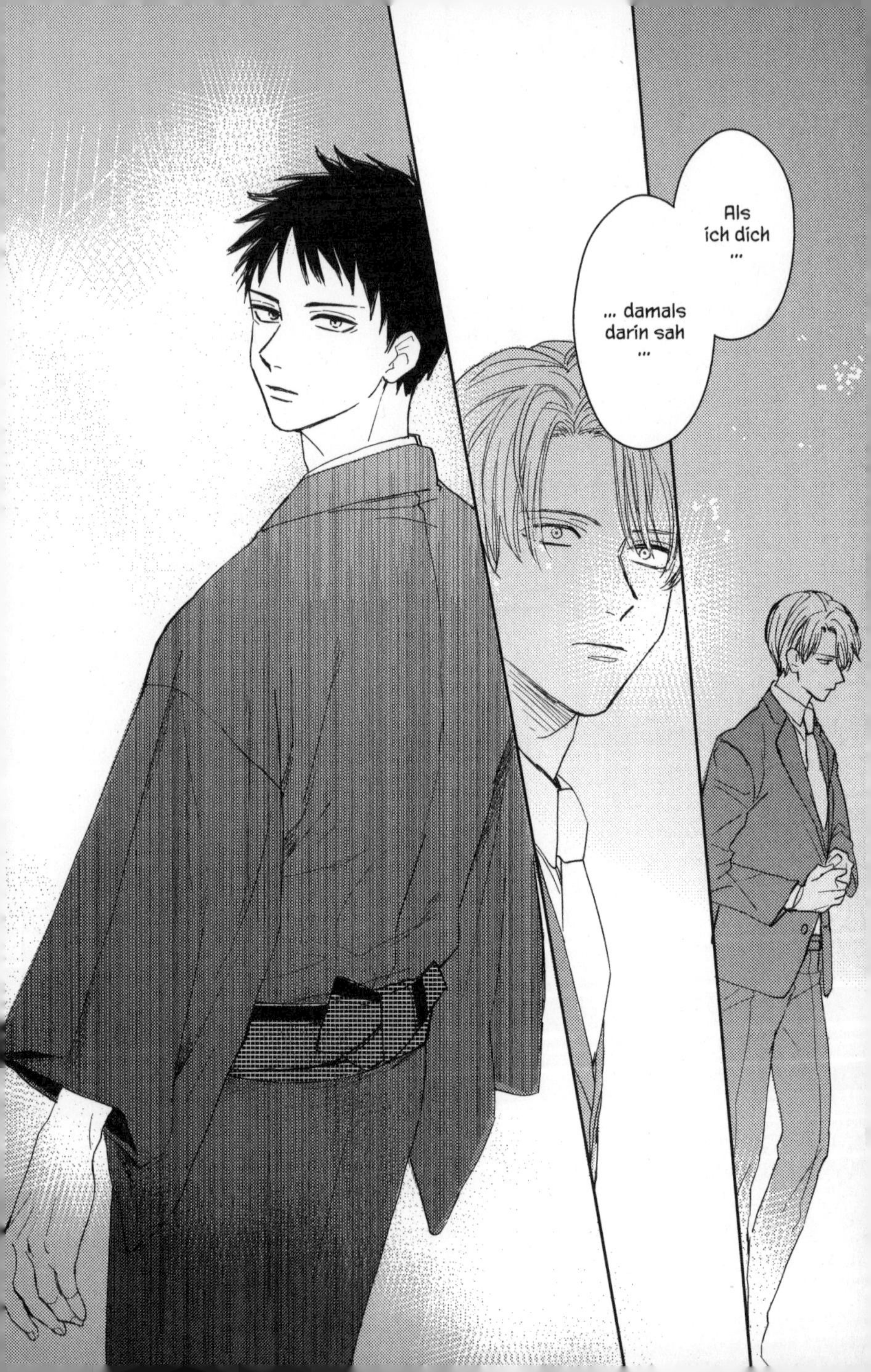
Als ich dich ...
... damals darin sah ...

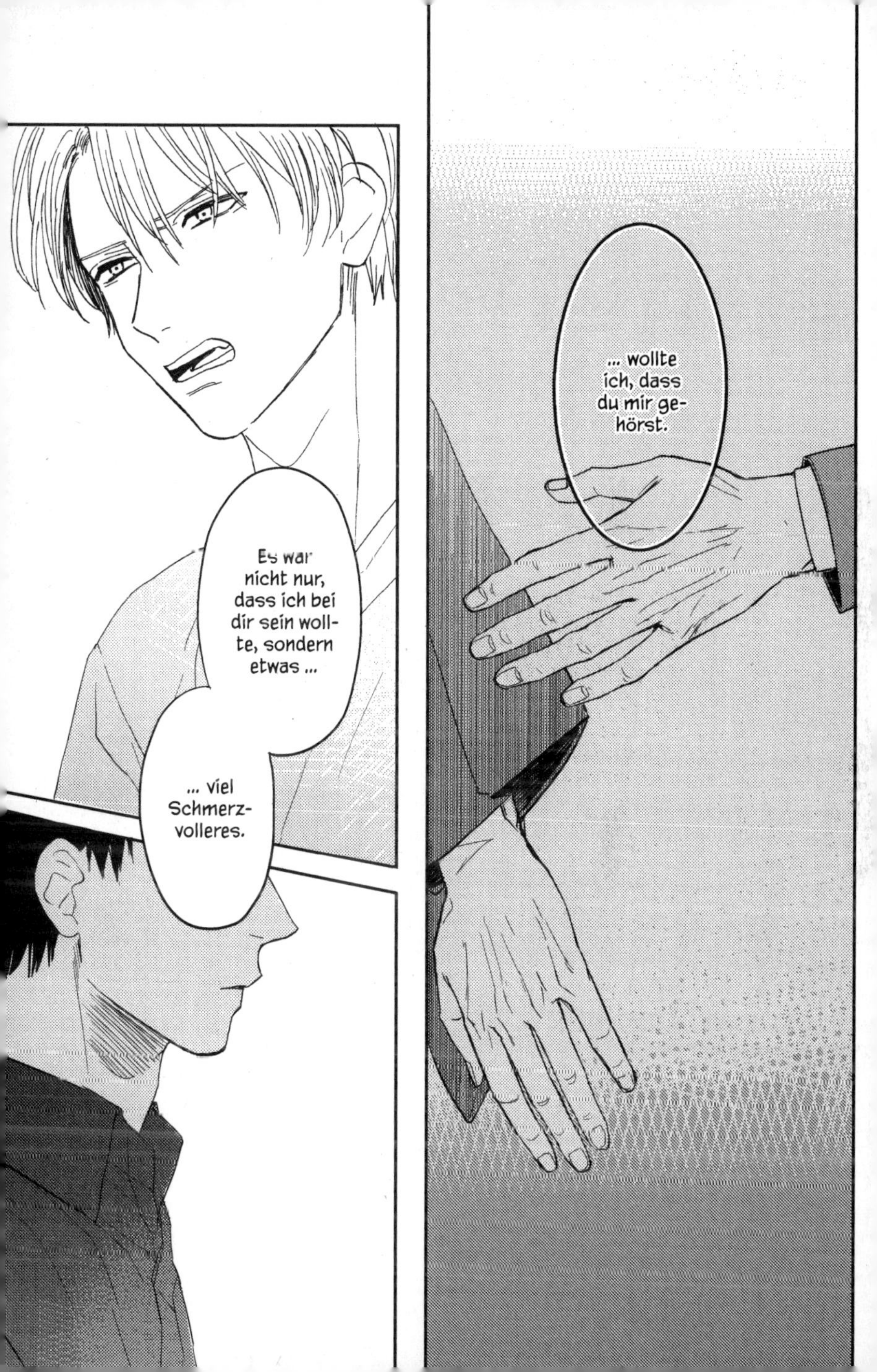
... wollte ich, dass du mir gehörst.
Es war nicht nur, dass ich bei dir sein wollte, sondern etwas ...
... viel Schmerzvolleres.

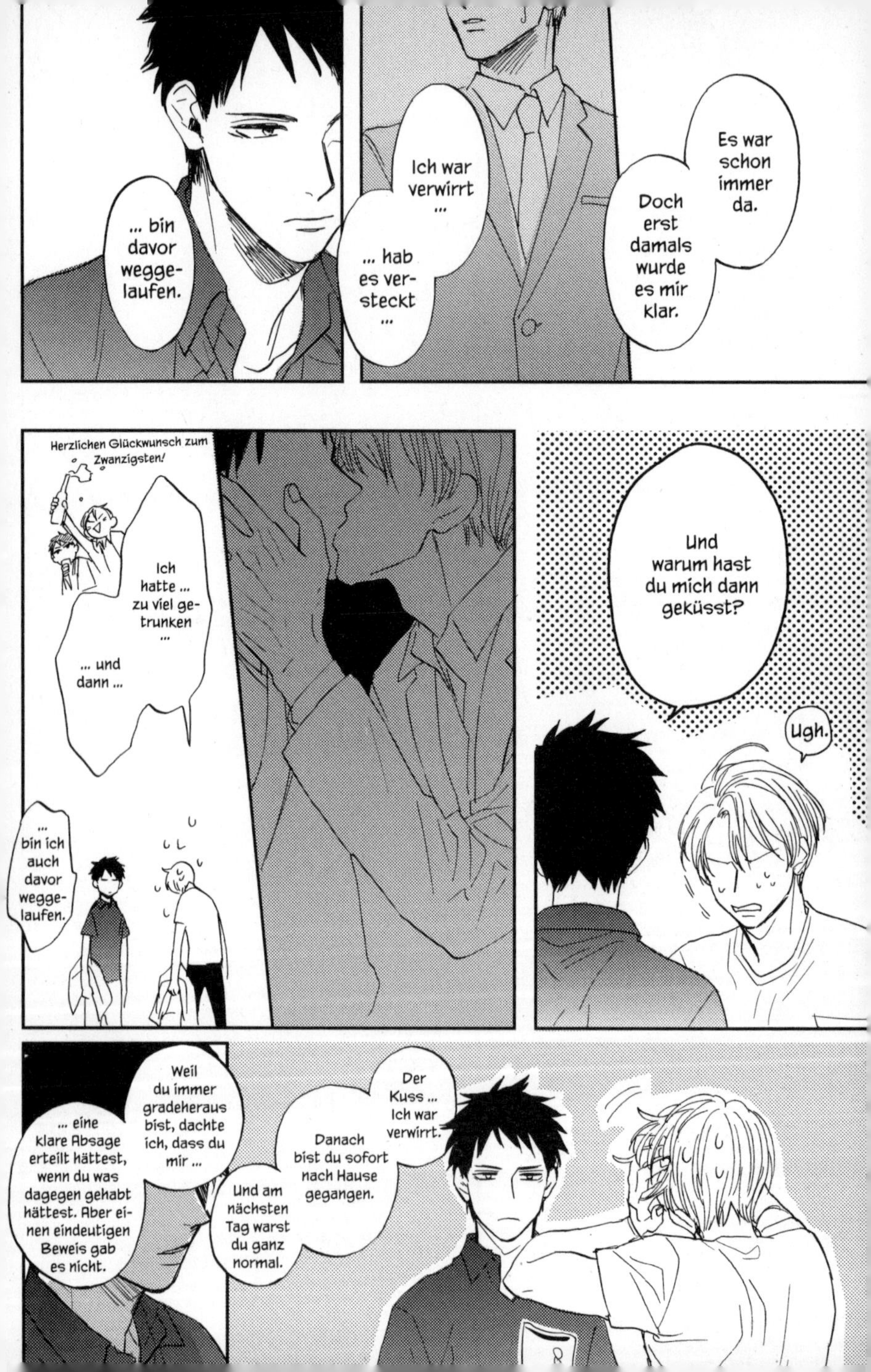
Es war schon immer da.
Doch erst damals wurde es mir klar.
Ich war verwirrt ...
... hab es versteckt ...
... bin davor weggelaufen.
Und warum hast du mich dann geküsst?
Ugh.
Herzlichen Glückwunsch zum Zwanzigsten!
Ich hatte ... zu viel getrunken ...
... und dann ...
... bin ich auch davor weggelaufen.
Der Kuss ... Ich war verwirrt.
Danach bist du sofort nach Hause gegangen.
Und am nächsten Tag warst du ganz normal.
Weil du immer gradeheraus bist, dachte ich, dass du mir ...
... eine klare Absage erteilt hättest, wenn du was dagegen gehabt hättest. Aber einen eindeutigen Beweis gab es nicht.

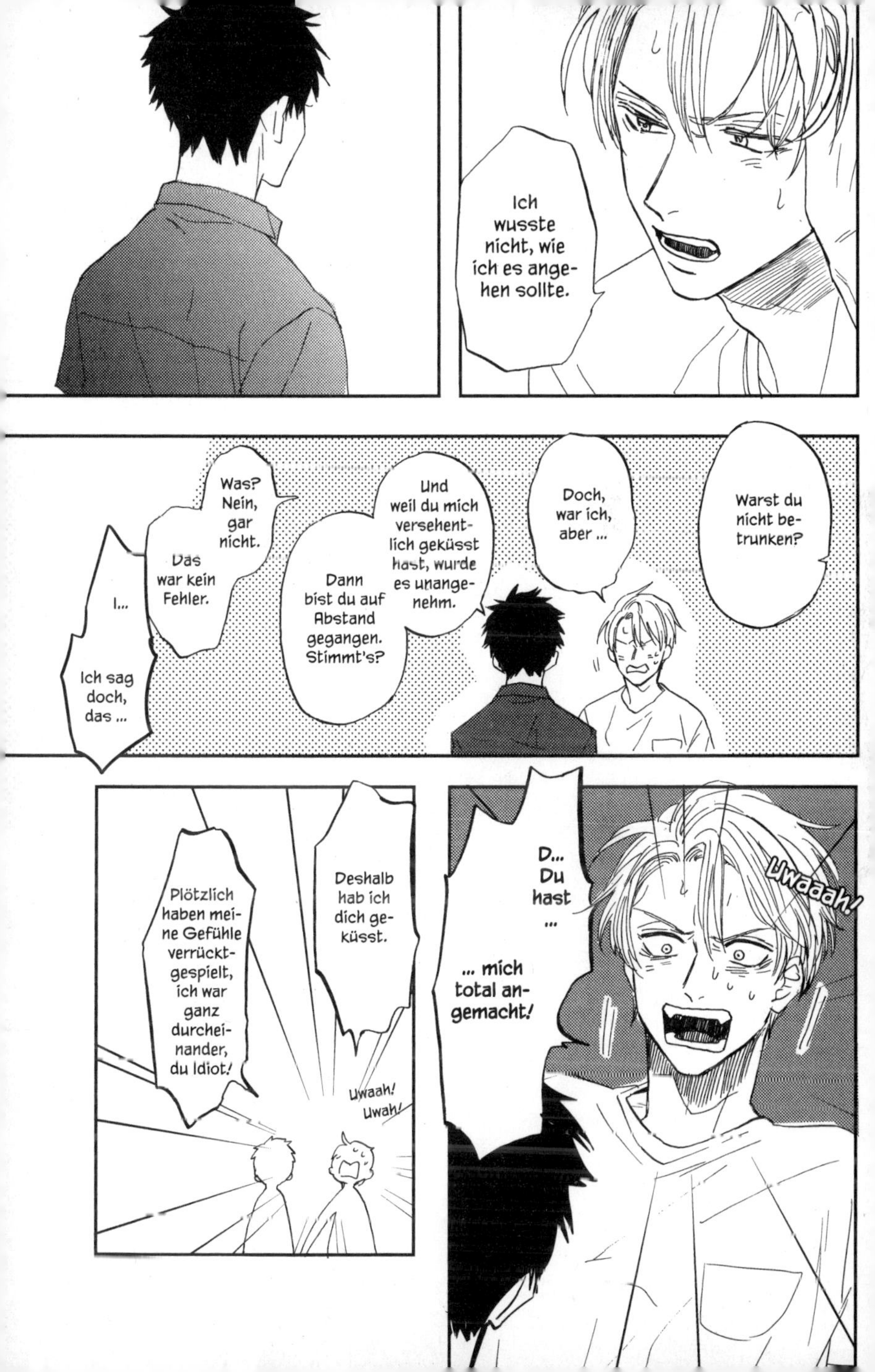
Ich wusste nicht, wie ich es angehen sollte.
Warst du nicht betrunken?
Doch, war ich, aber ...
Und weil du mich versehentlich geküsst hast, wurde es unangenehm.
Dann bist du auf Abstand gegangen. Stimmt's?
Was? Nein, gar nicht.
Das war kein Fehler.
I...
Ich sag doch, das ...
Uwaaah!
D... Du hast ...
... mich total angemacht!
Deshalb hab ich dich geküsst.
Plötzlich haben meine Gefühle verrücktgespielt, ich war ganz durcheinander, du Idiot!
Uwaah! Uwah!

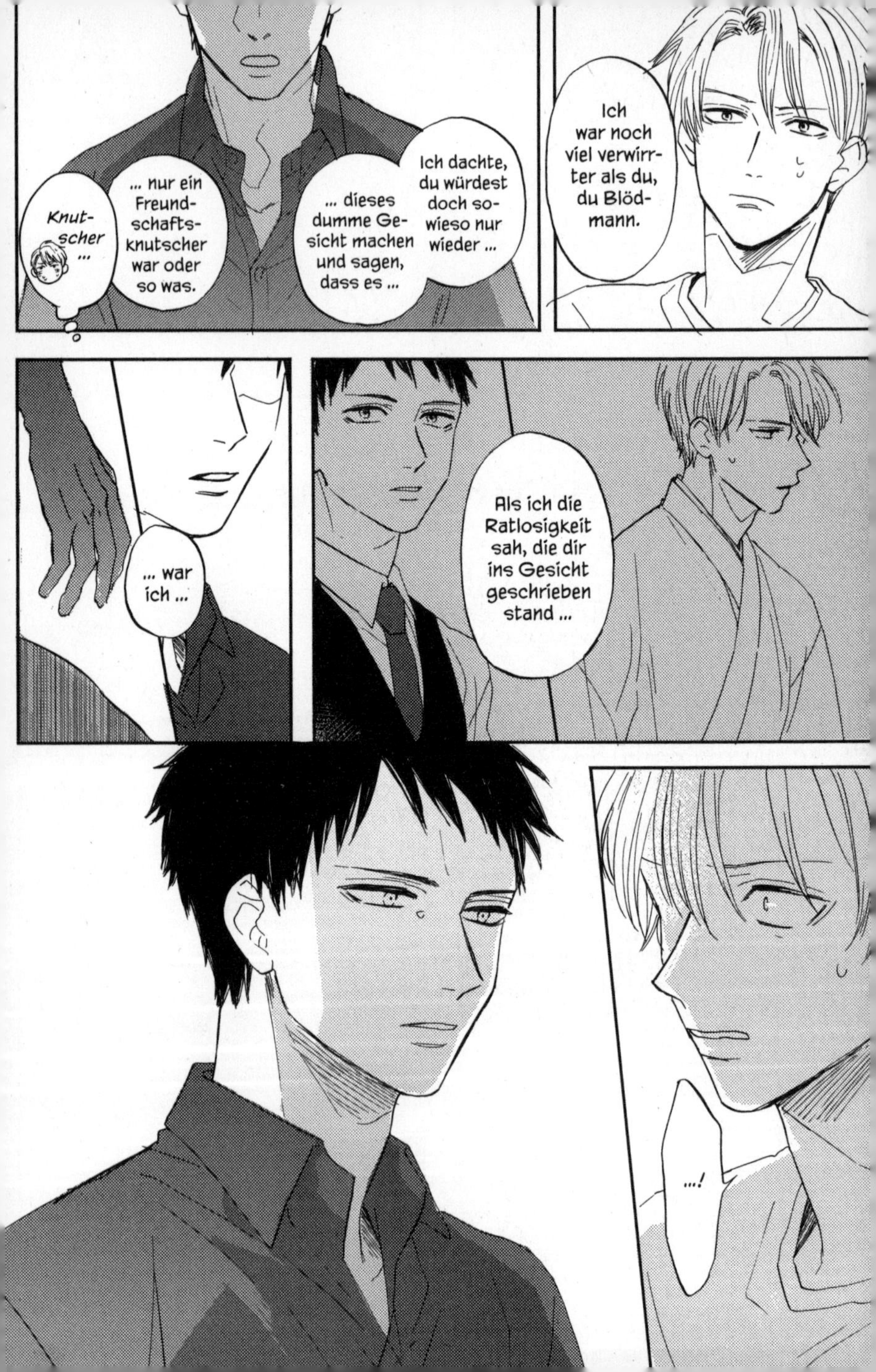
Ich war noch viel verwirrter als du, du Blödmann.
Ich dachte, du würdest doch sowieso nur wieder ...
... dieses dumme Gesicht machen und sagen, dass es ...
... nur ein Freundschaftsknutscher war oder so was.
Knutscher ...
Als ich die Ratlosigkeit sah, die dir ins Gesicht geschrieben stand ...
... war ich ...
...!

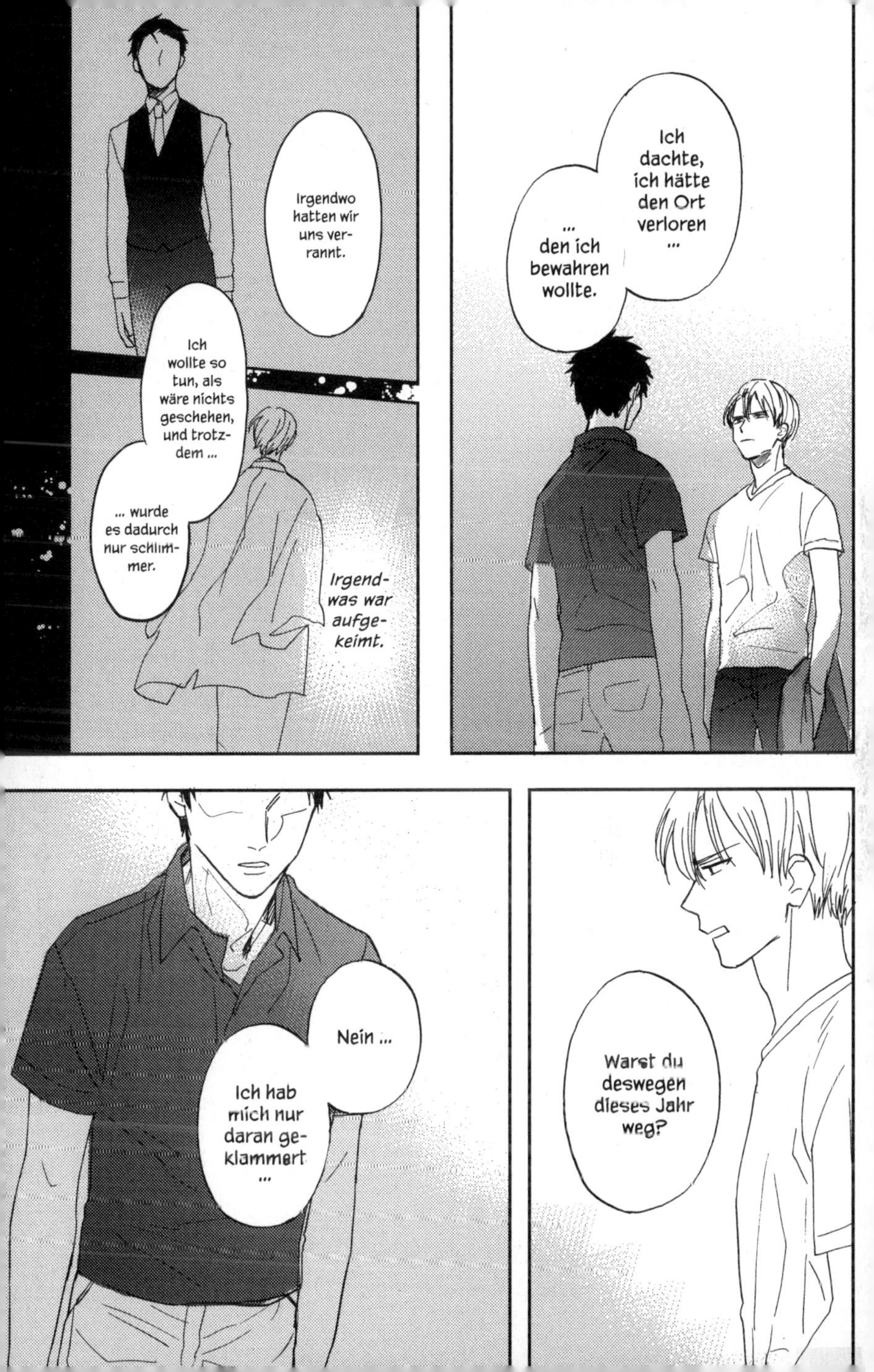
Ich dachte, ich hätte den Ort verloren ...
... den ich bewahren wollte.
Irgendwo hatten wir uns verrannt.
Ich wollte so tun, als wäre nichts geschehen, und trotzdem ...
... wurde es dadurch nur schlimmer.
Irgendwas war aufgekeimt.
Warst du deswegen dieses Jahr weg?
Nein ...
Ich hab mich nur daran geklammert ...

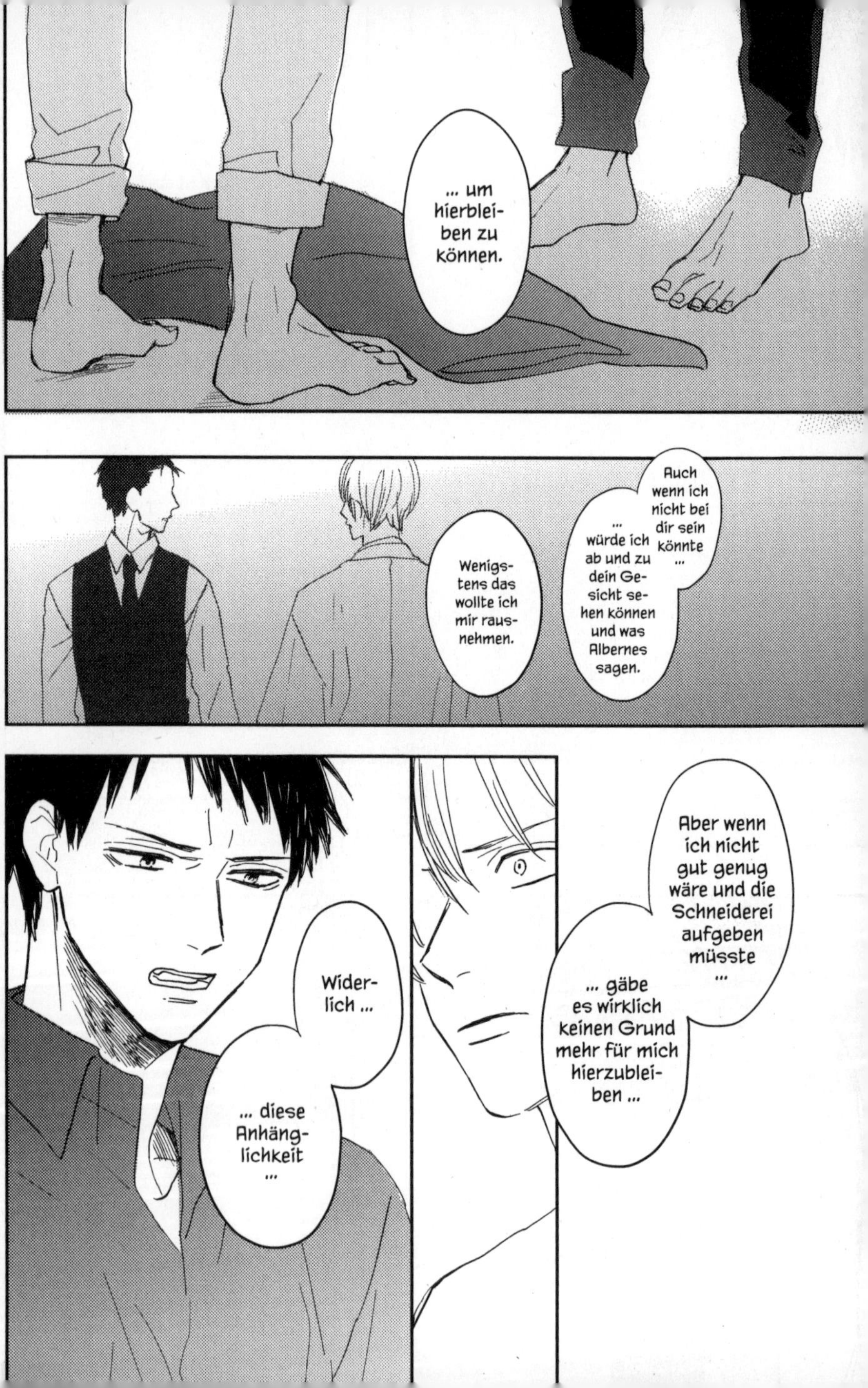
... um hierbleiben zu können.
Auch wenn ich nicht bei dir sein könnte ...
... würde ich ab und zu dein Gesicht sehen können und was Albernes sagen.
Wenigstens das wollte ich mir rausnehmen.
Aber wenn ich nicht gut genug wäre und die Schneiderei aufgeben müsste ...
... gäbe es wirklich keinen Grund mehr für mich hierzubleiben ...
Widerlich ...
... diese Anhänglichkeit ...

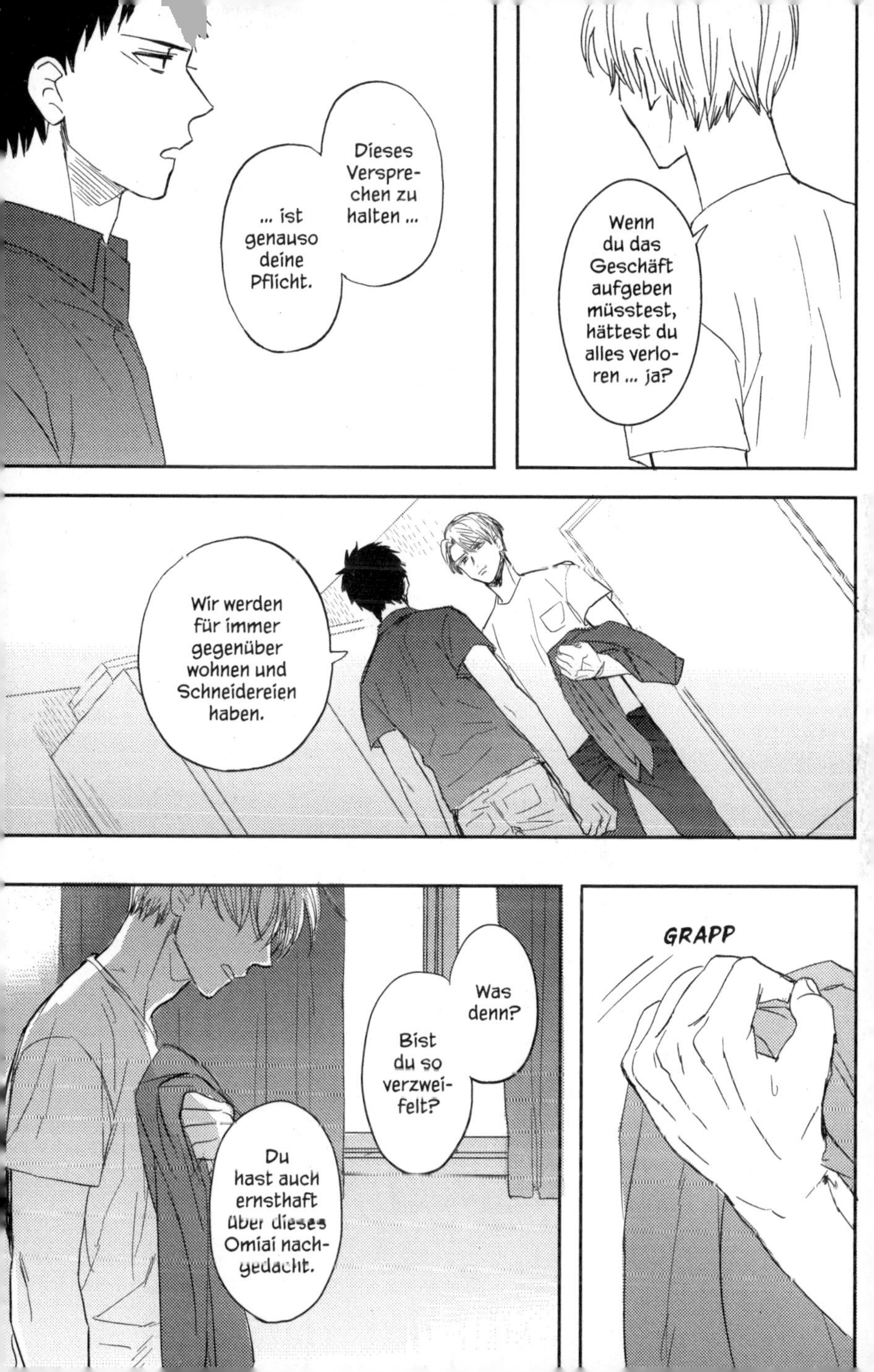
Wenn du das Geschäft aufgeben müsstest, hättest du alles verloren ... ja?
Dieses Versprechen zu halten ...
... ist genauso deine Pflicht.
Wir werden für immer gegenüber wohnen und Schneidereien haben.
GRAPP
Was denn?
Bist du so verzweifelt?
Du hast auch ernsthaft über dieses Omiai nachgedacht.

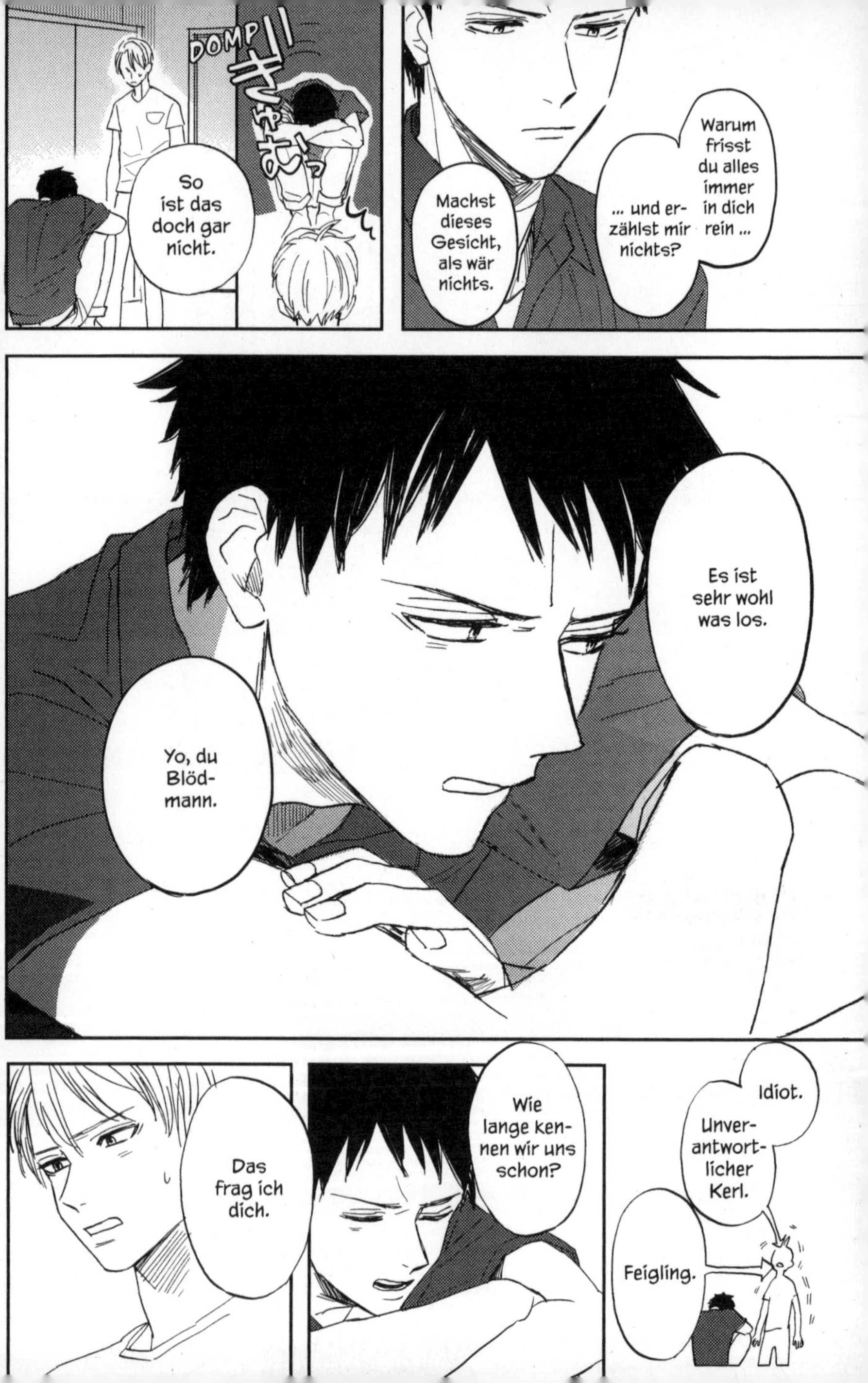
Warum frisst du alles immer in dich rein ...
... und erzählst mir nichts?
Machst dieses Gesicht, als wär nichts.
DOMP!!
So ist das doch gar nicht.
Es ist sehr wohl was los.
Yo, du Blödmann.
Idiot.
Unverantwortlicher Kerl.
Feigling.
Wie lange kennen wir uns schon?
Das frag ich dich.

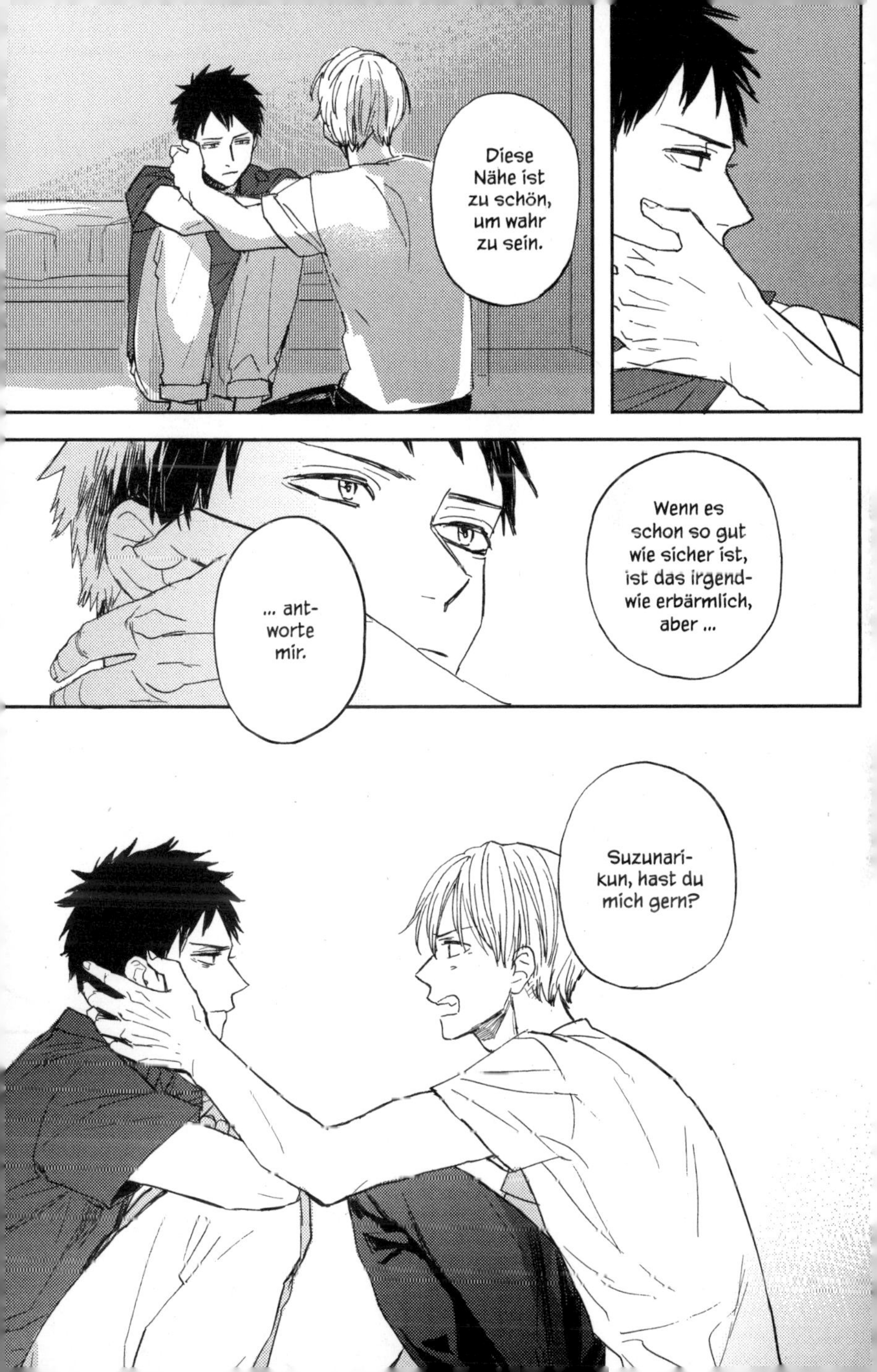
Diese Nähe ist zu schön, um wahr zu sein.
Wenn es schon so gut wie sicher ist, ist das irgend-wie erbärmlich, aber ...
... ant-worte mir.
Suzunari-kun, hast du mich gern?

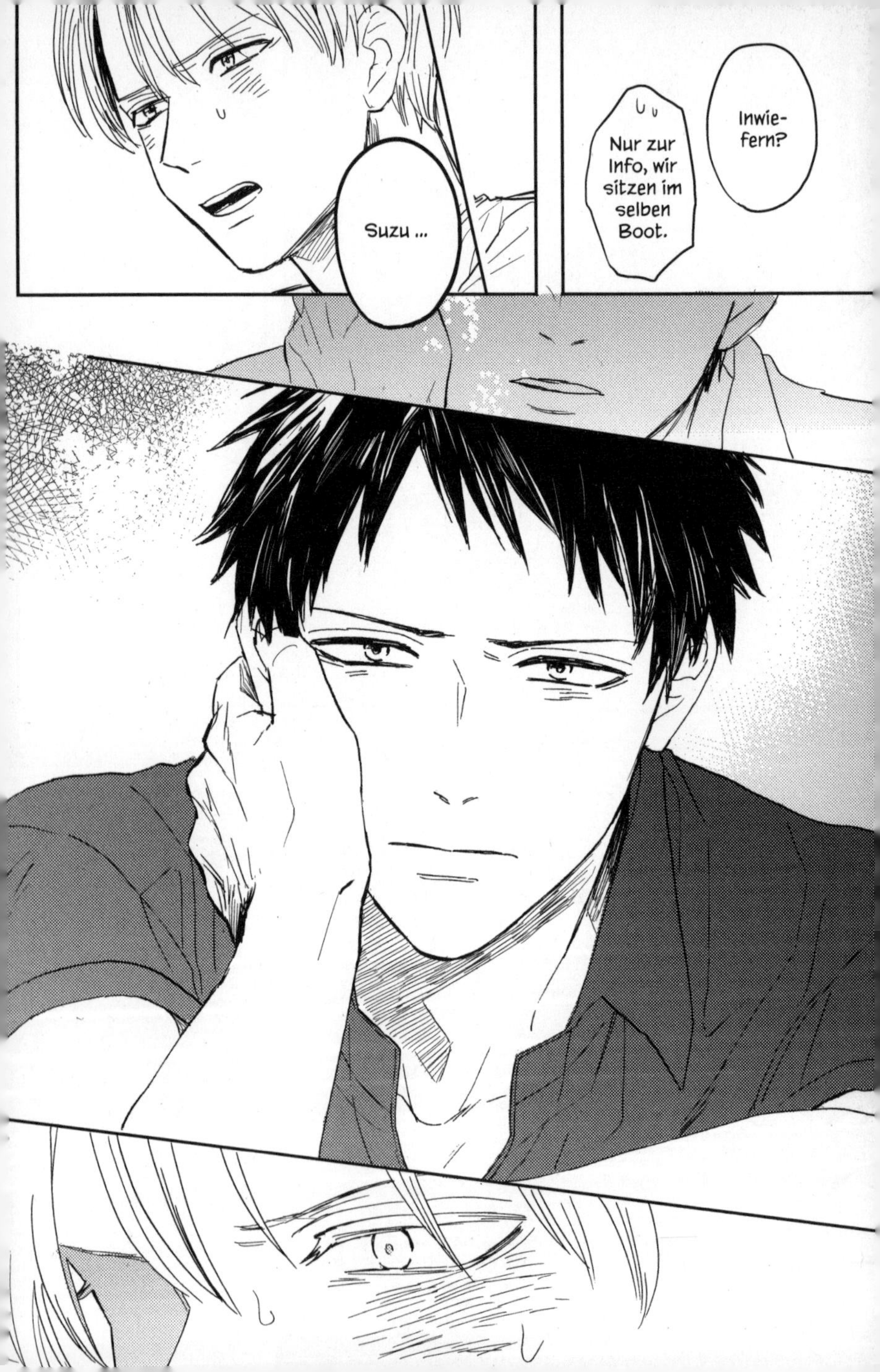
Inwiefern?
Nur zur Info, wir sitzen im selben Boot.
Suzu ...

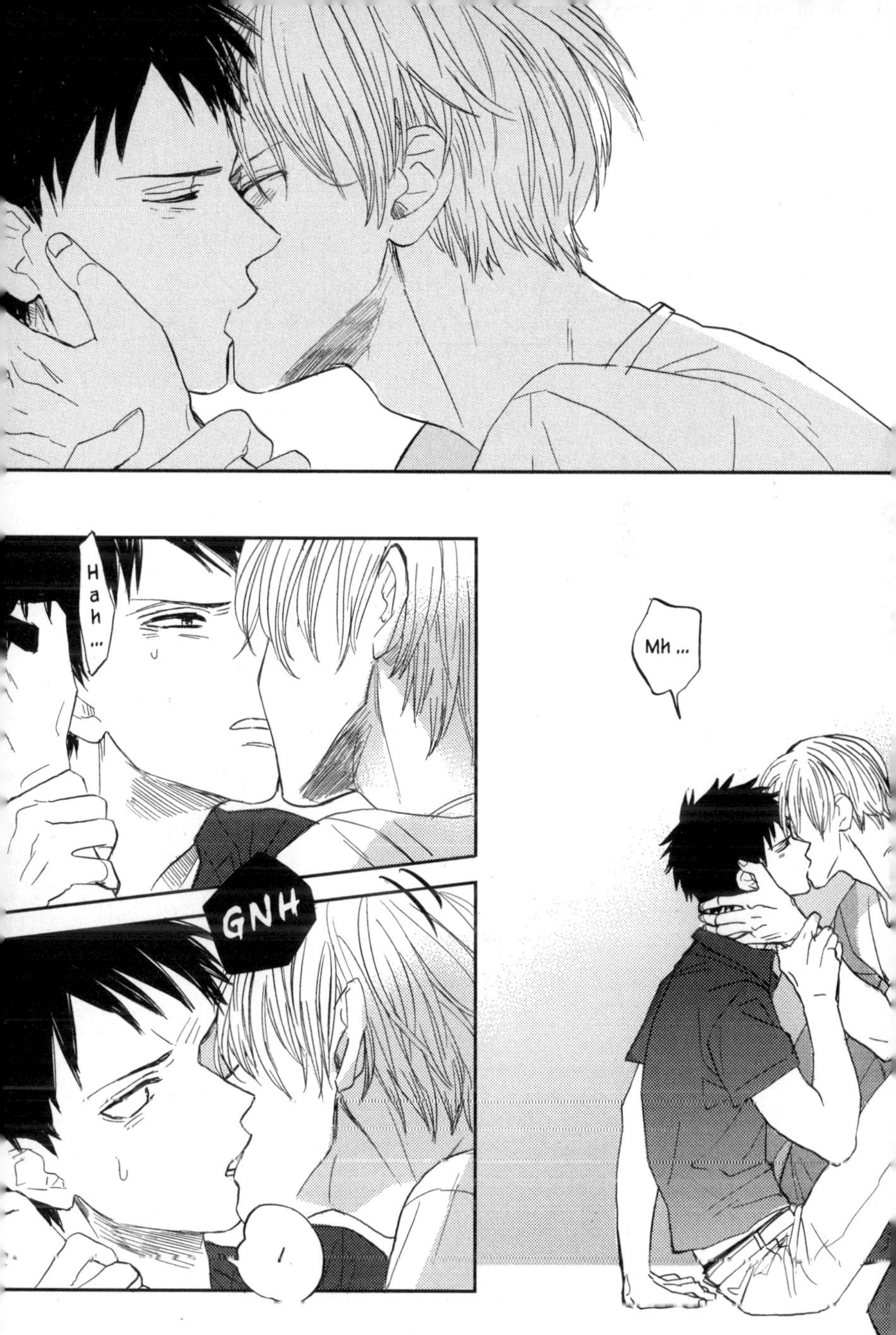
Mh ...
Hah ...
GNH

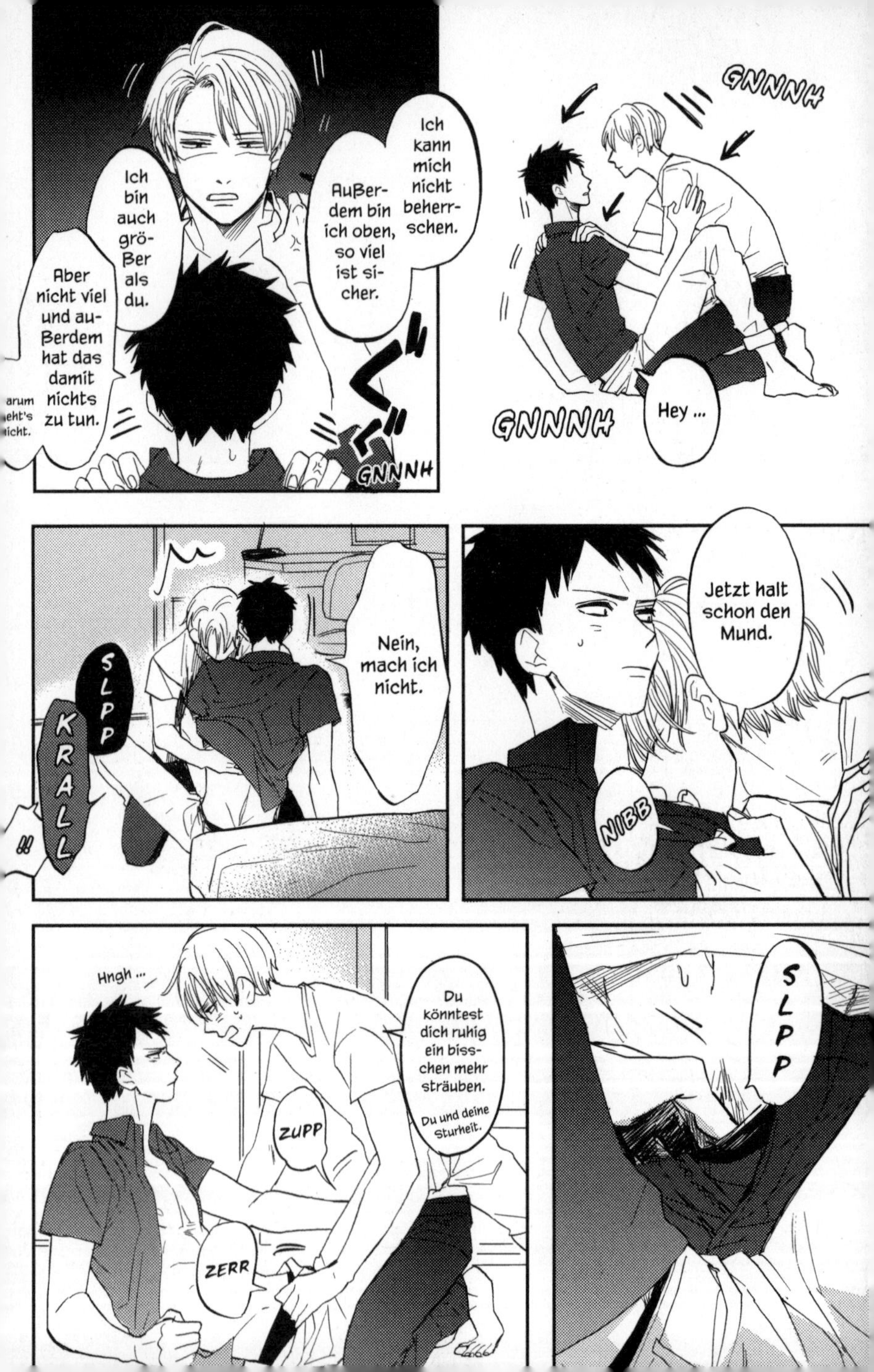
GNNNH
Hey ...
GNNNH
Ich kann mich nicht beherrschen.
Außerdem bin ich oben, so viel ist sicher.
Ich bin auch größer als du.
Aber nicht viel und außerdem hat das damit nichts zu tun.
GNNNH
Jetzt halt schon den Mund.
NIBB
Nein, mach ich nicht.
SLPP
KRALL
!!
SLPP
Du könntest dich ruhig ein bisschen mehr sträuben.
Du und deine Sturheit.
Hngh ...
ZUPP
ZERR

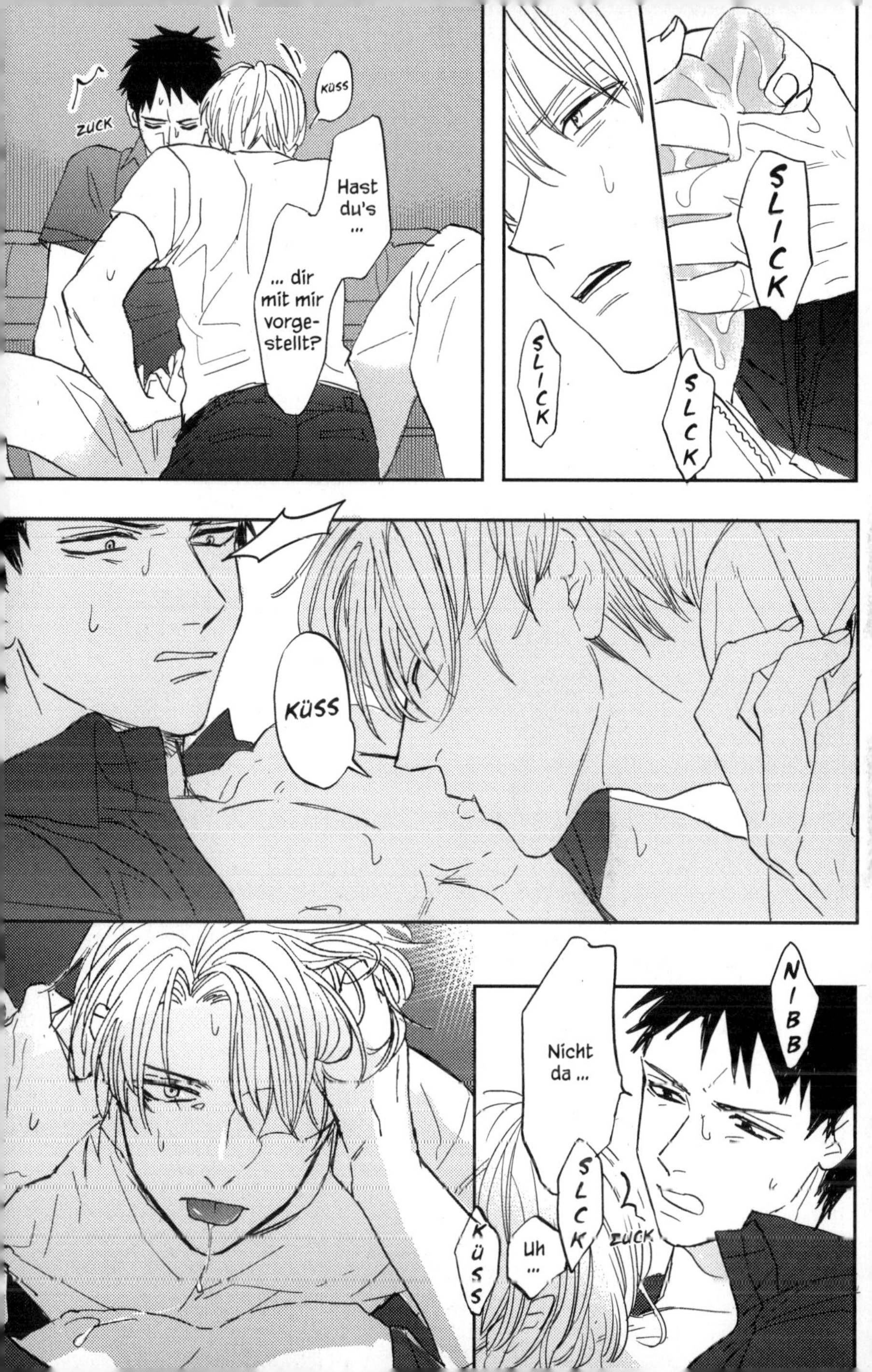
SLICK
SLICK
SLCK
ZUCK
KÜSS
Hast du's ...
... dir mit mir vorgestellt?
KÜSS
NIBB
Nicht da ...
SLCK
ZUCK
Uh ...
KÜSS

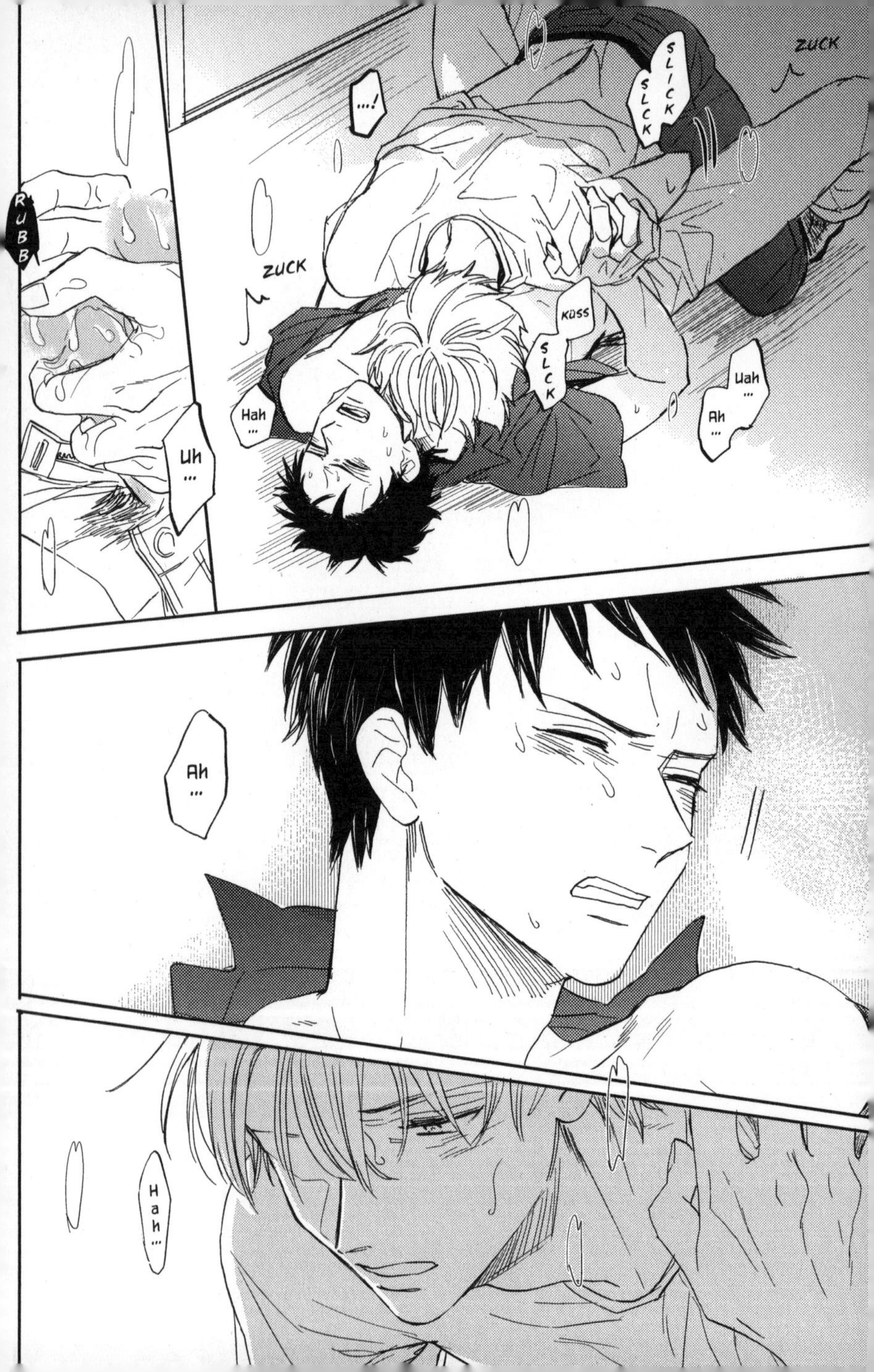
ZUCK
SLICK SLCK
...!
KÜSS
SLCK
Uah ...
Ah ...
ZUCK
Hah ...
Uh ...
RUBB
Ah ...
Hah ...

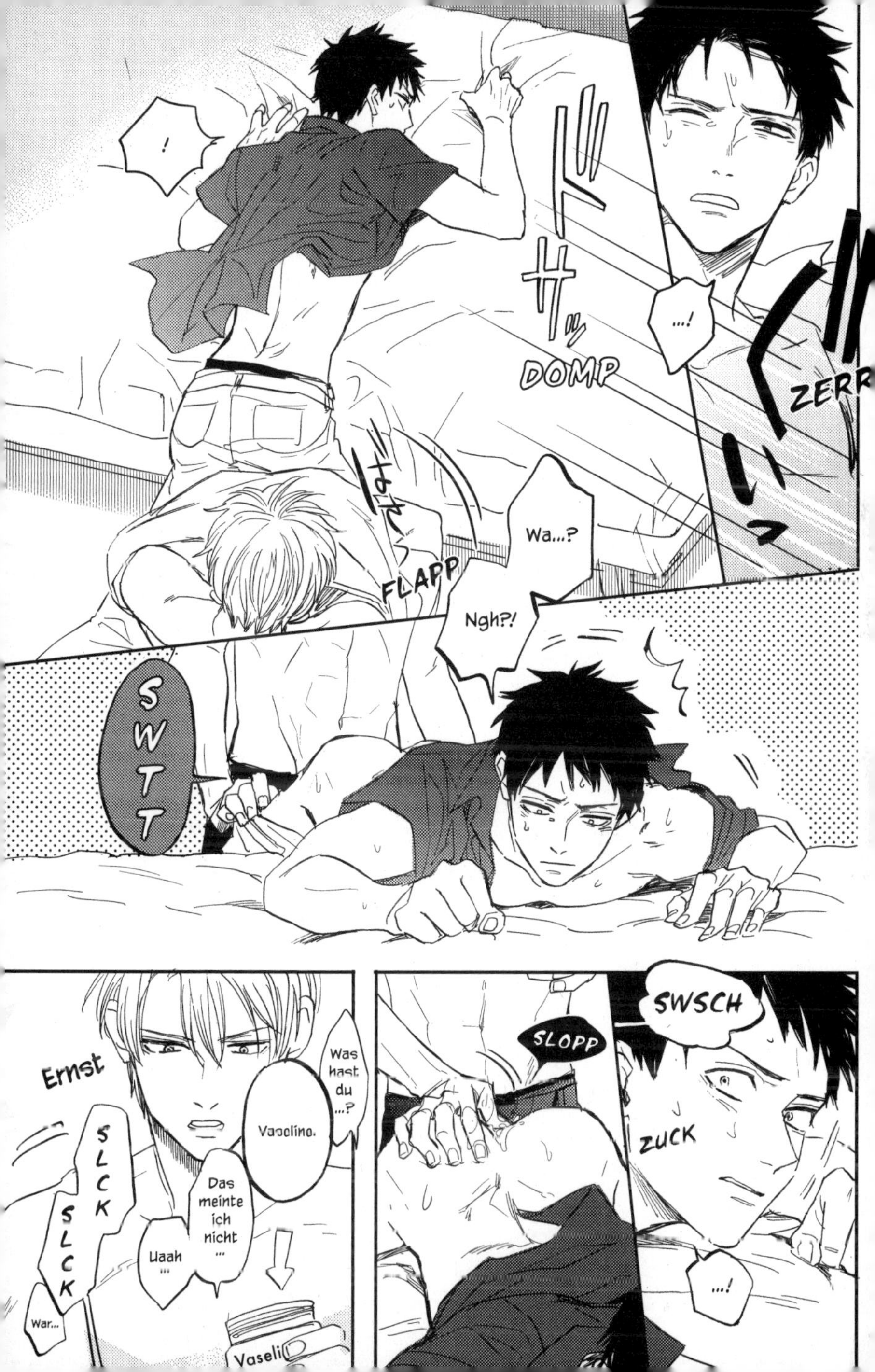

...!
ZERR
!
DOMP
Wa...?
FLAPP
Ngh?!
SWTT
SWSCH
SLOPP
ZUCK
...!
Was hast du ...?
Vaseline.
Ernst
Das meinte ich nicht ...
Uaah ...
SLCK
SLCK
War...
Vaseli

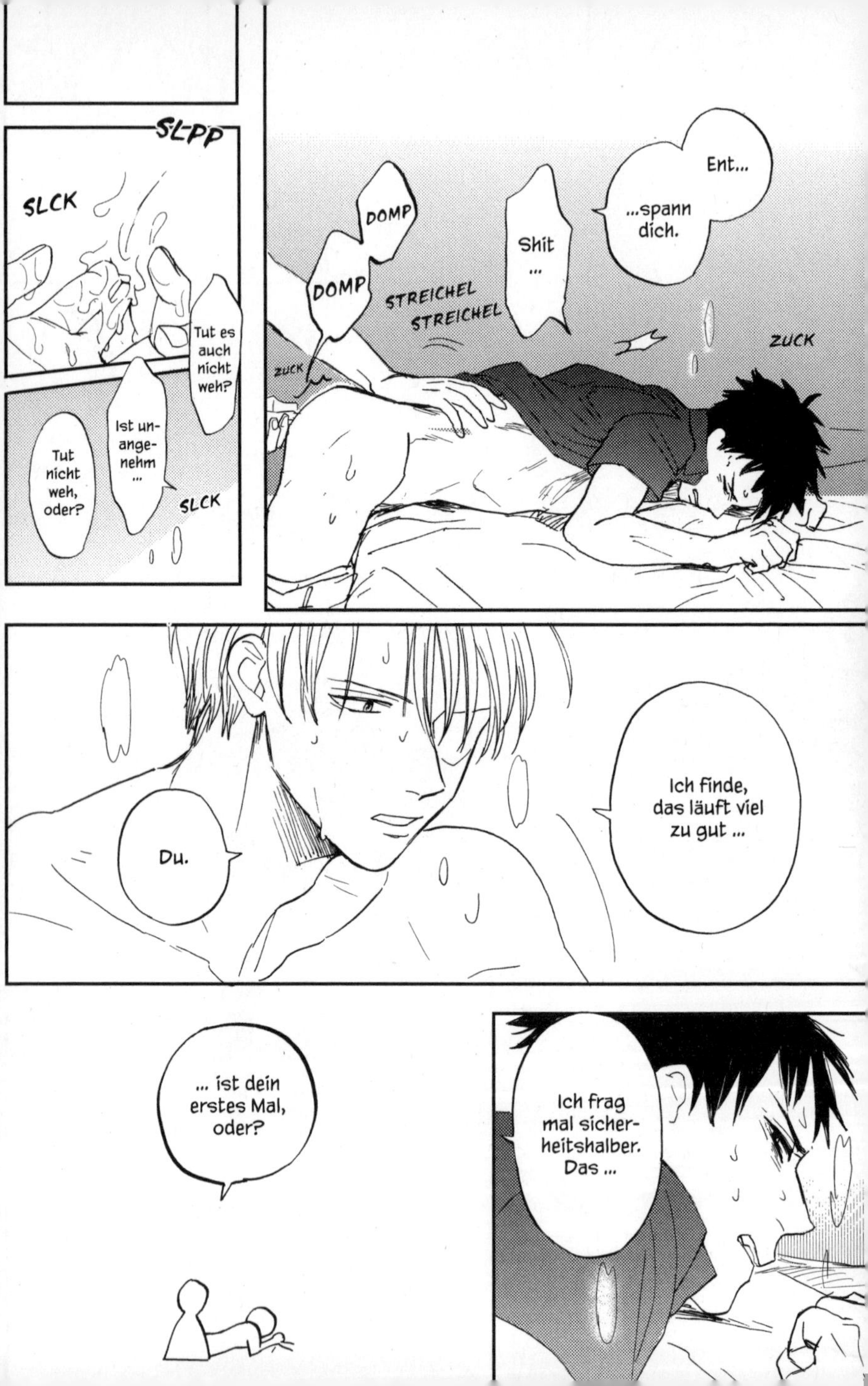
Ent...
...spann dich.
Shit ...
DOMP
DOMP
STREICHEL
STREICHEL
ZUCK
ZUCK
SL-PP
SLCK
Tut es auch nicht weh?
Ist unangenehm ...
Tut nicht weh, oder?
SLCK
Ich finde, das läuft viel zu gut ...
Du.
Ich frag mal sicherheitshalber. Das ...
... ist dein erstes Mal, oder?

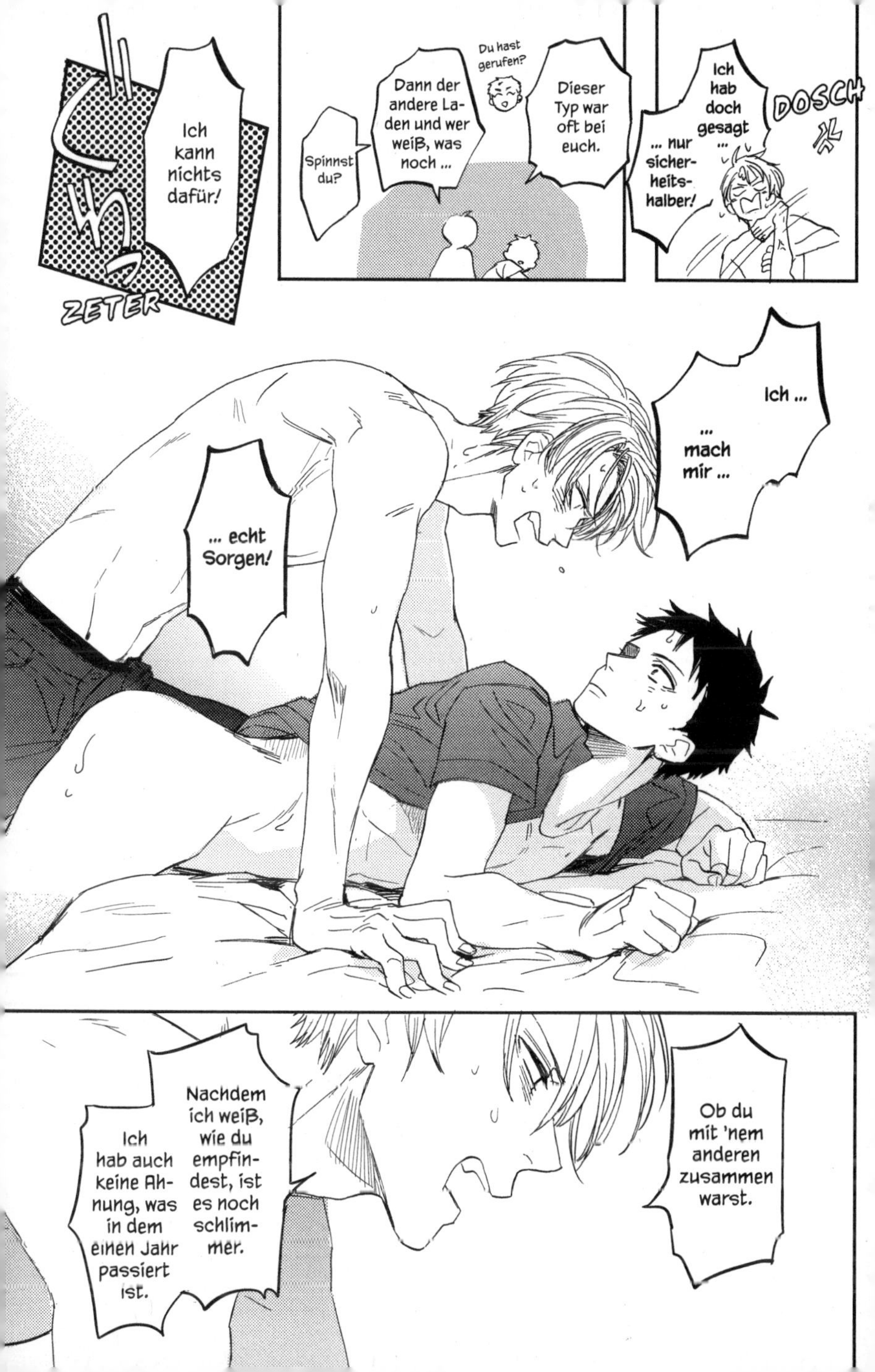
DOSCH
Ich hab doch gesagt ...
... nur sicherheitshalber!
Dieser Typ war oft bei euch.
Du hast gerufen?
Dann der andere Laden und wer weiß, was noch ...
Spinnst du?
Ich kann nichts dafür!
ZETER
Ich ... ... mach mir ...
... echt Sorgen!
Ob du mit 'nem anderen zusammen warst.
Nachdem ich weiß, wie du empfindest, ist es noch schlimmer.
Ich hab auch keine Ahnung, was in dem einen Jahr passiert ist.

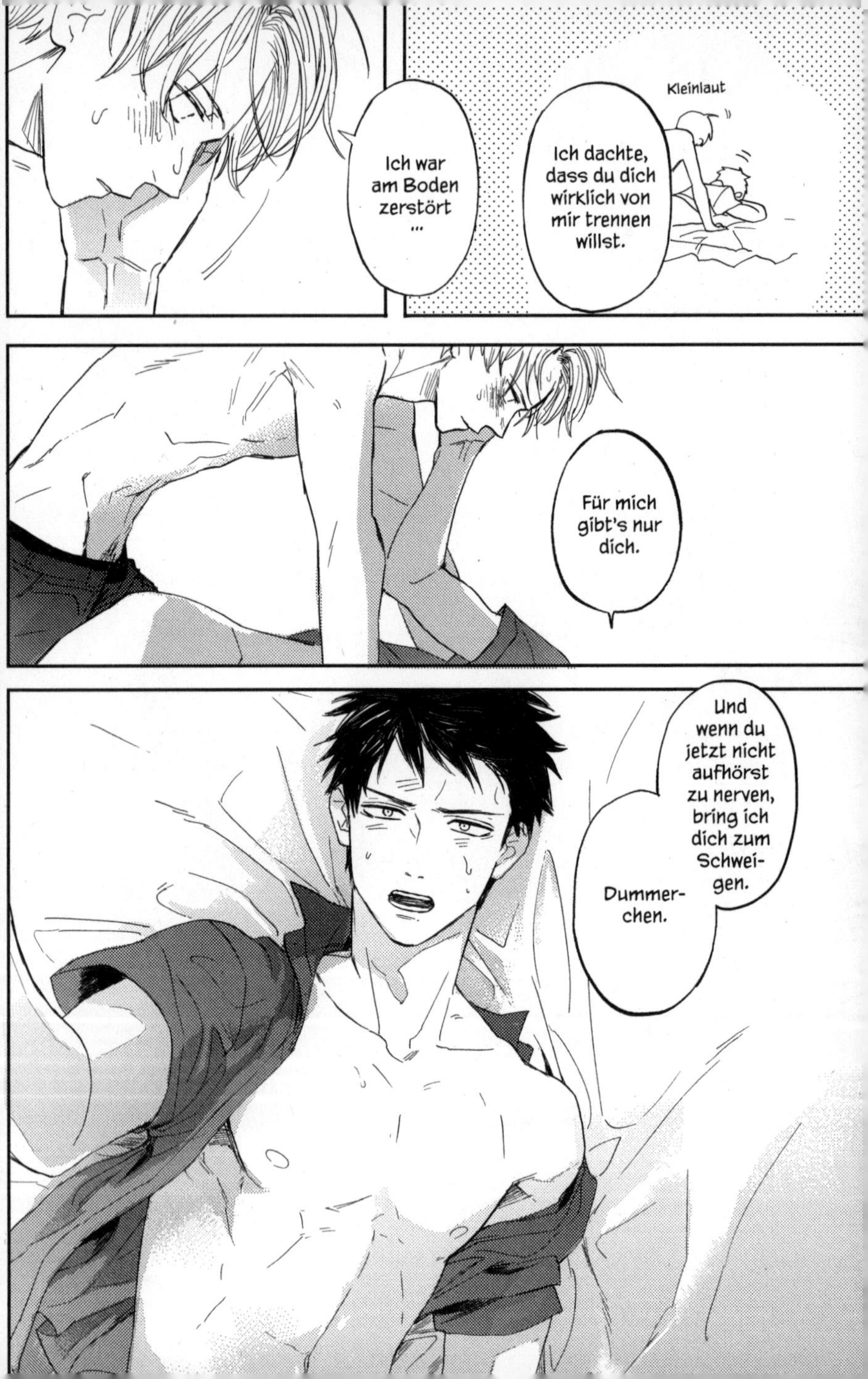
Kleinlaut
Ich dachte, dass du dich wirklich von mir trennen willst.
Ich war am Boden zerstört ...
Für mich gibt's nur dich.
Und wenn du jetzt nicht aufhörst zu nerven, bring ich dich zum Schwei-gen.
Dummer-chen.

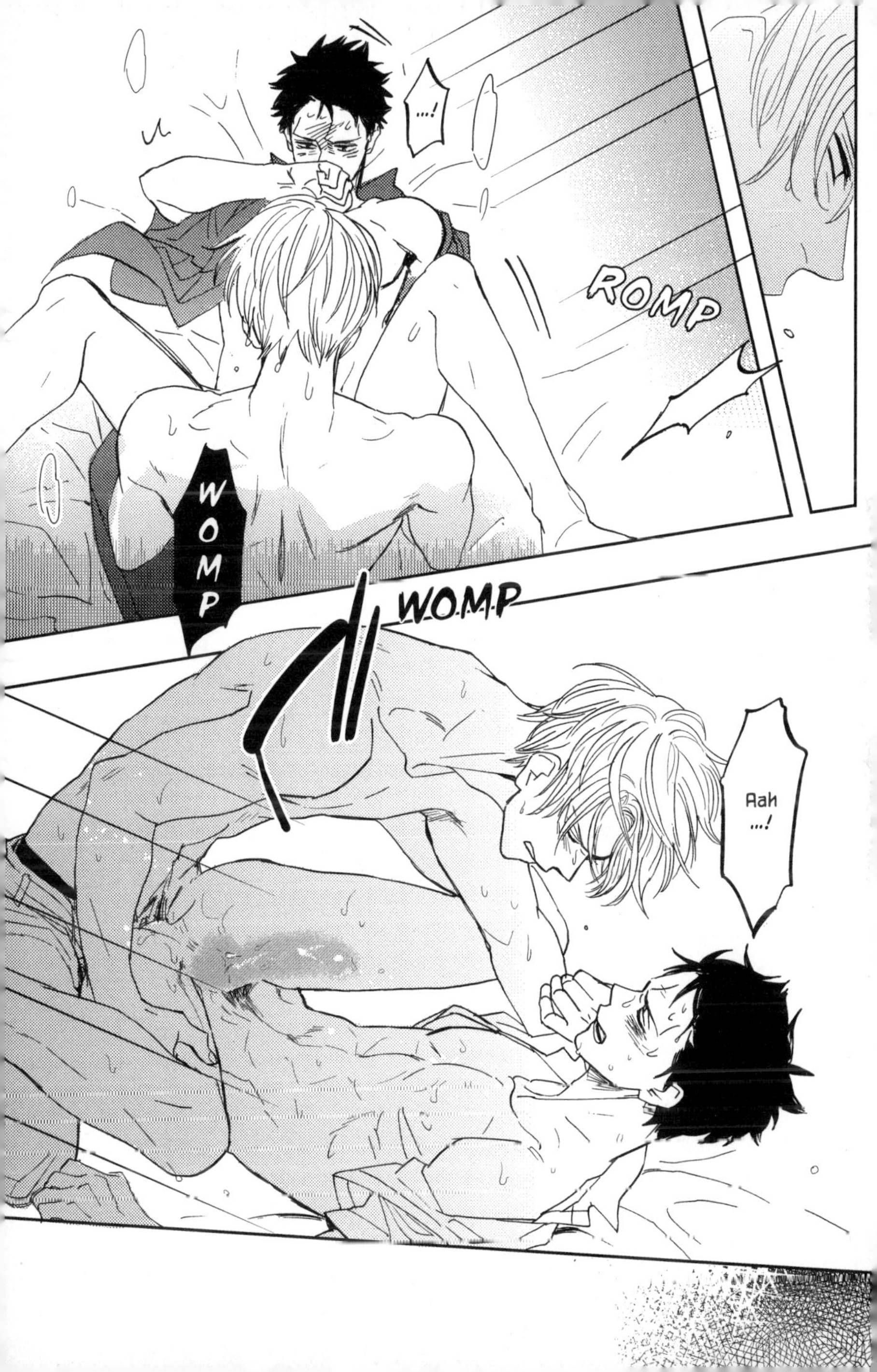
...!
ROMP
WOMP
WOMP
Aah ...!

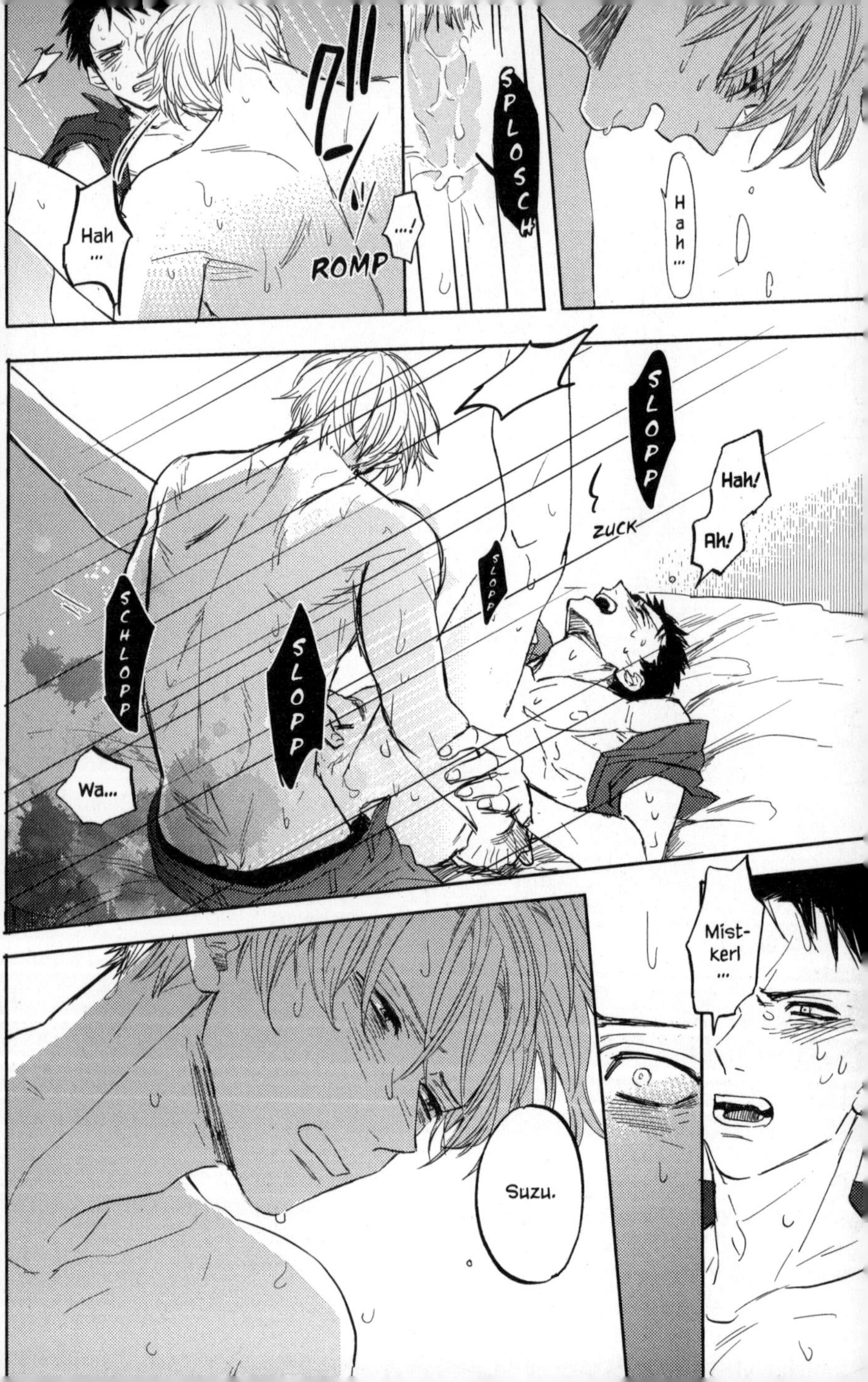
Hah ...
SPLOSCH
...!
ROMP
Hah ...
SLOPP
Hah!
Ah!
ZUCK
SLOPP
SLOPP
SCHLOPP
Wa...
Mist-kerl ...
Suzu.

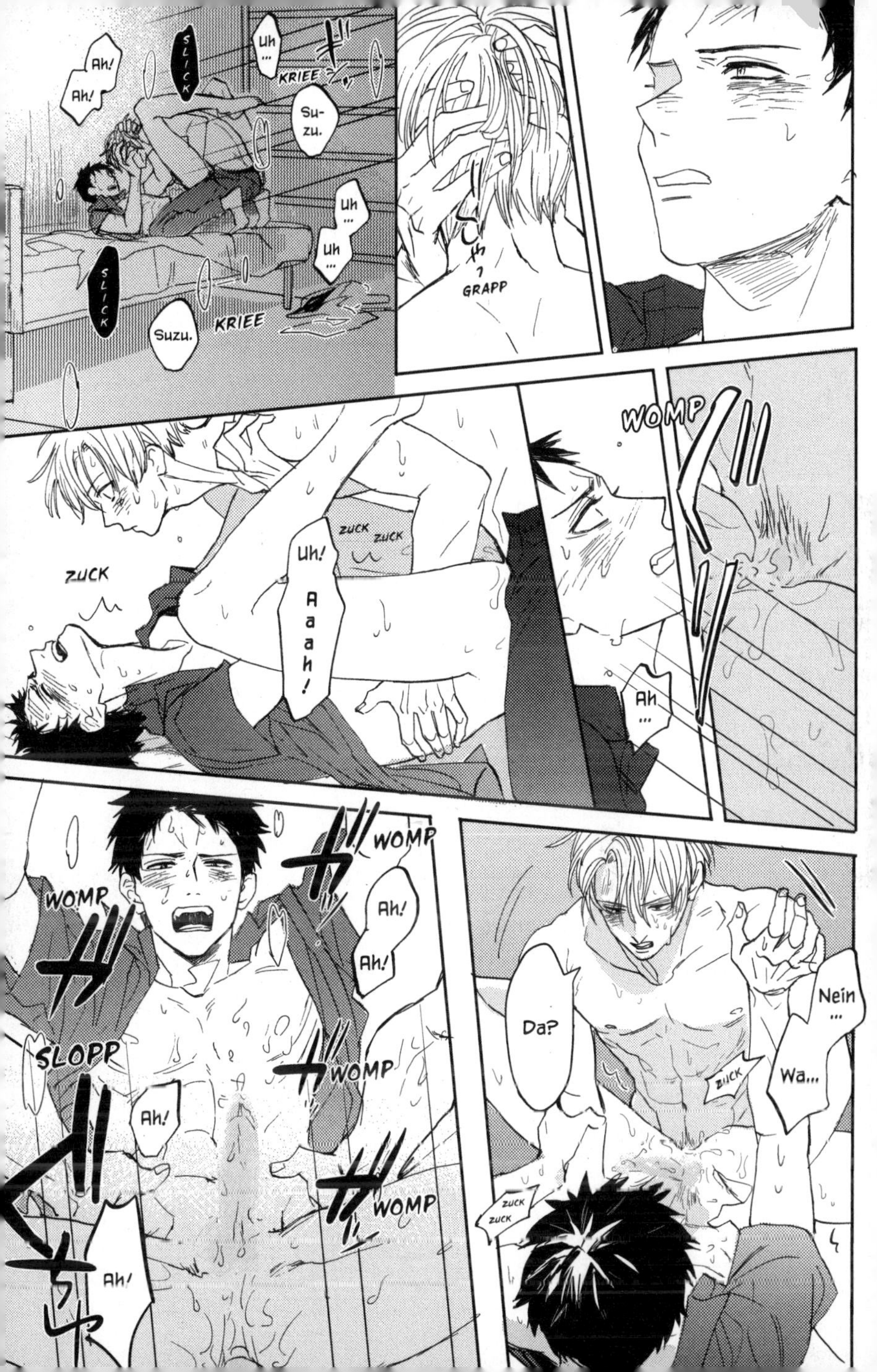

GRAPP
Uh ...
KRIEE
Su-zu.
Ah!
Ah!
SLICK
Uh ...
Uh ...
SLICK
Suzu.
KRIEE
WOMP
Ah ...
ZUCK
ZUCK
Uh!
Aaah!
ZUCK
Nein ...
Wa...
ZUCK
Da?
ZUCK
ZUCK
WOMP
Ah!
Ah!
WOMP
SLOPP
WOMP
Ah!
WOMP
Ah!

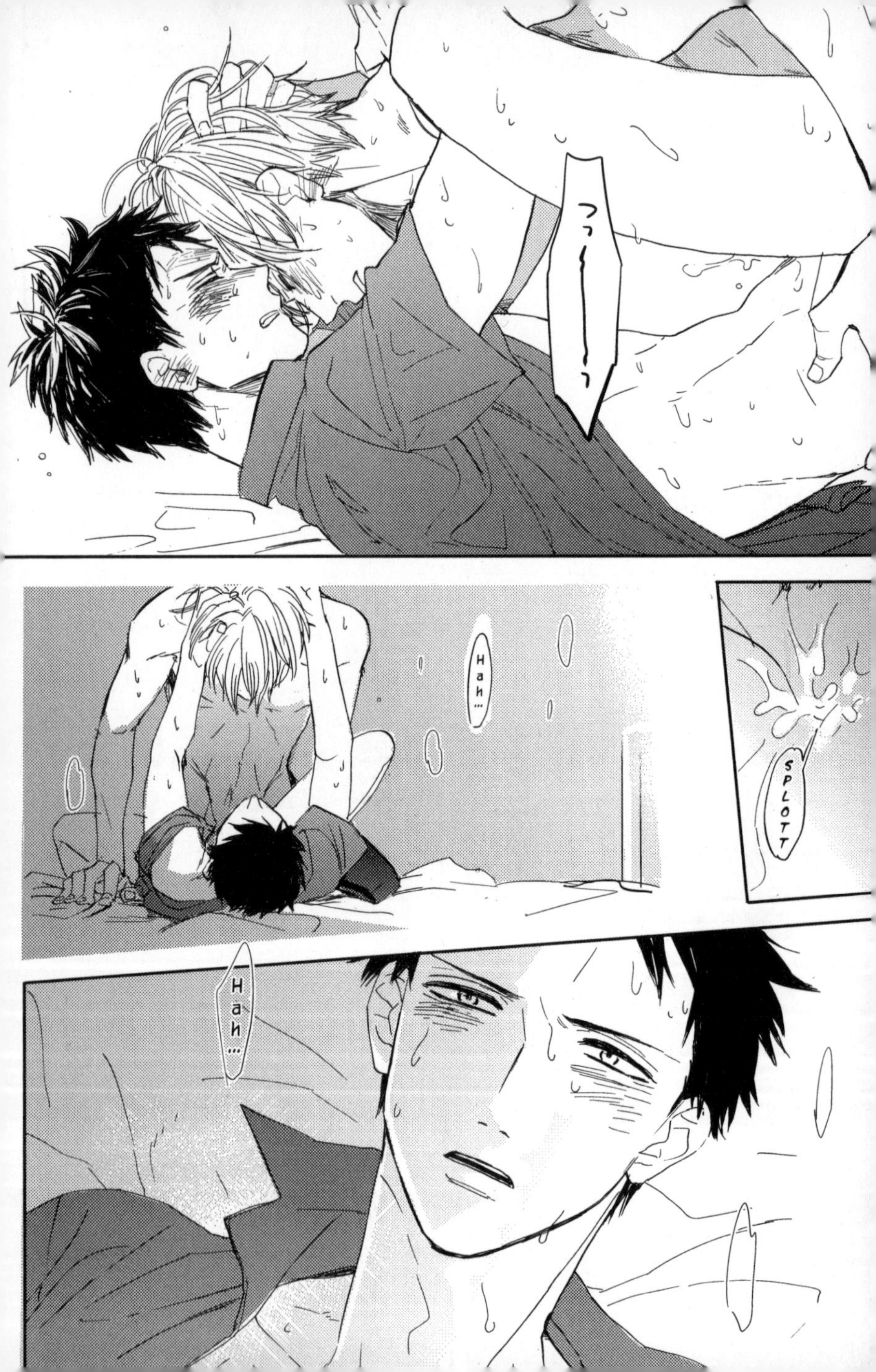
フッ〜〜ッ
SPLOTT
Hah...
Hah...

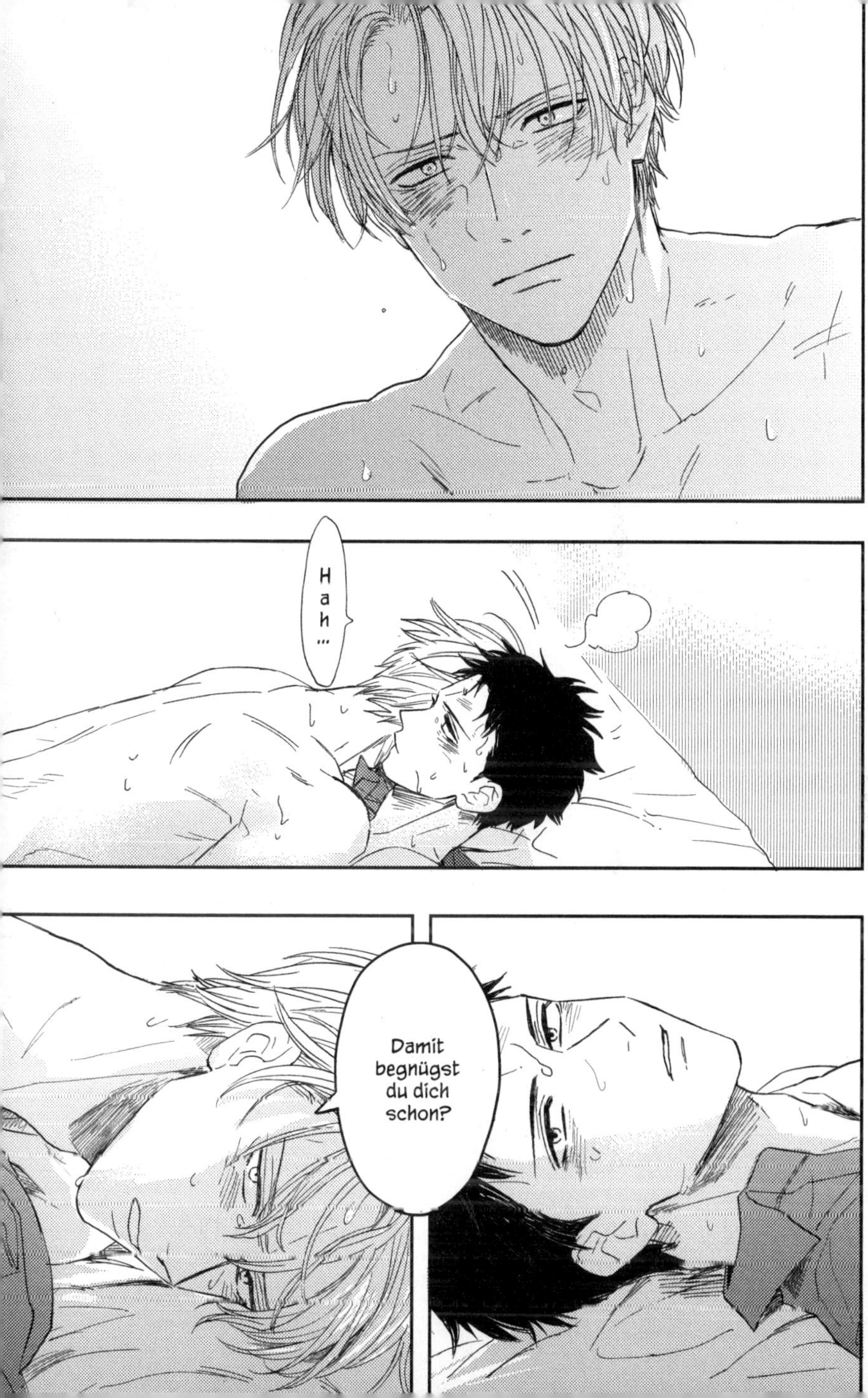
Hah…
Damit begnügst du dich schon?

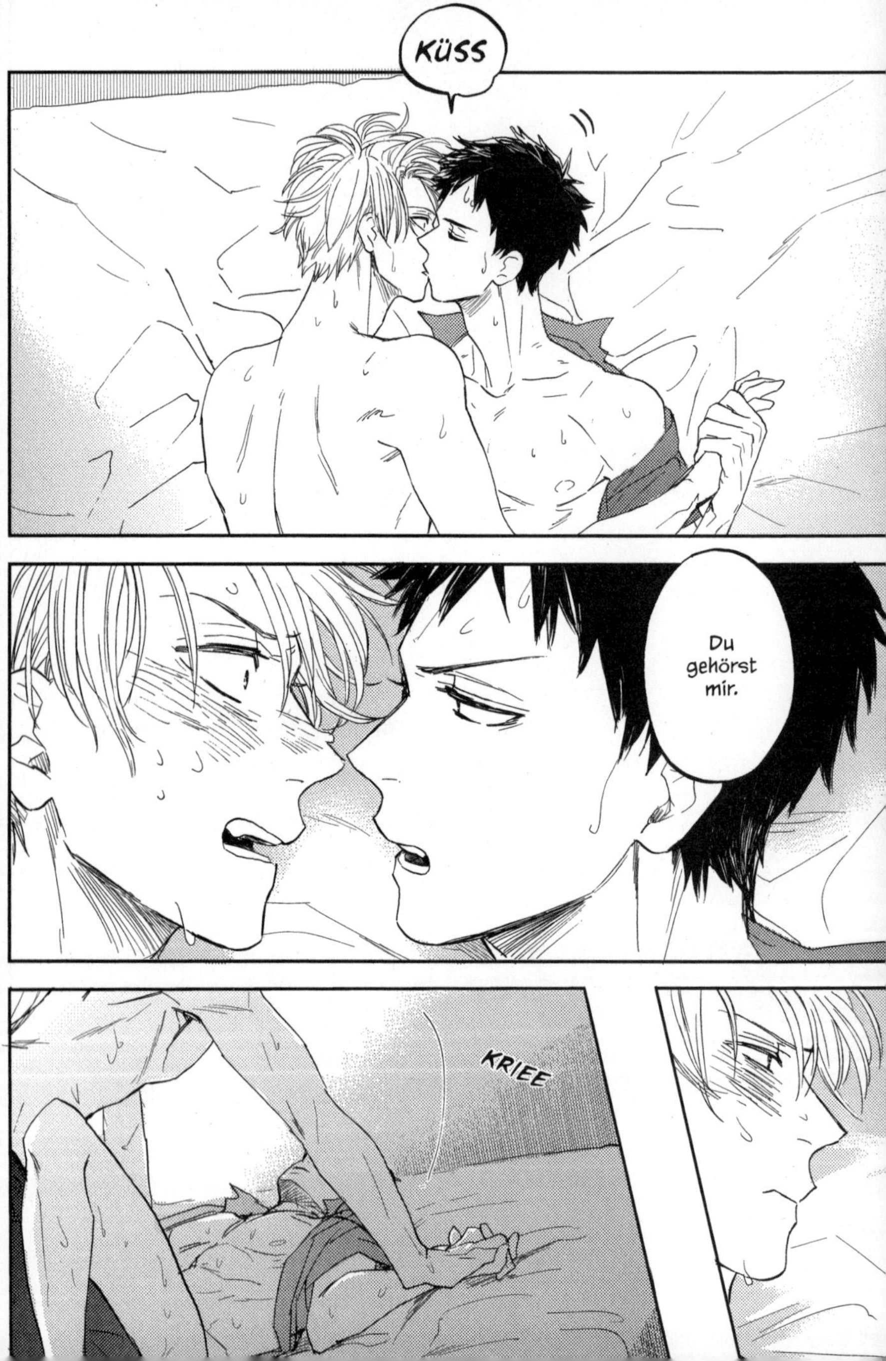
KÜSS
Du gehörst mir.
KRIEE

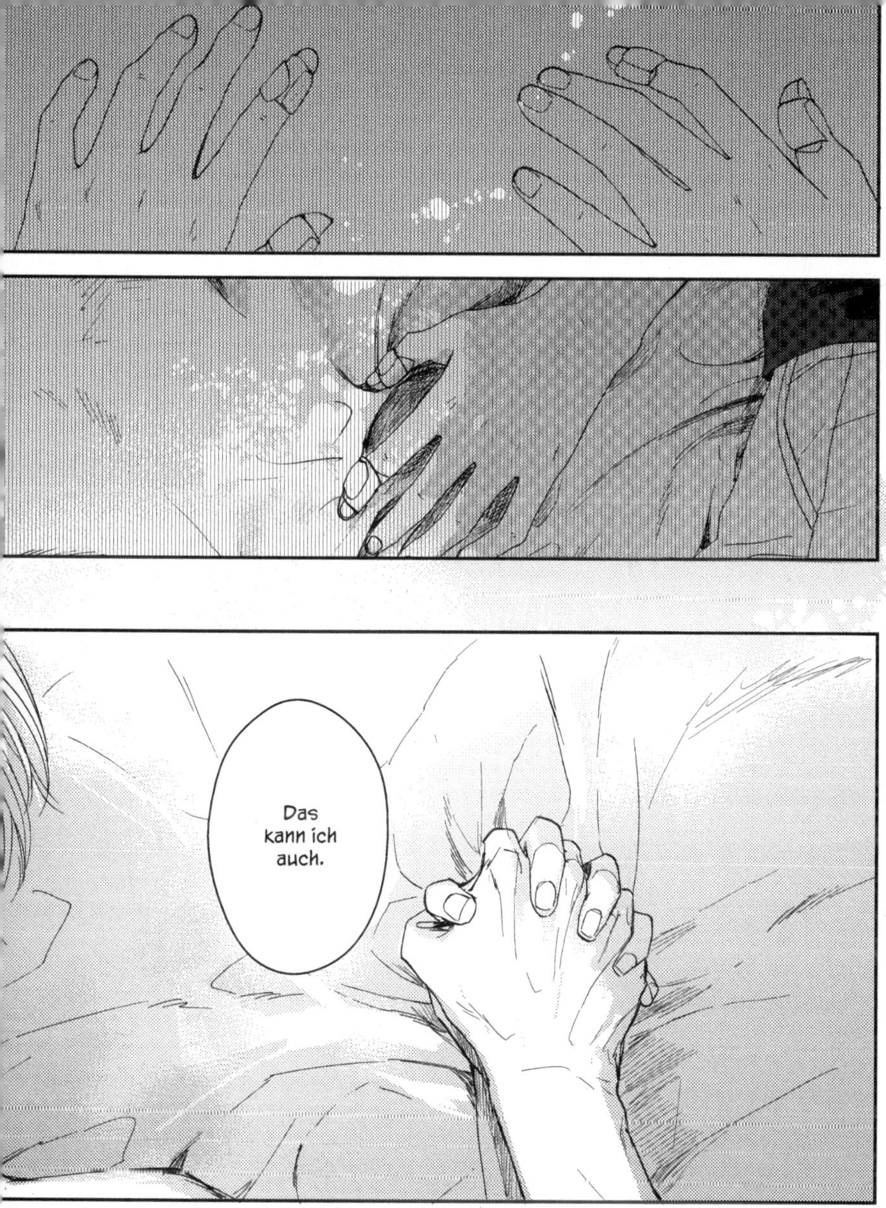
Das
kann ich
auch.

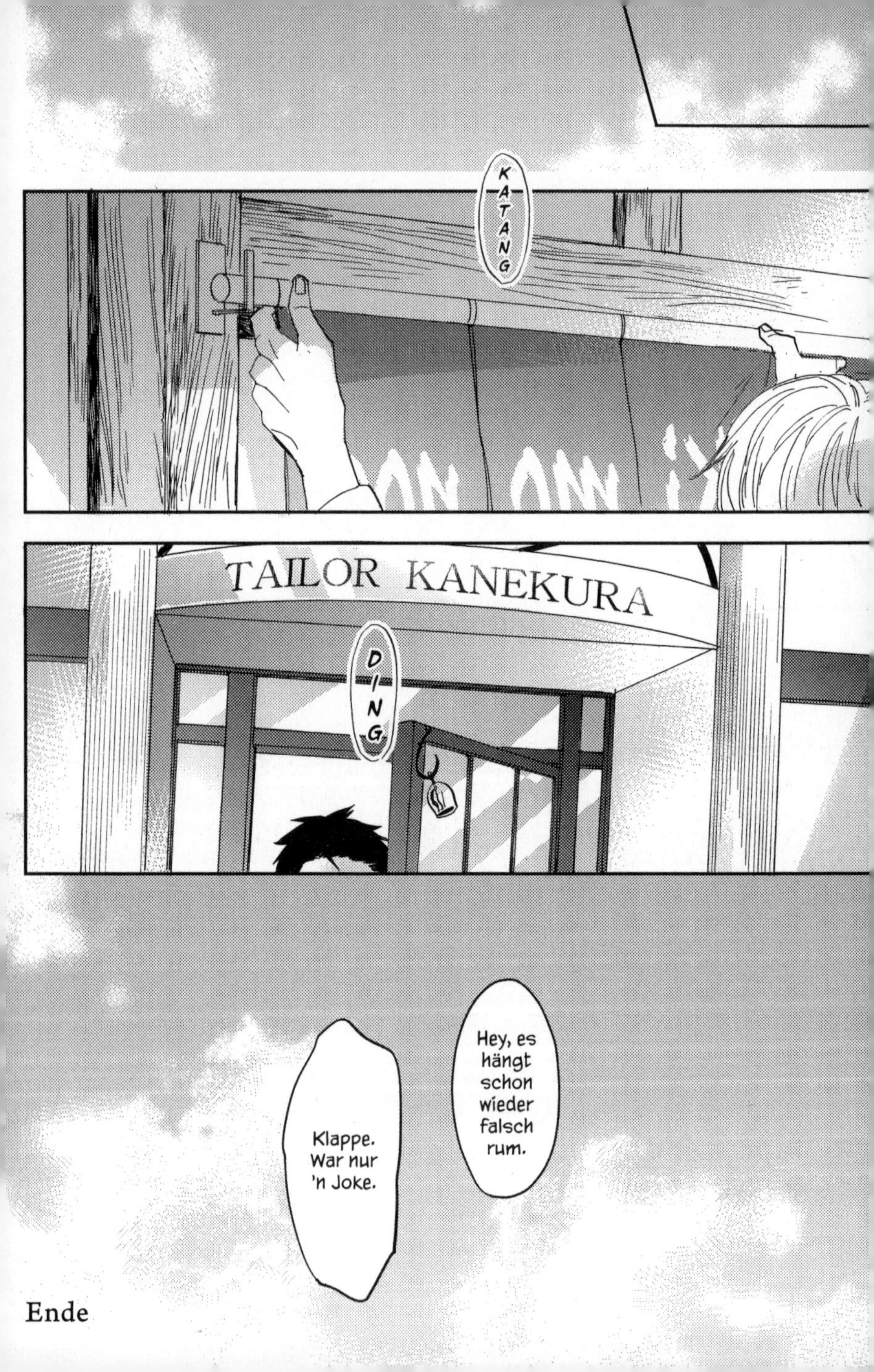
KATANG
TAILOR KANEKURA
DING
Hey, es hängt schon wieder falsch rum.
Klappe. War nur 'n Joke.

Ende

Zwei Schneider wie Nadel und Faden

Zwei Schneider wie Nadel und Faden

Bonus

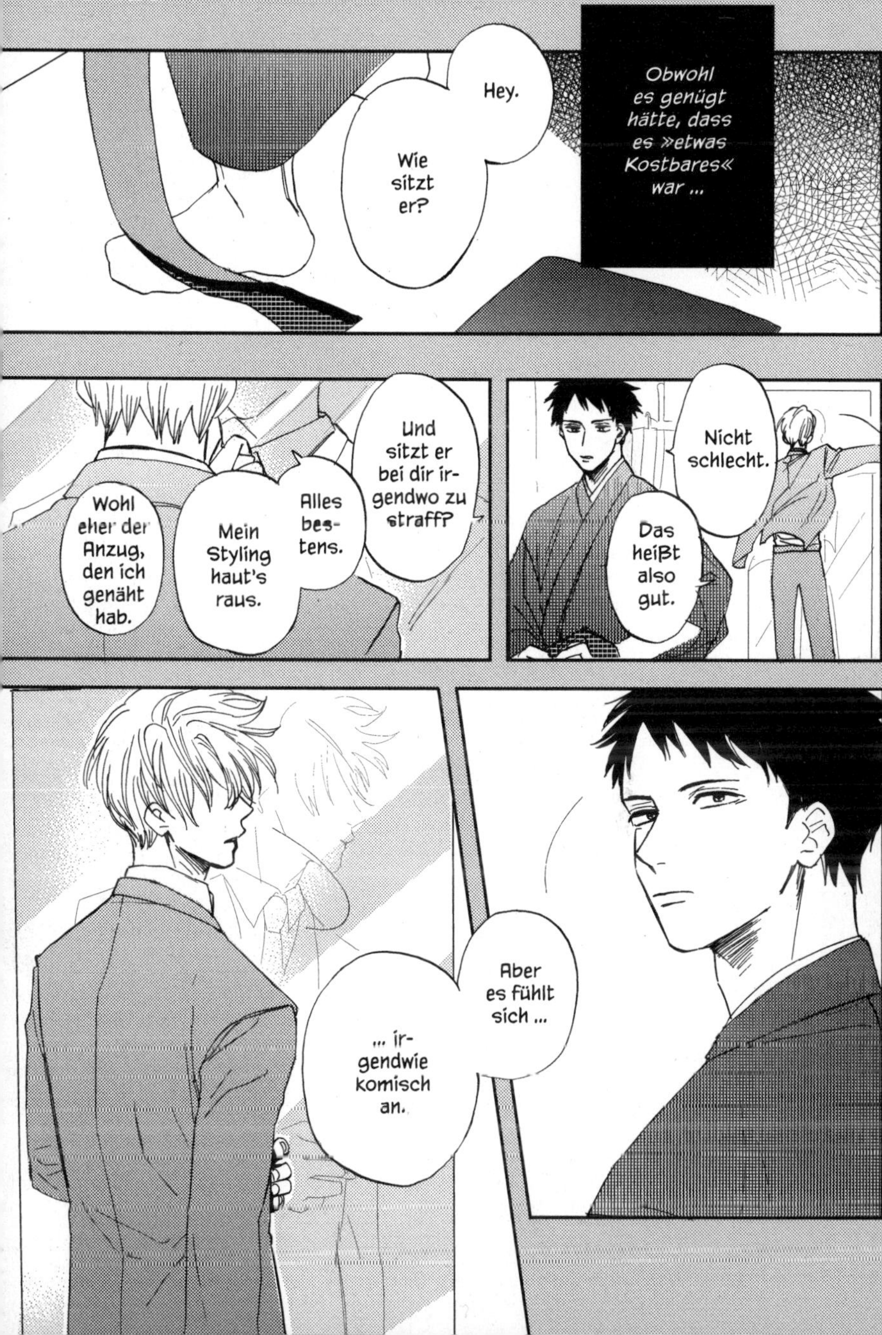
Obwohl es genügt hätte, dass es »etwas Kostbares« war ...
Hey.
Wie sitzt er?
Nicht schlecht.
Das heißt also gut.
Und sitzt er bei dir irgendwo zu straff?
Alles bestens.
Mein Styling haut's raus.
Wohl eher der Anzug, den ich genäht hab.
Aber es fühlt sich ...
... irgendwie komisch an.

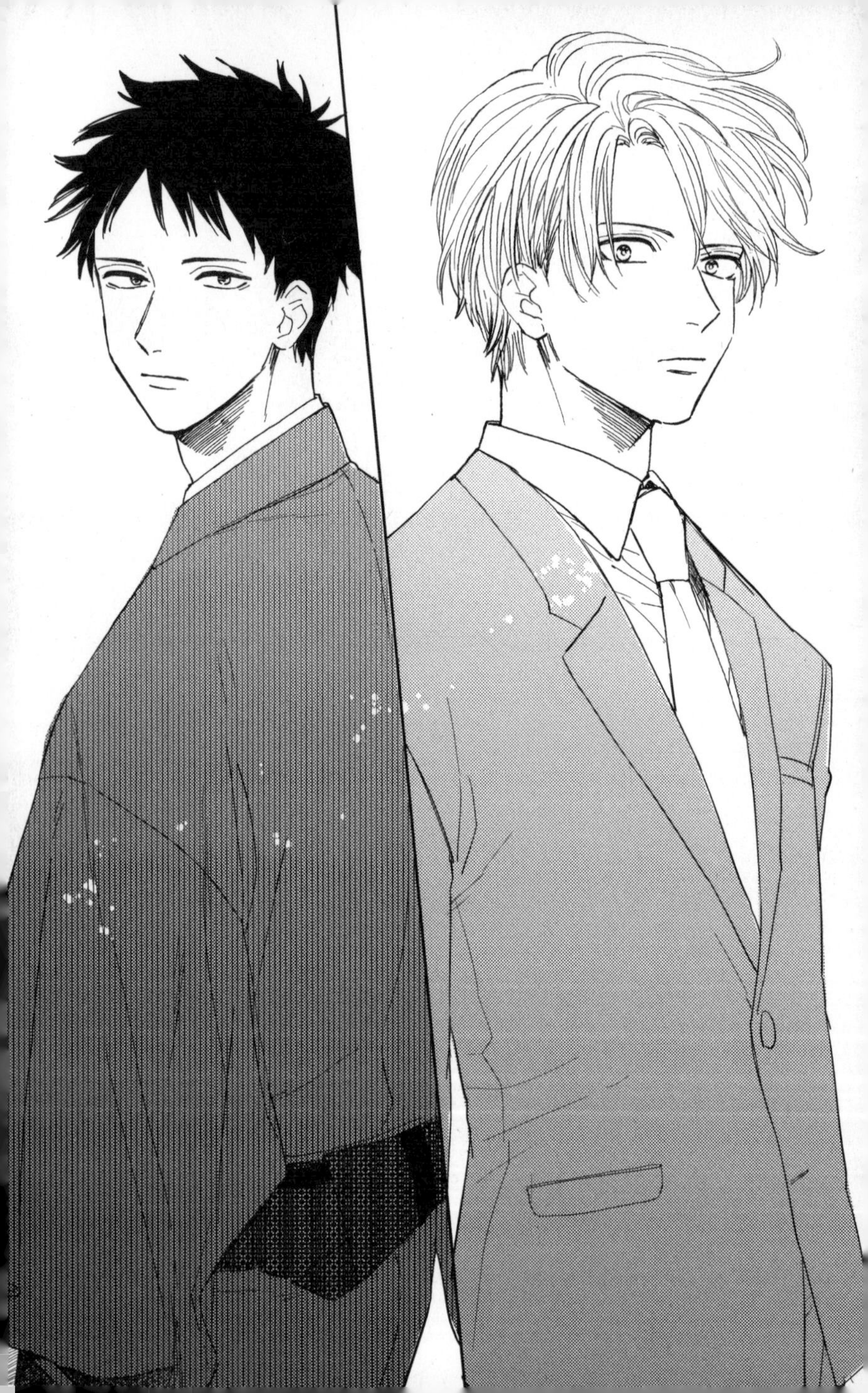

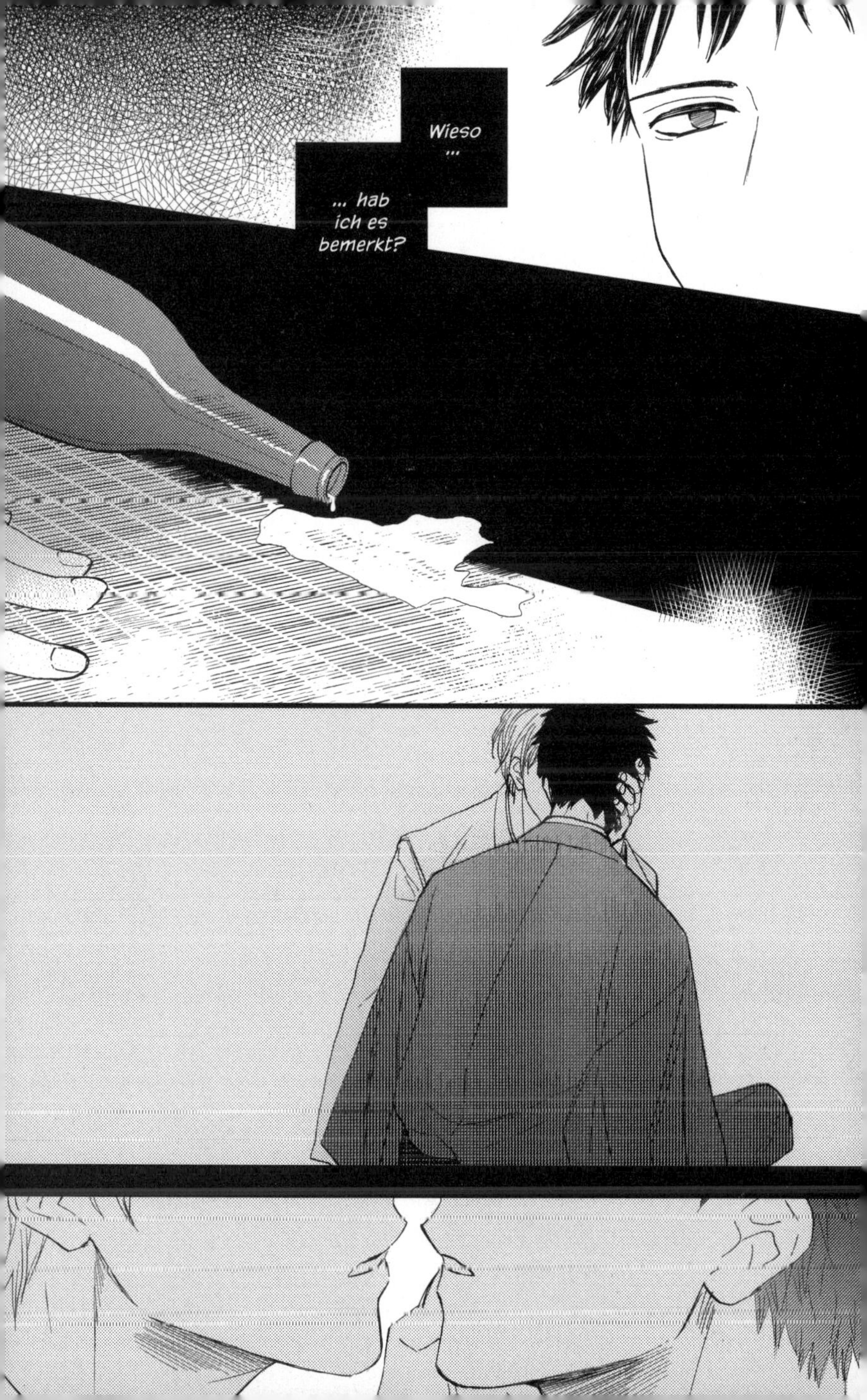
Wieso ...
... hab ich es bemerkt?

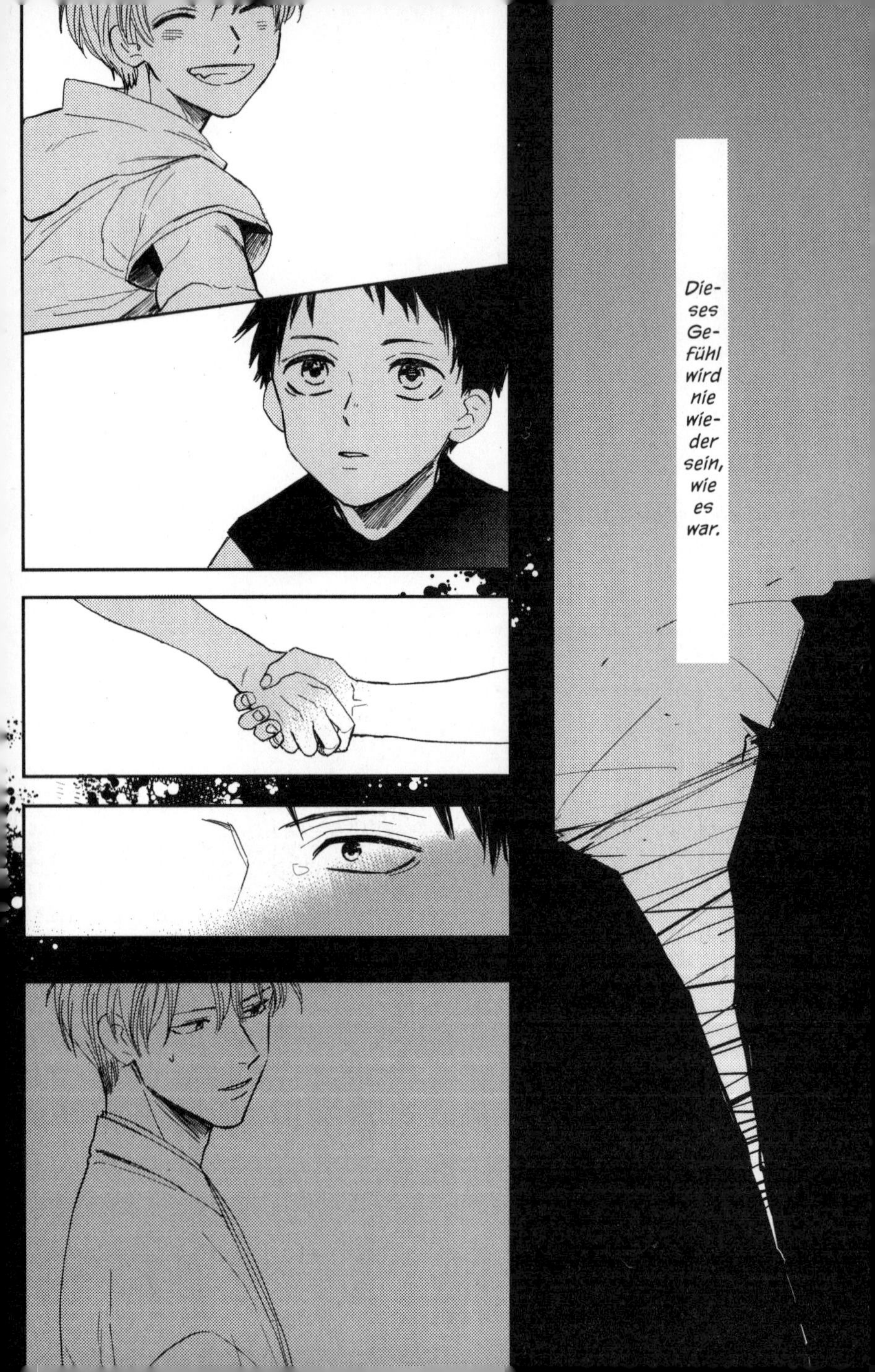
Dieses Gefühl wird nie wieder sein, wie es war.

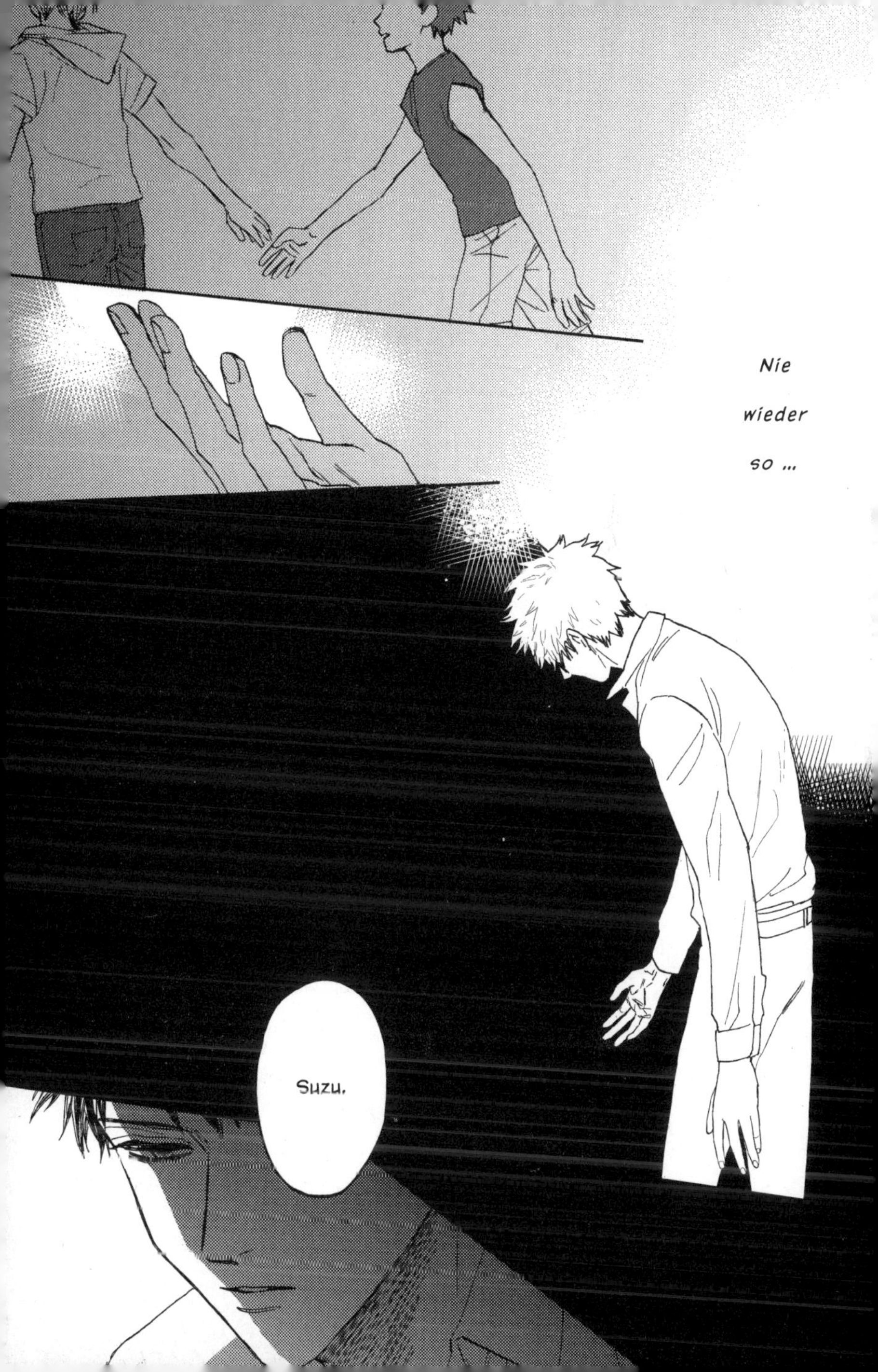
Nie
wieder
so ...
Suzu.

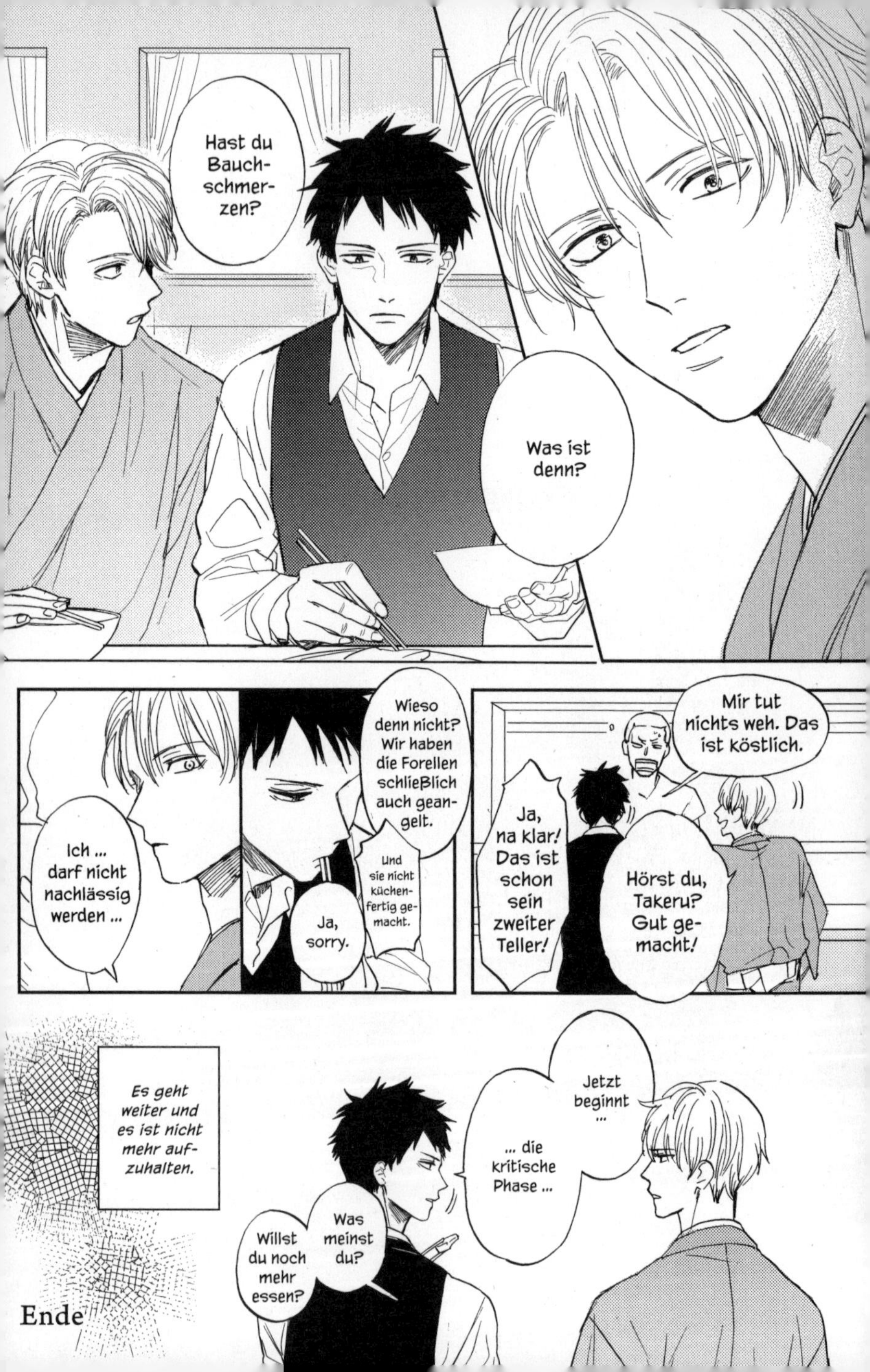
Was ist denn?
Hast du Bauchschmerzen?
Mir tut nichts weh. Das ist köstlich.
Ja, na klar! Das ist schon sein zweiter Teller!
Hörst du, Takeru? Gut gemacht!
Wieso denn nicht? Wir haben die Forellen schließlich auch geangelt.
Und sie nicht küchenfertig gemacht.
Ja, sorry.
Ich ... darf nicht nachlässig werden ...
Jetzt beginnt ...
... die kritische Phase ...
Was meinst du?
Willst du noch mehr essen?
Es geht weiter und es ist nicht mehr aufzuhalten.
Ende

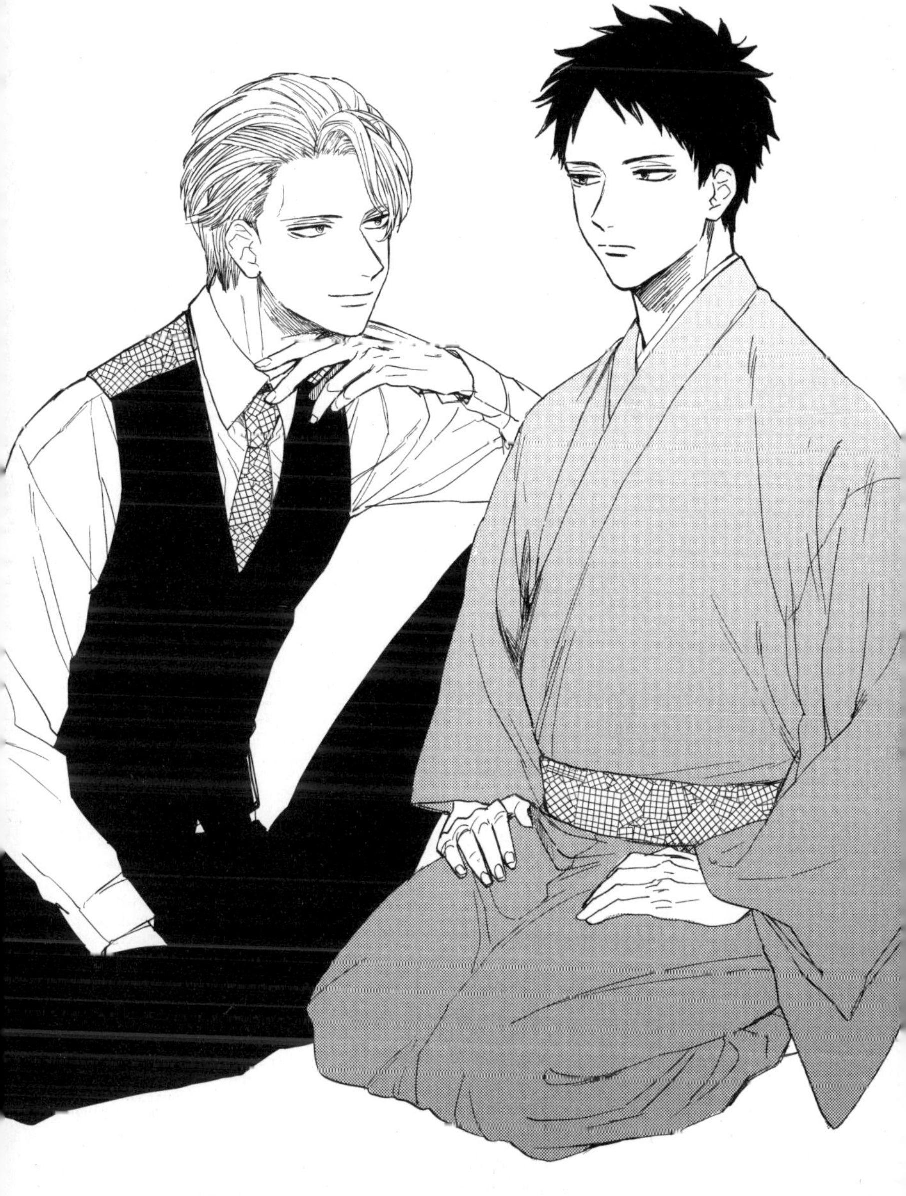

Nachwort

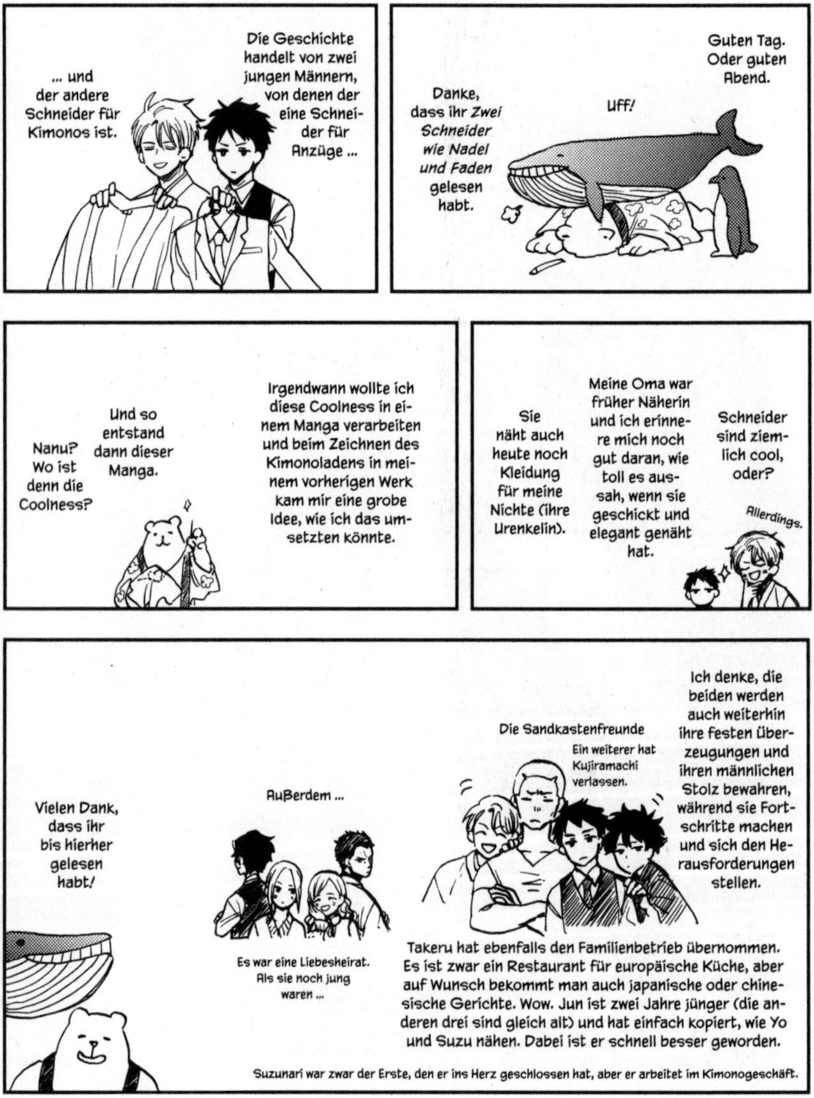
Guten Tag. Oder guten Abend.
Uff!
Danke, dass ihr *Zwei Schneider wie Nadel und Faden* gelesen habt.
Die Geschichte handelt von zwei jungen Männern, von denen der eine Schneider für Anzüge ...
... und der andere Schneider für Kimonos ist.
Schneider sind ziemlich cool, oder?
Allerdings.
Meine Oma war früher Näherin und ich erinnere mich noch gut daran, wie toll es aussah, wenn sie geschickt und elegant genäht hat.
Sie näht auch heute noch Kleidung für meine Nichte (ihre Urenkelin).
Irgendwann wollte ich diese Coolness in einem Manga verarbeiten und beim Zeichnen des Kimonoladens in meinem vorherigen Werk kam mir eine grobe Idee, wie ich das umsetzten könnte.
Und so entstand dann dieser Manga.
Nanu? Wo ist denn die Coolness?
Ich denke, die beiden werden auch weiterhin ihre festen Überzeugungen und ihren männlichen Stolz bewahren, während sie Fortschritte machen und sich den Herausforderungen stellen.
Die Sandkastenfreunde
Ein weiterer hat Kujiramachi verlassen.
Außerdem ...
Es war eine Liebesheirat. Als sie noch jung waren ...
Takeru hat ebenfalls den Familienbetrieb übernommen. Es ist zwar ein Restaurant für europäische Küche, aber auf Wunsch bekommt man auch japanische oder chinesische Gerichte. Wow. Jun ist zwei Jahre jünger (die anderen drei sind gleich alt) und hat einfach kopiert, wie Yo und Suzu nähen. Dabei ist er schnell besser geworden.
Suzunari war zwar der Erste, den er ins Herz geschlossen hat, aber er arbeitet im Kimonogeschäft.
Vielen Dank, dass ihr bis hierher gelesen habt!